市场转型期的行业分割与收入不平等

何芸 ◎ 著

/中/华/女/子/学/院/学/术/文/库/

中国社会科学出版社

图书在版编目(CIP)数据

市场转型期的行业分割与收入不平等 / 何芸著. —北京：中国社会科学出版社, 2020.5

(中华女子学院学术文库)

ISBN 978-7-5203-5656-5

Ⅰ.①市…　Ⅱ.①何…　Ⅲ.①国民收入分配—不平衡—研究—中国　Ⅳ.①F124.7

中国版本图书馆 CIP 数据核字(2019)第 255303 号

出 版 人	赵剑英
责任编辑	任　明
责任校对	季　静
责任印制	郝美娜

出　　版	中国社会科学出版社
社　　址	北京鼓楼西大街甲 158 号
邮　　编	100720
网　　址	http://www.csspw.cn
发 行 部	010-84083685
门 市 部	010-84029450
经　　销	新华书店及其他书店

印刷装订	北京君升印刷有限公司
版　　次	2020 年 5 月第 1 版
印　　次	2020 年 5 月第 1 次印刷

开　　本	710×1000　1/16
印　　张	13.75
插　　页	2
字　　数	222 千字
定　　价	85.00 元

凡购买中国社会科学出版社图书，如有质量问题请与本社营销中心联系调换
电话：010-84083683
版权所有　侵权必究

中华女子学院学术文库
编辑委员会名单

主任　张李玺

委员　王　露　石　彤　史晓春　宁　玲
　　　司　茹　刘　梦　刘　萌　孙晓梅
　　　寿静心　李树杰　武　勤　林建军
　　　周应江　崔　巍　宿茹萍　彭延春

总　序

岁月如歌，芳华凝香，由宋庆龄、何香凝、蔡畅、邓颖超、康克清等革命前辈于1949年创设的"新中国妇女职业学校"发展而来的中华女子学院，已经建设成为一所独具特色的普通高等学校。学校积极承担高等学校职能，秉承引领先进性别文化、推进男女平等、服务妇女发展、服务妇女国际交流与政府外交的重要使命，坚持走"学科立校、科研强校、特色兴校"之路，正在为建成一流女子大学和妇女教育研究中心、妇女理论研究中心、妇女干部培训中心、国际妇女教育交流中心而奋发努力着。

1995年第四次世界妇女大会以来，性别研究和社会性别主流化在国内方兴未艾，中华女子学院抓住机会，积极组织开展妇女/性别研究，努力在此领域打造优势和特色，并已取得显著成效。中华女子学院在全国第一个设立了女性学系，设立中国妇女发展研究中心、中国妇女人权研究中心，建设中国女性图书馆，率先招收女性学专业本科生和以妇女服务、妇女维权为研究方向的社会工作专业硕士研究生；中华女子学院还首批入选全国妇联与中国妇女研究会批准的妇女/性别研究与培训基地，成为中国妇女研究会妇女教育专业委员会、中国婚姻家庭法学研究会秘书处单位。

长期以来，中华女子学院教师承接了多项国家级、省部级课题和国务院妇儿工委、全国妇联等部门委托的研究任务，在妇女/性别基础理论、妇女与法律、妇女与教育、妇女与参与决策和管理、妇女与经济、妇女与社会保障、妇女与健康等多个领域做出了颇有建树的研究，取得了丰硕的研究成果，为推进实现男女平等基本国策的步伐、推动社会性别主流化、促进妇女儿童发展与权益保障做出了积极的努力。

作为一所普通高等学校,中华女子学院也着力加强法学、管理学、教育学、经济学、艺术学、文学等学科和专业建设,鼓励教师将社会性别视角引入不同学科的研究,大力支持教师开展各自所在学科和专业的研究。特别是近年来,通过"引进来、走出去"等多种措施加强师资队伍建设,中华女子学院教师的科研能力与学术水平有了较大的提升,在不同学科领域,不少教师取得了可喜的科研成果,值得鼓励和支持。

中华女子学院组织编撰的"妇女教育发展蓝皮书"系列已由社会科学文献出版社出版发行,并获得了良好反响。为展示和推广我校教师在妇女/性别领域和其他学科领域的研究成果,学校特组织编撰《中华女子学院性别研究丛书》和《中华女子学院学术文库》两套系列丛书,并委托中国社会科学出版社统一出版发行。性别研究丛书将集中出版中华女子学院教师在妇女/性别理论,妇女发展的重大问题,跨学科、多学科研究妇女/性别问题等多个方面的著作;学术文库将收录中华女子学院教师在法学、管理学、教育学、经济学、艺术学、文学等学科领域有代表性的论著。入选丛书的著作,都经过校内外专家评审,有的是教师承接国家级、省部级课题或者专项委托课题的研究成果,有的是作者在修改、完善博士学位论文的基础上形成的成果,均具有一定的学术水准和质量。

上述丛书或文库是中华女子学院学科与科研建设成效的展示,也是献给中国妇女发展与高等教育事业的一份薄礼。"君子以文会友,以友辅仁。"我们期望,这两套丛书的出版发行,能够为关注妇女/性别研究和妇女发展的各界朋友提供一个窗口,能够为中华女子学院与学界的交流与合作提供一个平台。女子高等学校的建设与发展,为中国高等教育事业和妇女教育事业的发展增添了亮色,我们愿意继续努力,为这一事业不断添砖加瓦,也诚请社会各界继续对中华女子学院给予指导、关心、支持和鞭策。

是为序。

中华女子学院原党委书记、原院长 张李玺

2013年12月30日

自　序

一　有关市场、行业、分配制度的分析框架

市场、行业、分配制度等是经济社会学研究中频繁出现的热门词汇，也是经济社会学研究的核心议题。长期以来，诸如此类的经济制度、经济行为与经济组织研究，是西方经济社会学研究的重要领域。经济社会学的发展体现了经济学与社会学的互动，也反映了面对日趋复杂化的社会生活，传统的经济学理论已经无法完整地解释经济现象与社会发展的关系，经济社会学研究正是在这样的背景下应运而生。本书探讨的市场转型期背景下的劳动力市场行业分割与收入不平等问题正是在经济社会学的理论指导下展开的。

"经济社会学"术语最早于1879年出现在英国经济学家杰文斯的著作中，[①] 而后为社会学家所继承，自孔德创立社会学之后，马克斯·韦伯（Max Weber）最早在社会学领域使用经济社会学术语，当前经济社会学已经发展成为现代社会学中最为活跃的分支学科之一。在经济社会学发展的各个阶段涌现出一批杰出代表人物和研究著作，各阶段的研究重点也因社会经济发展环境的不同而不断演变。卡尔·马克思（Karl Marx）是经济社会学的先驱代表，从19世纪40年代开始，马克思就力图理解阶级关系和政治活动背后的经济基础；韦伯是众多经济社会学者中的典型代表，其经济社会学思想主要反映在其两部著作中，即《经济与社会》和《宗教社会学文集》，他主要关注的是经济制度和经济行为方式的起源问题；与韦伯相比，迪尔凯姆对经济社会学的贡献较小，严

[①] 参见［瑞］理查德·斯威德伯格《经济社会学原理》，周长城等译，中国人民大学出版社2005年版，第4页。

格地说，迪尔凯姆的著作中没有一部能标签为经济社会学的研究，但他的贡献也不可小觑，他的研究中与这一领域最接近的是他的《社会分工论》，主要探讨了现代社会分工与职业行为的内涵，他还清醒意识到利益在经济生活中扮演的重要角色。① 经济社会学发展到20世纪20年代开始停滞不前，这一低谷时期一直延续到20世纪70年代，但这一时期仍出现了三位经济社会学史上的重要人物，即熊彼特（Joseph A. Schumpter）、波兰尼（Karl Polanyi）和帕森斯（Talcott Parsons），其中以波兰尼的影响尤为深远，波兰尼最重要的代表作即《大转型》(*The Great Transformation*)，其中心主题在于关注政治与经济之间复杂的纠葛关系及论及自发调节的市场从来没有真正存在过，政府干预是必需的②，著作中创造性的提出了"嵌入"（embeddedness）的概念（当然，波兰尼是以完全不同于现在的方法运用这一概念），而对经济社会学而言，波兰尼最重要的概念是其提出的三种整合形式，即互惠、重新分配和交换，这三种形式可以用以稳定经济并且向它提供所需要的统一。③

到20世纪80年代中期，经历了几十年中断的经济社会学又开始被社会学家们所重新重视。1985年马克·格兰诺维特（Mark Granovetter）在《美国社会学杂志》(*American Journal of Sociology*) 上发表的重要文章《经济行为与社会结构：嵌入性问题》首次提出"新经济社会学"（new economic sociology），格兰诺维特认为新经济社会学向古典经济理论的基础发起了挑战，并得出结论指出，微观经济学存在一些基本错误，新经济社会学要解决这些问题，特别是市场结构、生产、价格体系、分配和消费的一些核心领域。④ 格兰诺维特着重论述了"嵌入性"并开启了注重网络分析方法的新经济社会学研究。新经济社会学的核心观点是，许多传统上属于经济学家所处理的经济问题，可以借助于社会

---

① 参见［瑞］理查德·斯威德伯格《经济社会学原理》，周长城等译，中国人民大学出版社2005年版，第4—14页。

② ［英］卡尔·波兰尼：《大转型：我们时代的政治与经济起源》，冯钢、刘阳译，浙江人民出版社2007年版，第1、7页。

③ 参见［瑞］理查德·斯威德伯格《经济社会学原理》，周长城等译，中国人民大学出版社2005年版，第20页。

④ 同上书，第24页。

学来进行有效的分析。① 新经济社会学主要是一种美国现象，只是近些年才开始在欧洲传播开来，② 社会网络、经济制度、经济行为以及经济组织等是以美国为首的西方经济社会学研究的重要领域，其中，市场与社会结构的变迁、市场经济中劳动力市场变化的制度分析等是美国主流经济社会学界集中研究的主题，主要代表人物包括斯威德伯格、倪志伟、布瑞顿、赫德仓姆等。而欧洲的经济社会学发展并不像美国那般繁荣，事实上更多的欧洲社会学家将经济看做他们对社会普遍关注的一部分，阿隆（Raymond Aron）、克罗泽（Michel Crozier）、达伦多夫（Ralf Dahrendorf）、卢曼（Niklas Luhmann）、哈贝马斯（Jürgen Habermas）、布迪厄（Bourdieu）等是欧洲经济社会学领域的主要代表，其中布迪厄的研究对经济社会学的影响较大，其最重要的贡献在于其提出和使用的"场域"概念，他认为经济可以概念化为一个场域，具体而言，一个行业、一个公司和许多其他的经济现象都可以被看做一个场域，而每个场域都有自身的逻辑和利益，一个场域的结构可以通过经济资本、社会资本、文化资本和符号资本等多种资本分配来理解，布迪厄以场域、惯习和不同类型的资本为中心的一般社会学挑战和抗衡着格兰诺维特以嵌入理论为中心的经济社会学的一般方法。③

从经济社会学的发展历程来看，经济社会学的研究对象主要包括四个方面：一是宏观社会学视角下的经济，韦伯、马克思、波兰尼等经济社会学家持的就是宏观社会学的观点；二是经济制度和经济行为的社会学分析，其中，市场（劳动力市场、生产市场等）、货币、网络、消费等是经济社会学研究的主要经济制度；三是社会学视角下的公司、组织和产业，其中行业、工业区域等是经济社会学研究的主要组织结构；四是经济与社会系统、政治系统的关系。具体而言，嵌入、网络、社会经济行为、制度、经济阶层、经济制度、职业、劳动力市场等是经济社会学最常用的概念，而经济过程（如市场）、经济组织（如行业）、经济

---

① 周长城：《经济社会学》（第二版），中国人民大学出版社2011年版，第33页。

② ［瑞］理查德·斯威德伯格：《经济社会学原理》，周长城等译，中国人民大学出版社2005年版，第35页。

③ 同上书，第36页。

关系、经济阶层等都是经济社会学研究的重点。①

纵观以往研究，对市场的研究引起了广大学者的颇多关注。经济体制改革和市场转型，都是围绕市场进行的。在经济学中，市场被视为一种价格机制，而在经济社会学中，市场被视为一种社会结构。在早期社会学家中，韦伯对市场研究表现出浓厚的兴趣，尤其是在他的后期生涯中，他试图发展出一种市场的社会学。② 按照布迪厄的研究，经济可以概念化为一个场域，而市场可以被概念化为场域的一部分，市场深受某一完整的经济场域的影响。经济社会学研究中的市场包括多层维度，即外部市场、内部市场、商人市场、国家市场、现代大众市场、国际市场以及劳动力市场等等。其中，劳动力市场是一种特殊的市场类型，因劳动力作为商品的特殊性决定了劳动力市场的特殊性。③ 而在劳动力市场中，利益扮演着非常特殊的角色，利益处于劳动力市场的核心位置，劳动力的交换取决于劳动者自己的利益、独特的主观性以及与他人的关系，个人关于公平的获取报酬的观念会影响到他的生产能力，也会影响到与其他人的关系。④ 在当前劳动力市场的利益分配格局中，收入分配可谓重中之重。行业作为劳动力市场的重要组成部分，日益凸显的行业劳动力市场分割与收入不平等问题引起了越来越多的学者的关注。我们正是将行业分割与收入不平等问题置于经济社会学的研究框架中进行探讨的。

二 本书论题的确定

（一）研究源起

收入分配问题一直以来都是社会各界广泛关注的课题，随着中国收入差距的不断拉大，收入分配问题俨然成为学界研究的热点。改革开放40年来，中国经历着市场转型这一最为重要的社会变迁，在不断转变

---

① 参见周长城《经济社会学》（第二版），中国人民大学出版社2011年版，第49页。
② ［美］斯梅尔瑟、［瑞］斯威德伯格：《经济社会学手册》（第二版），罗教讲、张永宏译，华夏出版社2009年版，第277页。
③ 同上书，第274页。
④ ［瑞］理查德·斯威德伯格：《经济社会学原理》，周长城等译，中国人民大学出版社2005年版，第115页。

发展的进程中，中国社会发生了翻天覆地的变化。在中国经济取得举世瞩目的伟大成就的同时，收入不平等状况也日益凸显，收入差距过大被认为是"最为突出的社会问题，也是最令人困扰的问题"[①]。基尼系数是征显收入差距的直观指标，从基尼系数来看，我国贫富差距已经远远超出国际公认的0.4的警戒线标准，逼近收入悬殊的红线。据世界银行的测算，我国的基尼系数早在20世纪末就已经达到或超过0.4的警戒线水平，并逐年攀升，一度接近0.5的贫富悬殊线，从来自世界银行数据库《国际统计年鉴》的具体统计数据来看，我国的基尼系数2001年达到0.45，2004年达到0.47，而2009年也维持在0.47的高水平，而欧洲与日本等发达国家的基尼系数大多在0.24到0.36。过大的收入差距对经济社会的可持续发展带来了严重的恶果，不仅阻碍了经济的快速发展，而且也不利于人民生活水平的提高，严重妨碍了社会公平正义的实现，可以说，收入分配体制已经到了不得不改革的时候。

市场转型是我们当前时代的特征。市场转型带来的经济高速发展着实让我们欢欣鼓舞，然而，随之而来的一系列社会问题也是不容忽视的，其中颇为典型和引人注目的方面就在于当前中国的收入分配状况与飞速发展的经济极不相称。中国经济已经取得了持续近30年高速增长的瞩目成就，2010年中国经济总量首次超过日本，成为仅次于美国的全球第二大经济体。然而，中国在经济快速发展的同时，并未带来人民福利的同步提升，人民的收入增长水平远远未能赶上经济发展水平，人民并未能平等享受经济发展的成果。过去，我们一味地追求经济的快速发展，唯GDP是从，并曾一度认为只要经济发展了，其他问题便可以迎刃而解。然而事实证明，这种"一条腿走路"的发展模式实在难以久远，没有民生的改善，没有人民生活质量的提高，一切发展最终都只会化为无本之木、无水之源，不可持续。如果说过去主要是集中精力把"蛋糕"做大，那么，现在则需要集中精力把"蛋糕"做好、做强，分好这块"蛋糕"，这就涉及收入分配问题。对转型经济而言，收入分配是一个复杂的现象，它受到市场制度的不断发展与国家经济职能演变的

[①] 李春玲、吕鹏：《社会分层理论》，中国社会科学出版社2008年版，第1页。

相互影响和制约。① 市场转型必然带来分配体制和利益结构的转变。改革开放以来，市场化机制被引入，中国收入分配体制逐步从计划经济时代的按劳分配向市场经济体制下的按要素分配转变，而且这一转变迄今尚未完成。在计划经济向市场经济过渡的过程中，原有的利益分配格局被打破，而新的利益调整机制尚未完全建立，利益分化不断加剧、社会各阶层的贫富差距日趋扩大，社会不平等程度严重恶化。

不断扩大的收入差距引起了党中央的高度重视，各界学者也进行着热烈讨论。2010年4月1日温家宝在《求是》杂志发表文章着重强调，合理的收入分配制度是社会公平正义的重要体现，同时还明确指出，目前我国收入分配制度改革仍相对滞后，其中主要表现就在于我国居民收入差距过大，城乡收入差距、地区收入差距以及行业收入差距都有不断扩大的趋势。② 有鉴于此，在"十二五"规划建议中明确将普遍提高居民收入水平、明显增加低收入者收入、持续扩大中等收入群体、显著减少贫困人口、不断提高居民生活质量和水平作为未来五年经济社会发展的主要目标之一。③ 面对日益突出的收入不平等，广大学者们也不断研究，并探索和追问其背后的发生机制，为收入分配体制改革献计献策。学者们注意到由于巨大的收入差距导致的社会分化背后，不仅有个人层次的原因，更有着制度性与结构性的因素在起着重要的作用。性别、家庭背景不同是导致个人收入差异的个人层次的影响因素，而诸如"所有制、地区、行业与工作单位等"则是导致收入差距的更为深层次的制度与结构性因素。④ 基于不同的层面，学者们对性别收入差距、区域收入差距、城乡收入差距、行业收入差距等都进行了颇为系统的研究。

从已有的研究可以发现，一直以来收入分配都是经济学研究的热门课题，积累了丰厚的研究成果，但因收入分配问题与民生问题、社会问

---

① 边燕杰、吴晓刚、李路路：《社会分层与流动：国外学者对中国研究的新进展》，中国人民大学出版社2008年版，第11页。

② 温家宝：《关于发展社会事业和改善民生的几个问题》，《求是》2010年第7期。

③ 新华社：《中共中央关于制定国民经济和社会发展第十二个五年规划的建议》，2010年10月27日。

④ 王天夫、王丰：《中国城市收入分配中的集团因素：1986—1995》，《社会学研究》2005年第3期。

题和政治问题紧密联系在一起，而且日渐形成互嵌关系，相互渗透，难以分割，因此，收入分配问题不再仅仅是经济学研究的"宠儿"，更加成为政治学、社会学等多种学科炙手可热的研究课题。多学科的交叉研究也使收入分配问题研究迈向综合，并由此将收入分配问题研究推向新的广度和深度。经济学研究收入分配问题始终受限于经济学的研究范式而无法深入发掘收入分配问题背后的社会机制，过分强调"理性人"假设，认为人都是追求个人利益的，却鲜少有促进社会利益的动机，这种"追求利益最大化"的假设，注定经济学研究无法给予收入分配问题研究更多的社会关怀。如果说经济学研究更多地注重效率，则社会学研究则更加注重公平。因此，把收入分配问题研究引入社会学的分析框架中，以社会学的理论与方法加以研究，能够有效拓宽对收入分配问题的研究视野，推进人们对收入分配问题的理解，更有助于为妥善解决收入分配问题，为促进社会公平正义提供理论支持和政策参考。就本书而言，从行业这一重要的收入分配的结构性因素出发，以经济社会学的相关理论为分析视角，在市场转型的背景中考察行业分割与收入不平等问题，旨在论说中国市场转型期行业收入不平等的形成机制及后果。

　　大量研究都已表明，现阶段，中国收入不平等状况已经达到相当高的水平。而收入不平等背后的形成机制为广大研究者所关注，越来越多的研究者发现，相对于个人因素而言，制度性和结构性因素是导致收入不平等更为重要的原因，而行业是其中关键的结构性因素之一。"行业间的收入存在着巨大差异，并且这一行业间的收入差异一直都在扩大"[1]的事实已经为广大研究者所证实。早期研究表明，行业间的收入差距在不同国家、不同时代以及不同的区域之间都显示出了显著的相似性，这样的行业工资差异也直接表明劳动力市场并不具有完全自由竞争的特征。[2]也就是说，劳动力市场存在行业间的分割性，处于不同行业的劳动者在人力资本相近（如受教育水平相同等）的情况下在工资收入、福利待遇等方面存在较大差别，难以获得平等的待遇。可以说，这

---

[1] 王天夫、崔晓雄：《行业是如何影响收入的——基于多层线性模型的分析》，《中国社会科学》2010年第5期。

[2] 同上。

种行业间的分割性普遍存在。自20世纪80年代中期以来，行业间工资存在差距已经是人们普遍认同的事实。① 当前，处于市场转型期的中国，人们也越来越明显地感受到不断扩大的行业间的收入差距，而其中垄断行业与其他行业巨大的收入差距尤其引人关注。从理论上和政策上而言，研究行业间收入不平等都具有极其重要的意义。

然而从当前研究来看，正如收入分配问题研究主要集中在经济学领域一样，对行业收入状况的研究大多也集中在经济学领域，社会学的研究相对较少，而且研究的焦点大多在于行业间的不平等状况及形成机制的探讨，比如行业垄断等。但对于分割性结构下的行业收入不平等状况的分析则较少涉及，而对行业收入不平等背后的"人"的行为反应和社会认知的探讨则更是少之又少。这正是以往经济学研究的主要局限所在，而对"人"的关注以及对"人"背后的社会结构的关注则是社会学研究的显著特征。我们将行业收入不平等置于市场转型的背景下进行考察，通过运用社会学的理论和方法，分析行业收入不平等状况，其中不仅包括行业间的收入不平等状况的比较研究，更重要的是深入探究不同分割场域下的行业收入不平等状况，以此更进一步地探索行业收入不平等的制度性和结构性因素，在此基础上，我们更为感兴趣的焦点在于探讨人们对行业收入不平等的社会认知的问题，以此更进一步探讨行业收入不平等的合法性问题，衡量当前中国行业收入不平等状况与社会公正的偏离程度，最终寻求提高行业低收入者收入及促进社会公正的途径。总体而言，本书旨在通过行业收入不平等分析，透视中国收入不平等状况及其背后的形成机制，尤其是通过收入不平等的合法性问题的探讨，厘清收入不平等与社会公平的关系问题，不仅在理论上丰富收入不平等研究，同时也为政策研究者提供参考依据，因此具有理论上和实践上的积极意义。

（二）研究的问题

围绕行业分割与收入不平等，我们主要探讨以下几个问题。

1. 市场转型期行业间的收入不平等

随着中国市场转型逐步迈向纵深，社会分层日益加剧，利益分化

---

① 陈钊、万广华、陆铭：《行业间不平等：日益重要的城镇收入差距成因——基于回归方程的分解》，《中国社会科学》2010年第3期。

也趋向复杂化和多元化，显著的"行业分割"成为当前利益分化的突出特征，这又主要表现在"不同行业间收入差距日益加大，特别是国有垄断行业与其他行业在工资收入、福利待遇等方面存在明显差异"。① 这种收入的行业分割实质上是市场转型过程中由分配体制和利益结构的变化带来的行业收入不平等。自改革开放以来，我国对大多数行业引入市场竞争机制，然而，市场化进程在各行业中并不是同步的。一些垄断程度较高的行业（如房地产业、金融业、电力煤气水的生产供应业等）则市场化程度较低，而竞争行业的市场化程度较高。许多学者从制度与结构的层面研究行业间收入不平等问题，提出行业间收入不平等的形成机制。并认为行业垄断是造成行业间收入差距过大的重要原因。② 本书一方面延续收入分配研究中强调制度性与结构性因素的"新结构主义"③ 研究路径，深入挖掘行业影响个人收入的途径和机制；另一方面，进一步追问行业特征和个人特征在影响个人收入中的互动关系和形成机制。

2. 不同分割场域中的行业收入不平等

行业间的收入差距在以往的经济学研究中得到了较多的研究，但社会学领域中的研究还比较少见，而且多专注于概念上的探讨，付诸直接经验的研究甚为少见。④ 纵观以往研究，仍存在一定的局限性：以往研究更多关注的是行业间的总体平均收入差异及其影响因素和作用机制等，我们所能看到的是行业收入差距的总体效应，但对于具有显著分割性结构的行业而言，对于处于不同分割场域中的行业收入不平等却鲜少被深入挖掘或涉及。分割性结构可谓行业收入分配中至关重要的属性，制度性和结构性因素是造成行业分割的根源所在。那么行业包括哪些分割场域？在不同分割场域中的行业收入不平等有着怎样的特征？其影响

---

① 聂盛：《我国经济转型期间的劳动力市场分割：从所有制分割到行业分割》，《当代经济科学》2004年第6期。

② 陈钊、万广华、陆铭：《行业间不平等：日益重要的城镇收入差距成因——基于回归方程的分解》，《中国社会科学》2010年第3期。

③ 参见王天夫、崔晓雄《行业是如何影响收入的——基于多层线性模型的分析》，《中国社会科学》2010年第5期。

④ 同上。

因素有哪些？作用机制如何？我们希望将这些问题作为细致求证的重点，而不同分割场域中的行业收入不平等也将是贯穿本研究的主线和研究的主体部分。

3. 行业收入不平等的合法性问题

行业收入不平等已经是个不争的事实，在行业收入差异中可以分为合理的与不合理的两部分，也就是说，这里涉及人们对收入不平等的正当性的价值判断的问题，这就需要我们明确区分"收入平等"与"收入公平"的差异，也就是需要明确"平等"与"公平"二者的区别。平等与公平是人类社会长期以来不断追求的理想目标，由于二者在内涵上存在一定的相似之处，因此，在很多情况下人们都将二者不加区分、混同使用。事实上，从严格意义上来讲，二者是存在差别的，不能混为一谈。平等强调的是社会资源的客观分配状况，其对立面是不平等；而公平则强调社会资源分配的正当性，即人们对社会资源分配方式或结果的接受程度，而对公平与否的判断原则存在于社会共识或人们普遍接受的道德原则之中。① 换句话说，分配平等强调的是"谁获得了什么、为什么获得"，而分配公平强调的是"谁应该获得什么"。因此，可以说，平等和公平并不存在简单的对应关系，甚至所谓平等的分配往往与社会认可的公平分配是不一致的。平等以客观的分配方式和分配结果为衡量尺度，而公平则是对社会资源分配正当性的主观判断的过程。其判断原则作为社会共识存在于社会成员的观念之中。② 在市场转型过程中，行业收入不平等在不断扩大，并有持续上升的可能，这里需要提出的问题是：社会各阶层对这样的收入不平等的认知程度如何？他们认同什么性质的不平等？能接受多大程度的不平等？这就是收入不平等的合法性问题。边燕杰、李路路等在 2006 年的研究中指出，社会经济不平等扩大本身并不构成问题，但基本前提在于，一是不平等程度仍在人们所能接受的范围内，符合人们对公平正义的判断，而道德原则和国家政策法规是人们判断不平等的合法性的依据；二是社会能提供缩小差距、赶超他

---

① Karol Edward Soltan, "Empirical Studies of Distributive Justice". *Ethics* vol. 92, 1982.
② 参见孙明《市场转型与民众的分配公平观》，《社会学研究》2009 年第 3 期。

人的机会。① 需要注意的是，这里的"合法性"，并不仅仅是狭义上具有法律上的合"法"性，而是更广泛意义的"法"，这种"法"存在于社会共识或人们普遍接受的道德原则之中，因此，这里的"合法性"不仅指符合政策法规，也指在人们普遍接受的道德原则和公平正义原则上具有我们通常所理解的公平性与合理性。

因此，不平等的合法性问题的探讨，一方面述及的是不平等的程度；另一方面更需要关注如何实现人们更加能够接受的不平等，即行业收入不平等与社会公平的关系问题。行业收入不平等的客观事实以及行业收入不平等可能导致的人们对这种不平等的认同的合法性危机，预示着社会分化的不断加剧、收入差距的不断扩大所可能导致的社会紧张和社会冲突。由此，我们必须采取措施缩小收入差距，促进社会公平。那么，如何缩小收入差距使收入不平等保持在一个合理的范围？如何使收入不平等的程度更加趋近于人们对社会公平正义的判断，即如何使收入分配的方式和结果的正当性与社会公平正义原则相一致？这是本书最终的价值诉求，也是本书的政策意涵所在。

(三) 研究思路

改革开放的40年，是我国从计划经济向市场经济转型的40年。转型时期是新旧体制转型过渡的时期，意味着旧体制已经被打破，而新体制的确立尚未完成，这必然导致社会关系的复杂化和利益格局的失衡。市场转型打破了传统国家和市场的地位关系，利益分配格局也相应地发生变化。在计划经济时代，国家权力在分配体制中占绝对主导地位；而在完全竞争的市场经济条件下，市场机制在调节分配中占主导地位。国家主导的计划经济（或再分配经济）讲求的是平等，而市场经济讲求的是效率，在计划经济向市场经济的过渡时期，"效率优先"一度成为我国经济发展的基本原则，在过度追求效率的经济中必然会导致社会不平等的发生，而收入不平等是社会不平等的最为核心的方面。随着当前我国收入差距不断拉大、社会矛盾不断加剧，收入不平等研究已经成为学界广泛关注的焦点。研究表明，制度性和结构性因素——包括所有

---

① 边燕杰、李路路、李煜、郝大海：《结构壁垒、体制转型与地位资源含量》，《中国社会科学》2006年第5期。

制、地区、行业与工作单位等①是影响我国收入不平等的关键因素，我们选取其中一个重要的结构性因素——行业来探讨收入不平等问题，因此，行业收入不平等是本书的基本论题，旨在探究行业收入不平等的形成机制及其社会后果。

根据研究目的和旨在分析和解决的问题，本书主要依据以下思路展开研究。

一是简要阐述分析近年来学界关于劳动力市场分割与行业收入分配方面的研究成果，把握当前研究的动态和趋势，为整个研究奠定基础。

二是探讨不同分割场域下的行业收入不平等状况。在以往的相关研究中，往往侧重于分析行业间收入不平等的总体平均状态，却忽视了对不同分割场域下的行业收入不平等的深入挖掘。因此，我们将对不同分割场域下的行业收入不平等进行深入分析。具体而言，首先需要明确的是行业间收入差距的总体特征和趋势，在此基础上再进一步探讨不同分割结构下的行业收入不平等。众所周知，国家和市场的力量是主导收入分配的最为核心的机制，由于国家和市场在不同行业间的作用和影响力的差异，行业中的国有部门与非国有部门以及垄断行业和非垄断行业（竞争行业）间的收入存在较大差距，即存在行业收入分配的"体制性分割"，这种"体制性分割"达到何种程度、表现出怎么样的特征、有着怎样的影响效应则是需要厘清的。其次，区域差异是在考察行业收入不平等中必须关注的重要维度，即行业的区域性分割带来的收入分配效应。再次，行业主、次劳动力市场的异质性及其收入分配效应和机制也是本书考察的重要方面，主要包括行业主、次劳动力市场在收入结构、福利待遇、职业阶层等方面的收入差距等，并深入探讨人力资本、政治资本、管理位置、现职年资等因素对行业主、次劳动力市场的收入分配的影响。

三是分析的是行业收入不平等的合法性问题。不平等的社会现实往往与人们追求社会公平的愿望是紧密联系的，行业收入不平等的合法性强调的是社会各阶层认同什么性质的不平等，接受多大程度的不平等，

---

① 王天夫、王丰：《中国城市收入分配中的集团因素：1986—1995》，《社会学研究》2005年第3期。

换句话说即怎样的行业收入分配是合理的、是社会可以广泛接受的。这也就是要处理收入不平等与社会公平的问题。而要探清行业收入不平等的合法性问题，则需要分析行业收入不平等的社会认知状态，进而确定行业收入不平等与社会公平的关系。

最后对整体研究进行总结，提出的缩小行业收入差距、降低行业收入不平等的政策建议，旨在从现实的实践层面上推进社会公平。

根据以上讨论的研究的核心问题及研究思路，结合研究的目的及意义，可总结归纳出以下研究框架图（见图1）。

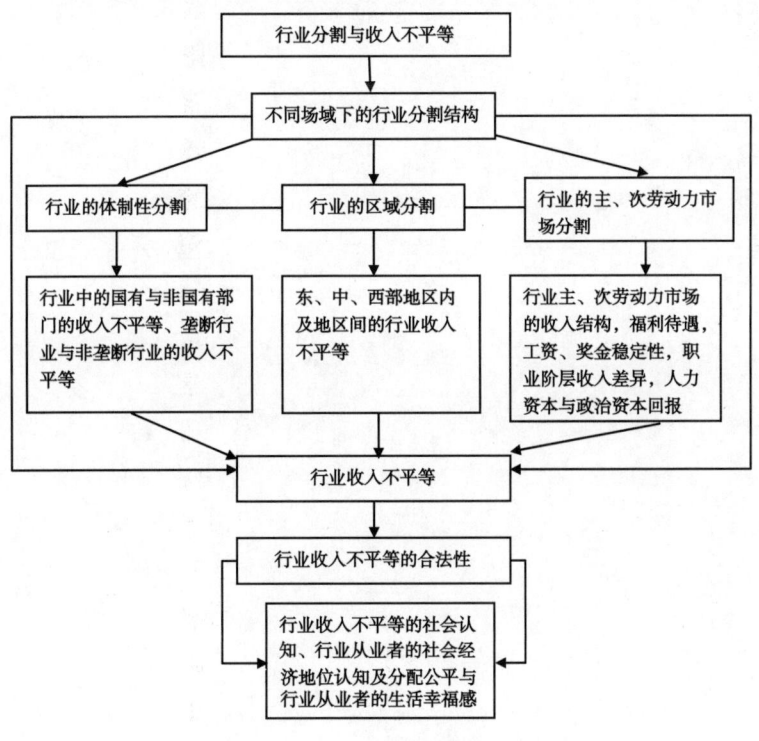

图1 研究逻辑框架

目　录

第一章　导论 ··· (1)
　第一节　行业分割与收入不平等研究综述 ·················· (1)
　　一　劳动力市场分割与行业收入不平等 ··················· (1)
　　二　个体抑或结构：收入不平等的因素分析 ············· (15)
　　三　分配公平观研究 ······································· (25)
　　四　行业收入不平等的测度 ······························ (30)
　第二节　核心概念、理论基础及研究假设 ················· (32)
　　一　核心概念 ··· (32)
　　二　理论基础 ··· (36)
　　三　研究假设 ··· (47)
　第三节　研究设计 ··· (49)
　　一　研究方法 ··· (50)
　　二　变量设计 ··· (51)
　　三　数据来源及分析模型 ································· (62)
　　四　分析模型 ··· (68)
　本章小结 ·· (72)
第二章　行业的体制性分割与收入不平等 ··················· (73)
　第一节　行业间收入差距的总体考察 ······················ (74)
　第二节　行业间收入分配的体制性分割 ··················· (80)
　　一　行业体制性分割的二元结构壁垒 ··················· (80)
　　二　行业收入不平等的体制效应 ························· (83)

三　行业体制性分割的影响因素 …………………………………（90）
　本章小结 ………………………………………………………………（91）

第三章　行业的区域分割与收入不平等 ……………………………（93）
　第一节　区域异质性与收入不平等 …………………………………（93）
　第二节　区域行业间收入不平等的测量 ……………………………（95）
　　一　东部地区的行业间收入不平等 ………………………………（96）
　　二　中部地区的行业间收入不平等 ………………………………（98）
　　三　西部地区的行业间收入不平等 ………………………………（101）
　第三节　区域行业间收入不平等的比较 ……………………………（104）
　　一　东、中、西部地区行业职工的平均工资的比较 ……………（104）
　　二　东、中、西部地区行业收入变异系数的比较 ………………（106）
　　三　东、中、西部地区行业收入基尼系数比较 …………………（107）
　本章小结 ………………………………………………………………（107）

第四章　行业主、次劳动力市场分割与收入不平等 ………………（109）
　第一节　行业主、次劳动力市场的收入回报 ………………………（109）
　　一　行业主、次劳动力市场的划分 ………………………………（109）
　　二　行业主、次劳动力市场的收入结构 …………………………（113）
　　三　行业主、次劳动力市场的福利待遇 …………………………（116）
　　四　行业主、次劳动力市场工资、奖金的稳定性 ………………（117）
　第二节　行业主、次劳动力市场职业阶层收入差异 ………………（118）
　　一　行业主、次劳动力市场不同职业位置的收入分配 …………（118）
　　二　行业主、次劳动力市场中的工资晋升机制 …………………（123）
　　三　行业主、次劳动力市场的现职年资回报率 …………………（126）
　第三节　行业主、次劳动力市场人力资本回报率差异 ……………（128）
　　一　人力资本与收入分配 …………………………………………（128）
　　二　人力资本在行业主、次劳动力市场的收入回报 ……………（129）
　第四节　行业主、次劳动力市场政治资本回报差异 ………………（135）
　　一　政治身份与利益分割 …………………………………………（135）
　　二　行业主、次劳动力市场与政治资本收入回报的
　　　　交互分析 ………………………………………………………（137）

本章小结 …………………………………………………… (139)
第五章　行业收入不平等的合法性 ……………………… (141)
　第一节　行业收入不平等的社会认知 …………………… (141)
　　一　不同行业从业者自我分配公平感 ………………… (142)
　　二　行业收入不平等的归因认知 ……………………… (146)
　第二节　行业从业者的社会经济地位认知 ……………… (151)
　　一　不同行业个人社会经济地位的判断 ……………… (151)
　　二　不同行业个人社会经济地位影响因素的判断 …… (152)
　第三节　分配公平与行业从业者的生活幸福感 ………… (155)
　　本章小结 …………………………………………………… (159)
第六章　结论与讨论 ……………………………………… (160)
　第一节　主要结论 ………………………………………… (160)
　　一　研究发现 …………………………………………… (160)
　　二　政策意涵 …………………………………………… (165)
　第二节　研究创新、研究不足及未来研究展望 ………… (167)
　　一　研究创新 …………………………………………… (167)
　　二　研究不足 …………………………………………… (168)
　　三　未来研究展望 ……………………………………… (169)

附录 ………………………………………………………… (171)

参考文献 …………………………………………………… (178)

后记 ………………………………………………………… (196)

第一章

导 论

第一节 行业分割与收入不平等研究综述

任何时代、任何社会都存在收入差距现象，因个人能力和贡献大小而产生的合理收入差距是有利于社会经济发展的；而当收入分配过程当中出现失范现象，大量权利寻租、垄断利润等导致收入差距过大、超出合理范围时，将会严重阻碍社会经济的良性发展，并严重损害社会公平。日益拉大的收入差距已经成为国际社会长期持续研究的课题，在中国，收入不平等状况的日益加剧也已然成为研究的热点，关于收入不平等的相关研究学界已经积累了较为丰硕的成果。

一 劳动力市场分割与行业收入不平等

大量经验研究表明，结构性因素是导致收入不平等的关键性因素，而作为收入不平等的结构主义解释视角的劳动力市场分割理论引起了学者们的关注。很多学者将收入不平等问题与劳动力市场结合起来加以研究。由于在工业社会中，大多数人通过劳动来获取工资和其他收入，劳动力市场过程形成了工业社会的社会分配的中心机制。[1] 因此，对于劳动力市场的研究有助于解释社会制度结构因素如何对收入不平等产生影响。

（一）劳动力市场分割及其收入分配效应

与古典经济学认为劳动力市场是统一、完全的竞争市场不同，劳

---

[1] Arne Kalleberg and Aage Sorensen, "The Sociology of Labor Markets". *Annual Review of Sociology*, No. 5, 1979.

动力市场分割理论更加强调不存在完全竞争的劳动力市场。因此，劳动力市场分割是劳动力市场非完全竞争的另一种表述。① 劳动力市场分割理论十分强调劳动力市场的分割性，一般而言，在经济、社会、政治等制度性和结构性因素的影响下，劳动力市场会形成多种不同的工资机制和雇佣模式，从而被分割为若干个具有不同薪酬机制、工作稳定性、晋升机会、福利待遇的市场，而且劳动力难以在这些不同的市场之间自由流动。同工不同酬、劳动报酬差距过大是劳动力市场分割的具体表现。②

事实上，劳动力市场分割现象在世界各国普遍存在，即便是在那些高度市场化的国家，劳动力市场也存在明显的分割。林南和边燕杰指出，社会主义经济中的劳动力市场同样存在制度性与结构性的分割。③ 由于各国的制度结构存在差异，劳动力市场分割也呈现出不同的特征。

1. 劳动力市场分割的表现形式

以往研究显示，我国劳动力市场分割现象十分显著，与市场化发达的国家相比，我国的劳动力市场呈现出典型的制度性分割的特点，分割的形式包括城乡户籍二元分割、地区分割、所有制性质（国有与非国有部门）分割、行业或产业分割等。

从目前的研究成果来看，学者们对劳动力市场的表现形式（结构特征）进行了较多的研究。许经勇、曾芬钰2000年的研究指出，我国劳动力市场分割，首先表现为城乡劳动力市场分割，并集中反映在城乡居民收入的差别上；其次表现在行业之间日益拉大的收入差距上，在行业劳动力市场，统一开放竞争的劳动力市场远远没有形成，垄断行业相对于非垄断行业的高工资、高福利是行业劳动力市场相互分割的表现；再

---

① 武中哲：《双重二元分割：单位制变革中的城市劳动力市场》，《社会科学》2007年第4期。

② 许经勇、曾芬钰：《竞争性的劳动力市场与劳动力市场分割》，《当代财经》2000年第8期。

③ 林南和边燕杰认为20世纪90年代以前对中国城市个人收入产生最重要影响的制度性因素是单位所有制度。虽然经历了市场改革，但由于制度性路径依赖的影响，所有制性质仍在我国各个领域有着重大影响。

次还表现在地区间居民个人收入差距上，东部地区走在了渐进式的市场化改革的前列，经济飞速发展，东中西部地区的差距不断拉大。① 李建民2002年的研究也指出，市场化改革的迅猛发展和社会政治体制改革的滞后将我国劳动力市场区隔为多重市场，包括城乡分隔、地区分隔、部门分隔、制度分隔、正式劳动力市场和从属劳动力市场分隔等，并指出劳动力市场的多重区隔是社会公平失衡的结果，对社会经济产生深刻影响。② 武中哲2007年的研究中指出我国劳动力市场分割的制度性背景，认为在"单位制"变革的形势下，我国劳动力市场呈现出双重二元分割的局面，即体制内劳动力市场和体制外劳动力市场及二者内部分别存在的二元分割，这样的分割格局主要表现在我国别具特色的就业和收入分配模式当中，劳动力市场的分割状态最终会在调整演变中走向规范统一。③

由于城乡二元户籍劳动力市场分割是中国劳动力市场制度性分割最为典型的表现之一，因此，很多学者将研究的视角转向研究中国劳动力市场的户籍分割（城乡分割）。蔡昉等2001年的研究指出，我国的户籍制度下形成的城乡二元劳动力市场分割是传统体制的产物，是一种具有中国特色的扭曲性发展政策的结果，并认为劳动力市场的城乡二元分割，产生于改革前传统的优先发展重工业的战略需要，并在改革过程中城市利益集团的影响下得以维持，而户籍制作为造成城乡分割的制度根源，其改革有赖于一系列配套措施的完成。④ 杨宏炳2005年的研究持有与蔡昉类似的观点，认为我国的劳动力市场的城乡分割是传统发展战略和传统体制的产物，反映的是城市居民的利益要求，并指出劳动力市场分割对农民就业带来不利影响，提出应创新和改革传统的户籍制度、社

---

① 许经勇、曾芬钰：《竞争性的劳动力市场与劳动力市场分割》，《当代财经》2000年第8期。

② 李建民：《中国劳动力市场多重分隔及其对劳动力供求的影响》，《中国人口科学》2002年第2期。

③ 武中哲：《双重二元分割：单位制变革中的城市劳动力市场》，《社会科学》2007年第4期。

④ 蔡昉、都阳、王美艳：《户籍制度与劳动力市场保护》，《经济研究》2001年第12期。

会保障制度、劳动就业制度来消除城乡二元分割，缩小城乡差距。① 张展新也研究指出我国城乡劳动力市场的分割是计划经济时期人口与劳动力管理的首要特征，是传统经济发展的产物，本质上是在户籍划分的基础上对农村人口和劳动力向城市迁移人为设置的制度性障碍。② 尽管城乡差距普遍存在于各国的工业化进程中，但是我们仍然需要明确，我国的城乡户籍二元分割与西方社会的二元劳动力市场分割是有本质区别的。谢周亮2008年的研究中明确指出西方二元劳动力市场与我国城乡二元劳动力市场的区别，前者是社会统计性歧视和累计效应的结果，后者则是我国特有的制度性因素造成的。③ 户籍制度自产生之日起就一直深刻地影响着中国的劳动力市场，并塑造着中国的社会分层体系。城乡差别一度被认为是中国最根本的不平等社会结构，尽管随着改革开放的日益深入，农村人口越来越多地流向城市，但是户籍制度一直未受到根本动摇，在人口流动与户籍制度的双重作用下形成了城市劳动力市场中的户籍分层现象。④

2. 劳动力市场分割的演化

显然，在独特的制度条件下，中国的劳动力市场分割十分显著。随着制度性因素和其他社会性因素的不断变化，劳动力市场的分割结构和特征会逐渐发生变化，人们关注的焦点也会随之发生转移。在市场转型纵深发展的进程中，学者们关注的焦点逐步从城乡户籍分割和所有制性质（国有与非国有部门）的分割扩展到行业分割领域，并认为行业分割将成为劳动力市场分割的新结构。

聂盛2004年的研究表明所有制分割和行业分割并存于我国劳动力市场。在市场和国家力量在资源配置中的相互较量中，我国劳动力市场分割从20世纪90年代开始逐步从以所有制分割占主导的格局向行业分

---

① 杨宏炳：《缩小城乡收入差距的关键在于消除城乡分割的劳动力市场》，《社会主义研究》2005年第6期。
② 张展新：《从城乡分割到区域分割——城市外来人口研究新视角》，《人口研究》2007年第6期。
③ 谢周亮：《户籍歧视对劳动报酬差异的影响》，《开放导报》2008年第6期。
④ 李骏、顾燕峰：《中国城市劳动力市场中的户籍分层》，《社会学研究》2011年第2期。

割演化,而这一演化过程则是我国经济改革的不断深化、市场力量不断增强的过程。① 张展新 2004 年通过利用"五普"抽样数据所作的分析也得出相似的结论,认为自 90 年代以来,我国劳动力市场的城乡分割和部门分割逐步趋于弱化,在市场化改革的条件下逐步形成了以开放产业和国有垄断产业划分为特征的分割劳动力市场的新结构,即产业分割结构。② 延续以往的研究,张展新在 2007 年的一项研究中再次对劳动力市场分割进行了研究,指出随着人口和劳动力管理方式的变迁,我国的城乡分割体制已走向终结,虽然体制影响还在,但区域分割正在取代城乡分割成为分割人口和劳动力的新的主导因素;同时,进一步提出以"城乡、区域二重分割解释"为主要内容的研究城市外来人口的整合框架。③ 而晋利珍 2008 年在历史性考察中国改革开放 30 多年来劳动力市场分割的形式和成因之后,得出了进一步的结论,认为我国劳动力市场在市场、制度和社会等因素的综合作用下经历了城乡分割、部门分割、体制分割从兴盛到不断弱化的不同阶段,并认为当前及未来对中国劳动就业与经济增长影响最为深刻的劳动力市场格局是垄断—竞争格局演变中的劳动力市场行业分割以及在其框架之下的主要市场与次要市场的二元制分割,晋利珍将这一劳动力市场分割格局归纳为劳动力市场的双重二元分割。④ 在此基础上,晋利珍 2009 年利用实证分析的视角对劳动力市场行业分割的理论假设进行了检验,计量分析了行业工资差距中的人力资本效应和垄断效应,表明中国确实存在劳动力市场的行业分割,并再次强调指出当前及未来中国主要的劳动力市场分割形式将是劳动力市场的双重二元分割。⑤ 李骏、顾燕峰 2011 年在研究中国城市劳动力市场的户籍分层时的发现在一定程度上验证了晋利珍的观点,他们发现,城

---

① 聂盛:《我国经济转型期间的劳动力市场分割:从所有制分割到行业分割》,《当代经济科学》2004 年第 6 期。

② 张展新:《劳动力市场的产业分割与劳动人口流动》,《中国人口科学》2004 年第 2 期。

③ 张展新:《从城乡分割到区域分割——城市外来人口研究新视角》,《人口研究》2007 年第 6 期。

④ 晋利珍:《改革开放以来中国劳动力市场分割的制度变迁研究》,《经济与管理研究》2008 年第 8 期。

⑤ 晋利珍:《劳动力市场行业分割在中国的验证》,《人口与经济》2009 年第 5 期。

市经济结构的行业分割（垄断部门/非垄断部门）比所有制分割（国有部门/非国有部门）更能揭示户籍分层的过程。①

3. 收入不平等：劳动力市场分割的分配效应

劳动力市场分割意味着劳动力不能在不同市场间自由流动，从而造成在工资薪酬、就业机会、福利待遇等方面受到歧视，由此衍生出了一系列的社会不平等问题。李建民2002年的研究指出劳动力市场多重分割令我们付出了公平的代价，一方面分割的劳动力市场本身是社会不公平的后果，而另一方面这种分割局面的持续会使社会的不公平状况进一步恶化。而在社会不公平当中，最核心、最关键的方面则是收入的不平等。②

林南和边燕杰（Lin Nan & Yanjie Bian）1991年研究指出，社会主义经济中同样存在制度性与结构性的劳动力市场分割，他们认为20世纪90年代以前工作单位的所有制性质是影响中国城市个人收入的首要因素。③ 随着市场经济的不断向前推进，劳动力市场分割及其对收入分配的影响也逐渐发生着演变。刘精明2006年利用中国综合社会调查（CGSS 1996、2003）的数据，分析了在国家和市场的交互作用下，劳动力市场分割对人力资本收益模式的影响，结果表明不同部门人力资本收益回报率的变化与市场化方向并不一致，而是呈现出诸多社会转型期的非常态特征。④ 刘帆2007年分析了主、次劳动力市场分割对收入分配差距的影响，强调指出，劳动力市场分割是导致我国收入分配差距不断拉大的重要原因，主、次劳动力市场存在较大的收入差距，"行业垄断"和"高教育程度"决定了主要劳动力市场的高收入水平；而"劳

---

① 李骏、顾燕峰：《中国城市劳动力市场中的户籍分层》，《社会学研究》2011年第2期。

② 李建民：《中国劳动力市场多重分隔及其对劳动力供求的影响》，《中国人口科学》2002年第2期。

③ Nan Lin and Yanjie Bian, "Getting Ahead in Urban China". *American Journal of Sociology*, Vol. 97, No. 3, 1991.

④ 刘精明：《市场化与国家规制——转型期城镇劳动力市场中的收入分配》，《中国社会科学》2006年第5期。

动力供给长期相对过剩"决定了次要劳动力市场工资收入的持续走低。① Sylvie Démurger 等 2008 年研究了劳动力市场的地区分割对收入分配的影响效应,他们通过利用中国社会科学院经济所中国收入分配课题组的 1995 年和 2002 年调查的城镇职工工资收入数据进行了实证研究,发现我国地区间收入差距明显扩大,劳动力市场的地区分割对地区职工收入差距变动具有显著影响,并指出劳动力市场分割不仅拉大了收入差距,同时更导致了分配上的不公平。② 谢周亮 2008 年则侧重研究了城乡户籍分割的收入分配效应,通过实证分析发现,造成城乡二元分割的户籍歧视并未得到明显改变,户籍歧视一方面造成了城乡之间的收入不平等,另一方面也致使流动到城市工作的农民工与城镇工人之间的收入不平等。③ 而李骏、顾燕峰 2011 年利用上海市 2005 年 1% 人口抽样调查数据、按照户籍制度本身的双重特性进行研究设计,实证分析了劳动力市场的户籍分割对就业的影响,研究发现户籍身份的双重属性对部门进入、职业获得和收入不平等等就业结果都有一定的影响,同时指出,基于户籍身份的社会分层与城市经济的分割结构(行业分割与所有制分割)之间具有紧密的互动,其中垄断部门与非垄断部门的行业分割比国有部门与非国有部门的所有制分割对解释户籍分层过程更有效力。④

(二)行业收入不平等

毋庸讳言,结构性因素对中国收入分配产生着显著的影响。在经济和社会生活中,存在各种对个人社会、经济地位产生重要影响的分割性结构(Segmentation)⑤,这种"分割性"正是结构主义的基本逻辑。在众多分割性结构当中,劳动力市场分割是对劳动就业、经济发展等方面产生重要影响的分割性结构,收入不平等便是劳动力市场分割产生的显

---

① 刘帆:《劳动力市场分割:收入分配差距扩大的一个新解》,《中国青年政治学院学报》2007 年第 6 期。

② Sylvie Démurger、Martin Fournier、李实、魏众:《中国经济改革与城镇劳动力市场分割——不同地区职工工资收入差距的分析》,《中国人口科学》2008 年第 2 期。

③ 谢周亮:《户籍歧视对劳动报酬差异的影响》,《开放导报》2008 年第 6 期。

④ 李骏、顾燕峰:《中国城市劳动力市场中的户籍分层》,《社会学研究》2011 年第 2 期。

⑤ Glen G. Cain, "The Challenge of Segmented Labor Market Theories to Orthodox Theory: A Survey". *Journal of Economic Literature*, Vol. 14, No. 4, 1976.

著的分配效应。随着市场转型的不断深化,行业分割日益成为劳动力市场分割的新结构、新趋势,因此,行业分割以及在此格局下导致的收入不平等十分引人关注。从分层研究的角度来看,专门针对行业分割的系统研究还比较少见,大多散见于垄断行业与竞争行业的比较研究当中,而对于行业分割与收入不平等关系的研究则更为薄弱。关于这一点从当前行业收入不平等的研究当中可见一斑。

1. 行业间收入差距逐步拉大

一直以来,行业都被认为是影响收入不平等的重要结构性因素。由于学科研究的局限,行业间收入不平等研究主要集中的经济学领域,而社会学领域的研究尤其是经验研究相对较少。

大量以行业收入差距为主题的研究显示,中国行业收入差距从20世纪80年代后期开始一直持续到现在,并有继续扩大的趋势。陈钊、万广华、陆铭2010年利用新近发展起来的基于回归方程的不平等分解法对收入差距进行了分解,研究发现,1988年、1995年和2002年,行业间收入不平等对中国城镇居民收入差距的贡献越来越大,其中垄断行业收入的迅速增长是主要致因。[1] 同年薛继亮、李录堂通过利用MLD指数(Mean Log Deviation Index)分解测算了经济转型期我国行业收入差距状况,结果表明,自改革开放以来,我国的行业收入在曲线波动中不断拉大。[2] 武鹏、周云波2011年的研究也得出基本相同的结论,他们首先通过比较行业门类数据和行业大类数据,认为行业大类数据更适合应用于行业收入差距的分析中,基于此,他们利用历年《中国统计年鉴》公布的细分行业数据,利用基尼系数和泰尔指数等统计分析工具实证分析了我国行业收入差距的趋势和特征,研究结果表明我国行业收入差距呈现出波动中总体快速上升的态势。[3] 江西省社会科学院"收入分配研究"课题组对我国行业收入差距的演进特点和趋势进行分析,研究指出

---

[1] 陈钊、万广华、陆铭:《行业间不平等:日益重要的城镇收入差距成因——基于回归方程的分解》,《中国社会科学》2010年第3期。

[2] 薛继亮、李录堂:《基于MLD指数的转型期中国行业收入差距及其影响因素研究》,《中国人口科学》2010年第4期。

[3] 武鹏、周云波:《行业收入差距细分与演进轨迹:1990—2008》,《改革》2011年第1期。

我国行业收入差距总体持续扩大并在分布结构上表现出最高、最低收入行业总体稳定、略有变动的特点，并认为高科技行业和新兴行业在经济转型进程中将更具有收入优势，同时还分析了行业收入差距中的合理因素及不合理因素并提出规范路径。[①] 张余文2010年通过运用扩展的基尼系数对中国行业收入差距进行的实证分析再次表明，我国行业之间的收入差距呈现出总体扩大的趋势，但同时指出，行业不同所有制部门之间收入差距及变动趋势有所不同。[②] 郭娜、祁怀锦2010年也通过计算行业收入差距的基尼系数来反映我国当前的行业收入差距状况，并通过利用行业基尼系数与人均GDP数据建立的协整模型分析了行业收入差距的经济增长效应，结果表明行业收入差距对经济增长存在稳定的影响关系，但这种影响作用由改革初期的促进作用转变为现阶段的阻滞作用。[③]

2. 行业内部收入分层日益显著

近年来，随着对收入分配问题关注度的不断升温，行业作为影响收入分配的重要的结构性因素之一，研究行业收入差距的学者也越来越多。由于垄断行业的过高收入引致的社会不公平问题尤为人们所诟病，因此，很多学者又将研究的焦点投向了对垄断行业收入分配问题的研究。总体而言，从现有的研究成果来看，多数学者主要研究的是行业间的收入不平等问题，分析了行业间的收入差距、影响因素、作用机制、治理途径等，但对于行业内部的收入不平等问题却较少涉及，少有一些成果在研究行业间收入不平等的大框架下附带涉及了行业内部的收入不平等，而专门针对行业内部收入不平等的独立研究成果极少。然而，就现实情况而言，行业内部显然也存在显著的收入分层现象，尤其是在垄断企业当中，企业高管和一般员工的收入差距是巨大的，已经远远超出人们所能接受的合理范围。因此，对于行业内部的收入差距的研究也是十分必要的。从目前的研究现状来看，行业内部收入分层的研究还十分薄弱。

---

① 江西省社会科学院收入分配研究课题组：《我国行业收入差距扩大的实证分析与规范路径》，《南昌大学学报》（人文社会科学版）2010年第5期。

② 张余文：《中国行业收入差距的实证分析》，《经济理论与经济管理》2010年第8期。

③ 郭娜、祁怀锦：《中国行业收入差距的度量及其对经济增长的效应分析》，《中央财经大学学报》2010年第3期。

在为数不多的研究中，胡静波、李立 2002 年在研究我国垄断行业的收入分配问题时同时涉及了垄断行业的内部收入分层的问题，指出垄断行业内部平均主义盛行，员工收入水平与社会平均劳动力市场价位存在较大偏离，主要表现为高水平上的平均主义，具体又表现在两个方面：一方面，垄断企业内部一般员工收入水平远远高于其他劳动力市场的平均收入水平；另一方面，少数关键岗位的经营管理和技术人员的收入水平又低于其他劳动力市场的平均收入水平。[1] 同年，曾伏秋在研究国有垄断企业职工对收入分配问题的评价时总结指出，国有垄断企业内部收入分配存在两个方面的不公：一方面认为垄断企业内部职工收入平均主义倾向十分严重，这与胡静波、李立的观点相同，并同时还指出这种平均主义的实现机制在于垄断企业内部的工资增长机制不合理，存在津贴、奖金、福利等收入平均发放、人人有份的现象；另一方面又表现出劳动者与经营者、劳动者与劳动者之间的收入不平等日益扩大的趋势。[2] 以上两项研究的共同点在于，他们都是在研究垄断行业收入分配问题时涉及的垄断行业内部收入分配状况的研究，其基本结论也颇为相近，即认为垄断行业内部收入分配存在显著的平均主义。二者的研究虽涉及行业内部的收入不平等的讨论，但仍不够系统和深入，并缺乏经验数据的支持。从国内研究来看，罗楚亮是对行业内部收入分配状况进行了独立研究的首位学者，罗楚亮 2006 年通过探讨某垄断企业内部的工资收入分配特征，得出了与以上两项研究类似的结论，即发现该企业内部收入分配的平均主义现象非常显著，不仅工资差距非常小，而且奖金分配显然具有平均分配的特点，由此表明垄断行业内部的收入分配也不具有合理性。罗楚亮进一步指出，垄断行业内的高收入及其平均化的分配倾向与劳动力市场的分割、垄断行业内部的劳动力市场缺乏竞争性等因素密不可分。[3] 然而，与以上研究结论不同的是，潘胜文 2009 年对于垄断行业内部收入分配的平均主义的结论提出质疑，他通过对某垄断行

---

[1] 胡静波、李立：《我国垄断行业收入分配存在的问题与对策》，《经济纵横》2002 年第 1 期。

[2] 曾伏秋：《国有垄断企业职工对收入分配问题的评价》，《湖南商学院学报》2002 年第 1 期。

[3] 罗楚亮：《垄断行业内部的工资收入分配》，《中国人口科学》2006 年第 1 期。

业的个案调查收集资料进行实证研究,结果表明垄断企业内部收入分配的平均主义倾向在普通员工之间较为严重,但是同时在企业高管与普通员工之间却存在收入差距过大的问题,另外他还发现,资历在垄断行业工资收入分配中起到非常重要的作用,而此种情况严重制约了这些国有垄断企业的效率的提高。①

总体看来,以上对行业内部收入不平等问题的研究主要是集中在对垄断行业内部收入分配问题的探讨,与此有所不同的是,邓军 2011 年另辟蹊径,以制造业为例分析了中国行业内工资收入差距问题,他利用 1995—2007 年中国 16 个制造行业的数据,探讨了影响中国行业内工资收入差距的原因,研究发现,除了行业垄断等制度性因素外,国际生产分割与研发活动对我国行业内工资差异也造成了影响,拥有高技能的劳动者在国际生产分割的形势下受到制造业企业的偏好,其工资收入也增长更快;高技能劳动者在企业的研发活动中需求更为旺盛,国际生产分割与研发活动都拉大了行业内的工资收入差距。②

总体而言,迄今为止,关于行业内部收入分配状况的研究还相当薄弱,仍有待进一步研究。

3. 行业收入差距的影响因素

许多学者对行业收入差距背后的形成机制或影响因素进行了分析,不同的学者根据自己的研究得出相应的结论。信卫平研究认为,造成当前我国行业收入差距不断扩大的重要原因在于各行业职工工资增长速度不同,而这又与行业垄断性经营有关。③ 薛继亮、李录堂 2010 年的实证研究指出,在市场竞争因素和非市场化政策因素的双重作用下,当前我国行业收入分配差距不断拉大的影响因素呈多元化特点,宏观经济改革的政策影响最为显著,而其根本原因在于弱势劳动相较于强势资本的劣

---

① 潘胜文:《垄断行业收入分配状况分析及规制改革研究》,中国社会科学出版社 2009 年版,第 115—127 页。

② 邓军:《制造业的生产分割与工资收入差距:16 个行业证据》,《改革》2011 年第 1 期。

③ 信卫平:《当前我国行业收入差距的现状与特征》,《工会理论与实践》2004 年第 3 期。

势地位，导致劳动密集型产业与资本和技术密集型产业的收入差距不断拉大。① 江西省社会科学院"收入分配研究"课题组研究指出行业收入差距的不断扩大是由多重因素造成的，包括行政垄断与自然垄断的交互影响、市场机制不健全与政府调控机制滞后、国家对基础行业与公共产品投入不足等因素的共同影响。② 郭娜、祁怀锦 2010 年对我国 2000—2006 年行业收入数据进行的实证分析，发现造成行业收入差距的主要因素为人力资本水平、国有化程度和劳动生产率的差异。③ 张余文将造成我国行业之间收入差距不断拉大的原因归纳为两个方面，一是市场化竞争机制的影响以及私有化导致的分配不平等，二是行业垄断以及国有部门行业之间收入差距扩大的影响④。张世银、龙莹 2010 年应用我国 19 个行业的面板数据系统分析了 2002 年以来各因素（包括生产效率、垄断因素、人力资本因素、高教扩招等多重因素）对行业收入变动的影响，研究结果表明传统收入决定因素中的生产效率仍是影响收入的重要因素，当前影响行业收入不平等最关键的因素是垄断因素的影响，而人力资本对收入的影响并不充分，同时，高教扩招等社会因素也对行业收入产生一定的影响。⑤ 侯风云、伊淑彪研究认为，技术水平、人力资本拥有量、资本劳动比率等因素都对行业收入水平产生一定影响，其中行业的行政垄断的影响巨大，而行业垄断对行业收入影响的传导机制则是通过行政垄断获取高额利润、行政垄断行业所有者缺位以及垄断与非垄断行业的劳动力市场分割等多个环节实现的。⑥

综观以上不同学者的观点，可以将影响行业收入分配的因素归纳为

---

① 薛继亮、李录堂：《基于 MLD 指数的转型期中国行业收入差距及其影响因素研究》，《中国人口科学》2010 年第 4 期。

② 江西省社会科学院"收入分配研究"课题组：《我国行业收入差距扩大的实证分析与规范路径》，《南昌大学学报》（人文社会科学版）2010 年第 5 期。

③ 郭娜、祁怀锦：《我国行业收入差距与经济增长关系的实证分析》，《统计与决策》2010 年第 14 期。

④ 张余文：《中国行业收入差距的实证分析》，《经济理论与经济管理》2010 年第 8 期。

⑤ 张世银、龙莹：《我国收入差距扩大的影响因素及其实证分析——以行业收入变动为视角》，《经济经纬》2010 年第 4 期。

⑥ 侯风云、伊淑彪：《行政垄断与行业收入差距的传导机制》，《贵州财经学院学报》2008 年第 1 期。

以下几个方面：一是行业的行政垄断，这被认为是最关键、最重要的方面；二是行业人力资本、行业技术水平和资本劳动所占比重的差异；三是制度缺陷和市场体系不健全；四是产业转型和国家规制滞后等。

学界对于行业垄断是导致行业收入差距最为重要的原因的观点已经基本达成共识，基于此，有一批学者重点研究了垄断行业过高收入的原因和机制。李闻2001年着重研究了行政性垄断对我国不同行业职工收入的影响，认为行政性垄断是造成我国不同行业职工收入差距逐步扩大的重要原因。[①] 王锐2007年则研究指出，自然垄断和行政垄断共同形成了我国的行业垄断，自然垄断建立在规模经济的基础之上，其垄断利润具有合理性，而行政垄断则建立在行政权力控制的基础之上，其超额利润则不具有合理性，当前行政垄断是我国行业垄断中最普遍的形式，严重阻碍了我国的经济良性运行。[②] 宋晶、丁璐颖、王蕊研究认为造成当前垄断行业收入水平畸高的原因主要包括：一是缺乏竞争；二是体制钳制——"父爱主义"偏袒（即政府对垄断行业采取的一些保护行为）；三是政府职能缺位，对垄断行业收入水平缺乏有效监管。[③] 李晓宁强调指出，在探讨垄断行业高收入问题的成因时应重视"所有者缺位"造成的重大影响，并认为正是国有垄断与所有者缺位的双重作用导致了当前垄断行业的过高收入。[④] 因此，当前，行政垄断、所有者缺位、政府监管不力被认为是导致垄断行业不合理收入的三个关键因素，有学者同时指出，由于行政垄断和"所有者缺位"问题在较短时期内难以有效破除和解决，因此，在当前及今后的较长一段时期内，改善政府监管制度成为破解垄断行业收入分配问题的有效途径。[⑤] 杜鑫2010年研究发现，垄断行业的平均收入水平远远高于竞争行业的收入水平，包括受教育程度、工作经验、户籍、职业、性别等因素在内的禀赋特征差异是造

[①] 李闻：《行政性垄断与行业群体收入》，《青海社会科学》2001年第6期。

[②] 王锐：《垄断对我国行业收入分配的影响及对策研究》，《经济问题》2007年第2期。

[③] 宋晶、丁璐颖、王蕊：《垄断行业收入畸高的形成机理与规制对策》，《东北财经大学学报》2007年第5期。

[④] 李晓宁：《国有垄断与所有者缺位：垄断行业高收入的成因与改革思路》，《经济体制改革》2008年第1期。

[⑤] 潘胜文：《规制垄断行业收入分配行为的对策》，《经济纵横》2009年第7期。

成垄断行业和竞争行业巨大收入差距的重要原因，而受教育水平的差异、对农业户籍劳动力的歧视等因素是造成垄断行业和竞争行业各自内部的收入差距的重要原因。[①] 岳希明、李实、史泰丽 2010 年通过对垄断行业高收入中合理和不合理两个部分的实证分析，发现 50% 以上的垄断行业与竞争行业之间收入差距是不合理的，其中行政垄断是主要影响因素；同时他们还指出，由于垄断行业中存在隐性的高福利，而这部分收入通常在调查统计中得不到反映，因此，研究中的测量结果显然低估了垄断行业高收入中的不合理部分，也就是说在现实中垄断行业高收入中不合理部分应高于研究中反映的水平。[②]

（三）简要评述

大量研究已经表明，无论是发达国家还是发展中国家，劳动力市场分割都普遍存在，劳动力市场分割导致了社会不平等的出现，其中最为重要的方面便是收入的不平等。学者们普遍认为劳动力市场分割是导致收入不平等的重要的结构性因素，因此很多学者将收入不平等问题与劳动力市场分割结合起来加以研究。从已有研究不难发现，行业分割是劳动力市场分割的新结构，行业的工资差异昭示着劳动力市场的行业分割特征，然而大多研究将行业分割置于劳动力市场分割的框架下进行介绍和讨论，但是专门针对行业分割与收入不平等关系的研究相对较少，这是当前研究的一个薄弱环节。行业作为影响收入的至关重要的结构性因素，行业收入差异越来越引起人们的关注。以往研究已经对行业间总体收入差距、行业特征对行业平均收入的影响以及垄断行业的收入分配问题有了较多的研究，但其局限性也是较为明显的，即忽视了对在不同分割场域下行业的收入不平等状况的分析，毋庸置疑，不同分割场域下的行业收入分配有着不同的特征。

因此，本书将行业的分割性结构作为研究的一个基本切入点，既关注在新形势下，随着市场转型的不断推进，行业收入不平等状态的总体特征和趋势；同时，将不同分割场域下行业收入不平等作为研究的重

---

① 杜鑫：《中国垄断性行业与竞争性行业的收入差距：基于北京市微观数据的研究》，《南开经济研究》2010 年第 5 期。

② 岳希明、李实、史泰丽：《垄断行业高收入问题探讨》，《中国社会科学》2010 年第 3 期。

点，将个人因素和结构性因素结合起来考察行业的分割性结构及收入不平等状况。

二 个体抑或结构：收入不平等的因素分析

关于收入不平等的解释，目前学术界主要存在两种理论取向，一是个人主义理论取向，二是结构主义理论取向。① 个人主义理论取向认为个体特征差异是导致收入不平等的主要原因。而结构主义理论取向则认为，制度性和结构性因素是导致收入不平等更为重要的原因。关于收入不平等研究的成果可谓汗牛充栋，两种观点都获得了相应的经验研究的支持，由此可见，导致收入不平等的因素是复杂的。

（一）个人主义的理论取向

新古典经济学的人力资本理论支持了个人主义理论取向的观点。该理论将收入不平等的主要根源归结于劳动者在人力资本方面的差异。② 许多研究者从诸如人力资本（教育、工作经验等）、家庭背景、性别等个体特征的不同层面来研究收入不平等状况。

人力资本是影响居民收入的重要因素这一观点已经得到国内外很多研究的证实。教育作为人力资本存量的重要方面，对收入不平等也起着重要影响。然而，关于教育究竟对收入不平等产生怎样的影响目前尚无定论，归纳而言，学界存在四种比较有代表性的观点③：第一种观点是以舒尔茨、Ahluwalia 等为代表认为受教育水平的提高有助于缩小收入分配差距的观点；第二种观点是以 Thurow、Todaro 等为代表认为受教育水平的提高无助于收入差距的缩小，反而还可能扩大收入不平等状况的观点；第三种观点是以 Ram 等为代表的认为受教育水平的提高对收入不平等的影响仍不明确的观点。在以上三种观点的基础上，后来的学者又提出了第四种观点，认为受教育水平的提高对收入不平等的影响远非直线的，而是存在倒 U 形关系，即在教育扩展初期，收入不平等会扩

---

① 王甫勤：《人力资本、劳动力市场分割与收入分配》，《社会》2010 年第 1 期。

② Gary S. Becker, *Human Capital*, *A Theoretical and Empirical Analysis*, *with Special Reference to Education*. Chicago, IL: University of Chicago Press, 1993.

③ 参见赖德胜《教育扩展与收入不平等》，《经济研究》1997 年第 10 期。

大，只有到教育扩展后期，收入不平等才会改善。① 由此可见，人力资本对收入不平等的影响具有一定的复杂性。因此，越来越多的学者将人力资本对收入不平等的影响纳入一个更大的体系当中来研究。焦斌龙2011年的研究发现，我国人力资本对居民收入差距具有显著的存量效应，人力资本的扩张效应、平等化效应、缩减效应和错位效应是人力资本存量效应的具体反映，当前我国人力资本存量对收入差距的扩张效应大于平等效应，并处于倒U形曲线的左侧，但已接近顶点，而人力资本的存量效应在很大程度上受到人力资本制度的影响。② 陈工、陈伟明、陈习定同年研究认为居民收入不平等对中国经济增长有着重大的负面影响，并且人力资本积累是收入不平等影响中国经济增长的主要因素。③ 而王甫勤通过整合收入不平等研究中个人主义与结构主义的取向，分析人力资本和劳动力市场结构，以及两者之间的交互效应对收入分配的影响，发现人力资本和劳动力市场分割对收入分配都有直接的决定作用，同时，二者之间还存在交互作用，人力资本存量高的劳动力更容易进入国有垄断部门，而国有垄断部门也能为内部劳动力提供更多提升人力资本的机会。④

除了人力资本之外，作为先赋因素的性别对个人收入也有着不可低估的影响。性别收入差异也是收入不平等研究当中的重要方面。许多研究表明，当前性别收入差距相当明显。慈勤英、田雨杰、许闹2003年的研究指出收入的性别差异表现在多层面、多领域，在收入的不同分布层次上都存在明显的性别差异，在人力资本量相同的条件下男女收入也存在差别，而且这种差异在行业内、职业内的男女收入中也明显存在。⑤ 戴洁、李华燊2011年研究指出，性别对收入的影响十分显著，由

---

① 杨俊、黄潇、李晓羽：《教育不平等与收入分配差距：中国的实证分析》，《管理世界》2008年第1期。

② 焦斌龙：《人力资本对居民收入差距影响的存量效应》，《中国人口科学》2011年第5期。

③ 陈工、陈伟明、陈习定：《收入不平等、人力资本积累和经济增长——来自中国的证据》，《财贸经济》2011年第2期。

④ 王甫勤：《人力资本、劳动力市场分割与收入分配》，《社会》2010年第1期。

⑤ 慈勤英、田雨杰、许闹：《收入性别差异的表现形式与特点》，《人口学刊》2003年第3期。

于传统上一般认为男性的工作具有更明显的货币和交换价值,因此通常认为男性的工作比女性的重要得多,① 尽管当今社会女性从传统的完全从事家务活动的角色转换到和男性一样进入劳动就业市场,但女性在收入和职业方面遭遇歧视性待遇的现象仍广泛存在,即使在人力资本等方面条件相同的情形下,女性收入仅是男性的 68.93%。

面对如此显著的性别收入差距,很多学者也致力于探究导致性别收入差距的原因。李春玲、李实 2008 年通过利用 1988 年、1995 年和 2002 年三个时间点的全国抽样调查数据,着重考察了改革开放以来的性别收入差距的变动趋势及其影响因素,他们的分析结果表明,改革开放以来性别收入差距一直处于稳定的和显著的扩大态势之中,其影响机制也随着社会经济环境的变迁发生着变化,其中市场机制和性别歧视分别在改革开放的前 10 年和最近的 10 年中对性别收入差距产生决定性影响。② 另外,职业的性别隔离(occupational gender segregation)也是许多学者考察性别收入不平等的重要视角,而且职业的性别隔离与性别收入不平等的关系已经得到了大量研究的证实。职业的性别隔离甚至被认为是导致性别收入不平等的最为直接、最为关键的因素之一。③ 职业性别隔离意味着不同性别的劳动者被分配、集中到不同的职业或领域工作,性别隔离很多时候发生在不同所有制类型、不同行业或职业中,而女性往往集中在收入低、声望低的领域或职业里。舒晓灵和边燕杰 2003 年的研究证明了这一点。④ 吴愈晓和吴晓刚 2009 年通过利用 CGSS 2003 的调查数据以及"五普"数据中的职业数据,深入分析了我国城镇的职业性别隔离与收入分层的关系,分析结果表明,职业的性别隔离确实对我国城镇职工性别收入差距起着决定性作用,但其影响仅局限在

---

① 参见戴洁、李华燊《我国收入分配影响因素、问题与对策分析》,《中国行政管理》2011 年第 9 期。
② 李春玲、李实:《市场竞争还是性别歧视——收入性别差异扩大趋势及其原因解释》,《社会学研究》2008 年第 2 期。
③ 吴愈晓、吴晓刚:《城镇的职业性别隔离与收入分层》,《社会学研究》2009 年第 4 期。
④ X. Shu and Y. Bian, "Market Transition and Gender Gap in Earnings in Urban China". *Social Forces*, Vol. 81, No. 4, 2003.

国有部门。①

家庭背景同样是影响收入的重要个人先赋性因素。谢周亮 2010 年的一项研究表明除了个人受教育水平外，家庭背景也显著地影响着个人的收入水平，而其影响机制主要是通过上一代人的受教育水平、家庭生活学习习惯以及家庭的社会地位和社会网络等途径的代际传递实现。②戴洁、李华燊 2011 年的研究表明，家庭作为个人获取社会资源、建立社会网络的重要来源，在市场竞争不充分的社会经济转型发展时期，家庭背景（包括父母是否是管理者、父母的社会地位等）对个人的受教育水平、收入水平和职业地位等都产生着重大的影响。③

（二）结构主义的理论取向

对收入不平等的解释，由于以新古典经济学的人力资本模型为代表的个人主义的理论取向过分强调个体特征差异对收入不平等的影响而忽视了结构性因素对个人收入的决定性作用而备受质疑。而结构主义的理论取向恰恰强调从制度与结构的视角出发加以研究，认为相对于个人因素而言，制度性和结构性因素是导致收入不平等更为重要的原因。社会分层研究中的结构主义视角强调的是：在经济和社会生活中，存在各种对个人社会、经济地位产生重要影响的分割性结构（Segmentation）。④结构主义摒弃了个人主义所强调的个人特征是资源分配的决定因素，而是强调社会位置、结构才是资源配置的决定因素。⑤

站在结构主义的立场进行收入不平等研究的成果很多，对结构变量的不同理解或定义形成了不同的分析范式。社会学家提出的"空位竞争模型"（vacancy competition model）是支持结构主义理论取向的理论之一，该理论否认了个人主义理论取向对收入不平等的解释，个人主义的

---

① 吴愈晓、吴晓刚：《城镇的职业性别隔离与收入分层》，《社会学研究》2009 年第 4 期。

② 谢周亮：《家庭背景、人力资本与个人收入差异》，《财经科学》2010 年第 5 期。

③ 戴洁、李华燊：《我国收入分配影响因素、问题与对策分析》，《中国行政管理》2011 年第 9 期。

④ Glen G. Cain, "The Challenge of Segmented Labor Market Theories to Orthodox Theory: A Survey." *Journal of Economic Literature*, Vol. 14, No. 4, 1976.

⑤ 参见 HicksF ligstein and Morgan, "Toward a Theory of Income Determination", *Sociology of Work and Occupations*, No. 10, 1983。

理论取向强调是个人特质对工资收入的决定作用,而空位竞争模型理论则认为劳动者所处的结构性位置决定论个人的工资收入水平。[1] 劳动力市场分割（segmented labor market）理论是来自经济学内部的对新古典经济学的人力资本模型的批判。劳动力市场分割理论反对新古典经济学对劳动力市场均衡性、统一性、同质性的判断,认为劳动力市场是异质性的、非完全竞争的市场。以皮奥雷（M. Piore）为代表的二元劳动力市场理论将劳动力市场区分为主要劳动力市场（primary market）与次要劳动力市场（secondary market）。[2] 主要劳动力市场多是核心经济部门,工资收入相对较高,工作条件优越,福利待遇高,稳定性强；而次要劳动力市场多是边缘经济部门,工资水平低,工作环境差,流动性强。许经勇、曾芬钰2000年指出,同工不同酬是劳动力市场分割理论的具体表现。[3] 即具有相同人力资本的劳动者因从事的工作不同而获得不同的报酬,或者说,有的劳动者只能获得较低的报酬,原因并不在于其本身的素质低下,而是因为他们无法进入那些具有高劳动报酬的劳动力市场。因此,劳动力市场分割的结构性因素导致收入的不平等。

随着研究的不断深入,越来越多的研究发现,制度与结构因素是影响收入不平等的更为重要的因素。在实证研究中,学者们又对这些制度性与结构性因素进行了细分。王天夫、王丰2005年在研究中指出当前中国社会影响收入的主要制度性与结构性因素包括所有制、地区、行业与工作单位等,他们系统讨论了四种不同的结构性因素所起的作用。[4]

---

[1] Aage B. Sorensen and Arne L. Kalleberg, "an Outline of a Theory of the Matching of Persons to Jobs." in David B. Grusky (ed.), *Social Stratification: Class, Race, and Gender in Sociological Perspective*, Colorado: Westview Press, 2001.

[2] 一些学者将"primary market"和"secondary market"翻译为"主要劳动力市场"和"次要劳动力市场"（张丽娟,2008）,也有将其翻译为"初级市场"和"次级市场"（王天夫、崔晓雄,2010）,也有学者将二者分别翻译为"首要劳动力市场"和"次要劳动力市场",还有学者将二者翻译为"一级劳动力市场"和"二级劳动力市场"（葛苏勤,2000）等,本研究沿用第一种翻译。

[3] 许经勇、曾芬钰：《竞争性的劳动力市场与劳动力市场分割》,《当代财经》2000年第8期。

[4] 王天夫、王丰：《中国城市收入分配中的集团因素：1986—1995》,《社会学研究》2005年第3期。

林宗弘、吴晓刚 2010 年研究了改革开放以来中国的制度变迁、阶级结构转型和收入不平等的关系，认为户口制度、单位制度、干部身份制和私有产权等是造成转型时期中国不平等的重要制度性因素。①

有研究表明，所有制结构的变动是导致我国居民收入差距的重要原因。李楠 2007 年研究指出，1978 年以来我国所有制结构的变化是导致居民收入差距不断扩大的最根本因素，而所有制的演变对收入分配既有积极的影响，也有消极的影响，积极的影响在于所有制调整在促进经济发展的同时普遍提高了居民收入水平，而消极的影响在于导致收入差距不断扩大。②

城乡二元的户籍制度是我国最为典型的制度之一，它是影响我国城乡收入不平等的难以回避的关键制度性因素。很多学者的经验研究表明，户籍对收入的影响十分显著，户籍制度常常通过对就业、享受差别化的福利待遇等方面来对居民收入造成深刻的影响。蔡昉、杨涛 2000 年指出，自 1978 年以来，在城市利益集团的主导下以及传统体制遗留的制度障碍对城乡收入差距造成周期性影响，而要转变这一格局的重要方面在于改变城市偏向的政策和制度。③ 显然，户籍制度是偏向城市的、造成城乡不平衡发展的最重要的制度性障碍。戴洁、李华燊 2011 年的研究指出，户籍制度作为对我国收入分配造成重大影响的制度性和结构性因素，其影响力虽相比以前有不断弱化的趋势，但在多元复杂的影响因素中，"户口类型"是对收入分配产生影响最大的因素，而且在控制其他影响因素的情况下，城市户籍居民年收入比农村户籍居民平均要高出 96.80%。④

地区差异也已经被研究者证明是影响收入不平等的主要制度性与结构性因素之一，区域差异是分析中国居民收入不平等时必须考虑的重要

---

① 林宗弘、吴晓刚：《中国的制度变迁、阶级结构转型和收入不平等：1978—2005》，《社会》2010 年第 6 期。

② 李楠：《中国所有制结构演变对收入分配的影响》，《经济与管理研究》2007 年第 9 期。

③ 蔡昉、杨涛：《城乡收入差距的政治经济学》，《中国社会科学》2000 年第 4 期。

④ 戴洁、李华燊：《我国收入分配影响因素、问题与对策分析》，《中国行政管理》2011 年第 9 期。

因素之一。谢宇和韩怡梅的研究发现，在研究中国经济问题时考虑区域异质性非常重要。① 原因在于区域因素在中国不仅是个地理概念，同时还被赋予了政治上和经济上的体制性意义。郝大海、李路路2006年的研究中将收入分配置于区域差异的视角下进行分析，通过利用中国综合社会调查 CGSS 2003 的调查数据，深入分析了区域差异中的国家垄断与收入不平等问题，指出市场转型期中国区域差异不仅是经济发展的差异，而且是制度转型的差异。② 边燕杰、李路路等2006年的研究强调指出，单位和地区是再分配体制下的两大结构壁垒，对地位获得产生深刻而持续性的影响，其中地区壁垒的作用表现在，随城市级别的提升，职业地位的收入含量也大幅度增加。③ 由此可见，地区已经超越了简单的地理空间意义而具有了社会经济地位的含义。戴洁、李华燊2011年的研究指出，在控制其他影响因素的情况下，由于地区之间的非均衡发展，地区差异对收入分配有着显著的影响，东部地区居民收入水平最高，西部地区次之，中部地区最低，具体表现在中部地区和西部地区的居民收入水平分别仅相当于东部地区的68.94%和70.19%，因此，这意味着在其他方面因素（如人力资本）没有差异的情况下，由于所在地区不同，个人收入也会存在显著的差异。④

除了所有制、户籍制度、地区等制度、结构性因素外，行业无疑也是影响收入不平等的关键结构性因素之一。学者们对行业对收入分配的影响机制做了相关研究。著名美国学者皮奥雷（M. Piore）的二元劳动力市场理论对分属不同劳动力市场的收入及就业问题进行了深入研究，指出劳动力市场并非完全竞争的、均衡统一的市场，而是被一些制度和结构性因素分割为初级市场（主要劳动力市场）和次级市

---

① Xie and Emily Hannum, "Regional Variation in Earnings Inequality in Reform Era Urban China." *American Journal of Sociology*, Vol. 101, No. 4, 1996.

② 郝大海、李路路：《区域差异改革中的国家垄断与收入不平等——基于2003年全国综合社会调查资料》，《中国社会科学》2006年第2期。

③ 边燕杰、李路路、李煜、郝大海：《结构壁垒、体制转型与地位资源含量》，《中国社会科学》2006年第5期。

④ 戴洁、李华燊：《我国收入分配影响因素、问题与对策分析》，《中国行政管理》2011年第9期。

场（次要劳动力市场），初级市场通常是那些高工资、工作环境良好、工作稳定的市场，如资本和技术密集型行业、行政垄断行业等，而次级市场则通常是那些工资低、工作环境差、工作不稳定的部门，如劳动密集型行业或市场门槛低的行业。① 王天夫、崔晓雄2010年利用多层线性模型分析了行业影响收入分配的逻辑与路径，结果显示，行业的差异能够解释个人收入总体差异超过13%的份额，而行业规模、行业年龄、行业高学历比例等行业特征对个人收入有着显著影响。② 同年，陈钊、万广华、陆铭通过利用三个时段的数据进行回归方程的收入差距分解发现，行业间收入不平等在收入差距中的影响日益显著，其中垄断行业是造成行业收入不平等的重要原因。③ 戴洁、李华燊的研究表明，在不考虑性别及受教育水平等影响因素的作用下，行业对收入水平的影响仍十分显著，资本密集型产业的从业者收入高于劳动密集型产业的收入；而且在我国还有许多垄断行业是政府垄断经营也能够获得高于其他行业的收入水平。④

国家的收入分配调节机制同样对收入差距形成一定影响，其中税收制度与社会保障制度是收入再分配体系中的重要组成部分。税收作为政府收入的重要来源，税收制度在调控和规范收入分配秩序中发挥着重要作用。然而，长期以来，由于我国实施的分类税制等制度设计上的问题，我国税收对收入分配的调节作用非常有限。刘怡、聂海峰基于城市住户资料数据，分析了间接税对收入分配的影响，指出目前我国实施的以间接税为主体的税收体制在收入分配上具有累退性，即令收入分配不平等状况出现恶化。⑤ 而社会保障制度作为收入再分配

---

① 李路路、孙志祥：《透视不平等——国外社会阶层理论》，社会科学文献出版社2002年版，第57页。

② 王天夫、崔晓雄：《行业是如何影响收入的——基于多层线性模型的分析》，《中国社会科学》，2010年第5期。

③ 陈钊、万广华、陆铭：《行业间不平等：日益重要的城镇收入差距成因——基于回归方程的分解》，《中国社会科学》2010年第3期。

④ 戴洁、李华燊：《我国收入分配影响因素、问题与对策分析》，《中国行政管理》2011年第9期。

⑤ 刘怡、聂海峰：《间接税负担对收入分配的影响分析》，《经济研究》2004年第5期。

的重要手段之一,发挥着社会安全阀的作用,在保障居民基本生活方面发挥着重要作用。然而当前我国社会保障体制仍不健全,覆盖面有限,保障水平也不够高,甚至出现逆向调节的困境,反而使收入差距进一步扩大。①

从国家与市场的关系来考察中国收入不平等的形成机制问题,研究领域还存在两种截然不同的归因模式,第一种模式主要甚至完全把这种不平等归因于中国经济的市场化进程,第二种模式则主要甚至完全归因于非市场化机制。边燕杰、张展新指出市场化是中国经济改革的突出特征和重大成果,并认为市场化是多维的,并且与政府经济职能转变相联系。② 杨宜勇等提出发展阶段与不平衡性、市场机制的极化作用不断增强、体制改革的诸项措施不配套、政府再分配调节不力以及第三次分配道德分配缺位是导致当前我国收入分配差距扩大的主要原因。③ 刘精明从"国家主导"的概念入手,结合职业阶层、教育与政治资本这三个因素,着重探讨了市场化进程中国家理论对收入分配的影响,研究发现,在国家规制影响下职业阶层收入差距较小,市场化改革对人力资本回报具有影响作用。④ 陈光金在对我国收入不平等成因的实证分析过程中,对市场和非市场因素对收入不平等的影响进行了考察,分析结果表明,在我国收入不平等的成因中,市场化机制发挥着主要作用,而制度等非市场结构也产生着重要影响,同时还有一些混合因素的作用,因此具有一定的复杂性。⑤ 郝大海、李路路在研究区域差异改革中的国家垄断与收入不平等问题时,着重强调了国家政治权威作用形式的变化及延续的方式和趋势,他们的研究发现,在竞争性的部门中,国有非垄断部

---

① 杨灿明、胡洪曙、俞杰:《收入分配研究述评》,《中南财经政法大学学报》2008年第1期。

② 边燕杰、张展新:《市场化与收入分配——对1988和1995城市住户收入调查的分析》,《中国社会科学》2002年第5期。

③ 杨宜勇、顾严、李宏梅:《我国收入分配问题及"十一五"时期的对策》,《宏观经济研究》2005年第11期。

④ 刘精明:《市场化与国家规制——转型期城镇劳动力市场中的收入分配》,《中国社会科学》2006年第5期。

⑤ 陈光金:《市场抑或非市场:中国收入不平等成因实证分析》,《社会学研究》2010年第6期。

门和非国有部门对收入分配的影响已不再具有显著差异,而"国家垄断部门"成为一种更基本的方式。[①] 戴洁、李华燊研究指出,权力资本对收入分配有着显著影响,在其他因素没有差异的情况下,党员身份和行政级别作为权力资本的重要维度,对收入皆具有显著影响,党员身份的劳动者收入高于群众身份的劳动者,而拥有行政级别的官员干部的收入远高于没有行政级别的劳动者。[②]

(三) 简要评述:从分化到交互融合

学者们对收入不平等背后的形成机制进行了不懈的探索,毫无疑问,个人特质差异和结构性因素都对收入不平等产生着不同程度的影响,而且这些因素发生作用的机制都是多元而复杂的。个人主义的理论取向强调个人特质差异对收入不平等产生的决定性影响,而结构主义研究的共同点在于认为结构性因素是导致个人收入不平等的关键性因素。一般认为,在完全市场竞争的条件下,个人因素是导致不平等的主要因素,而个人因素(天赋、能力的差异)导致的不平等往往被认为是合理的;然而在当今社会经济条件下,几乎不存在完全竞争的市场,大多处于不完全竞争市场条件下,对于很多不平等现象难以用个人因素特征来加以解释,这时结构性因素成为解释社会不平等现象的重要维度。在众多不平等现象当中,收入不平等现象是最核心也是人们最关心的问题之一。对比个人主义和结构主义两种取向的研究发现,它们过度强调个人因素和结构因素的区分,却忽视了事实上,个人因素和结构因素往往是交互作用共同对收入不平等产生影响的。在当前的收入不平等研究中,由于纯粹的个人主义的解释越来越缺乏说服力,因此,越来越多的学者更倾向于结构主义的解释取向。然而,以往结构主义取向的研究关注的重点,更多在于结构性因素对于诸如单位组织与区域等结构单位的平均收入水平有怎样的影响以及什么样的特征造成这样的差异,但是,

---

[①] 郝大海、李路路:《区域差异改革中的国家垄断与收入不平等——基于2003年全国综合社会调查资料》,《中国社会科学》2006年第2期。

[②] 戴洁、李华燊:《我国收入分配影响因素、问题与对策分析》,《中国行政管理》2011年第9期。

对于这些结构性因素是怎样约束个人特征的影响过程的具体研究还相当少见。① 目前学界鲜少有突破二者的界限来加以研究的，仅有少数学者进行了有益探索。王甫勤（2010）在研究人力资本、劳动力市场分割与收入分配关系问题的过程中整合个人主义和结构主义的两种取向；② 而王天夫、崔晓雄在研究行业如何影响收入的问题上将个人特质和行业特质（结构特质）纳入一个体系当中加以研究，也为这一领域的研究提供了新的思路。③ 因此，从结构主义与个人主义的截然分化到二者的交互融合，无疑能为收入不平等研究拓宽研究路径。

三　分配公平观研究

从一定意义上而言，收入不平等是社会不平等中最为重要的方面。具体来讲，收入不平等指的是收入在社会成员、社会群体中分配不均等的客观状态。我们必须承认的是，迄今为止，在任何一个社会中还没有能够将收入等任何社会资源完全均等分配的状态，差异或不平等总是存在的。因此，在这些不平等当中，只有合理与不合理之分，却无法完全消除。因此，我们真正需要关注的是什么样的"不平等"是合理的、公正的，或者说什么样的"不平等"是我们可以接受的；而相应的什么样的"不平等"是不合理的，是我们难以接受的，这就涉及收入不平等与社会公正的问题。一般认为，个人禀赋、能力、贡献的差异带来的收入不平等是合理的、可以为人们所接受的；而那些依赖垄断等失范的、不公正的收入分配制度导致的过大收入差距则被认为是不合理的、不公平的，而这些则是我们致力于改革和纠正的方面。关于收入分配公平与否的问题，学者们从分配公平与否的判断原则、收入分配的价值判断（即民众的分配公平观、收入与幸福感关系）等角度来探讨收入不平等与社会公正的问题。

---

① 王天夫、崔晓雄：《行业是如何影响收入的——基于多层线性模型的分析》，《中国社会科学》2010年第5期。
② 王甫勤：《人力资本、劳动力市场分割与收入分配》，《社会》2010年第1期。
③ 王天夫、崔晓雄：《行业是如何影响收入的——基于多层线性模型的分析》，《中国社会科学》2010年第5期。

(一) 分配公平与否的判断原则

由于长期以来对收入分配公平问题的关注,人们形成了对于收入分配公平与否的判断原则。从研究领域来看,一些学者从终极伦理准则出发提出了判断社会公平的抽象原则,也有一些学者从经验研究的角度提炼出了人们判断分配公平与否的实践原则。[①] 前者较有代表性的研究包括约翰·罗尔斯 (John Rawls) 的关于分配正义的两个基本原则,即平等自由原则和差别原则[②]、罗伯特·诺齐克 (Robert Nozick) 针对罗尔斯的分配正义论提出的占取原则、转移原则和矫正原则[③]以及阿玛蒂亚·森 (Amartya Sen) 的能力平等论等;而后者则更多反映在各个学者的经验研究当中,提出了诸如应得原则与平均原则、局部比较论与结构决定论等判断标准。本书将主要的关注点落脚于经验研究当中提出的观点。

1. 应得原则和平均原则

孙明在研究市场转型期民众的分配公平观时对"应得原则"和"平均原则"的基本理论进行了梳理[④]:这两个分配公平观原则源于 Deutsch 的研究,Deutsch 指出在人们的主观认识当中,应得 (desert) 原则、平均 (equality) 原则和需求 (need) 原则是人们判断公平与否的三个基本原则。[⑤] 而其中在人们观念中最为普遍的莫过于应得原则和平均原则。"应得原则"强调个人所得与其投入、成本、贡献相符合,这样的所得方为公平所得,这一原则承认差异的合法性,即贡献、投入、成本等差异造成的差距是合理的、可接受的,因而也是公平的,由此可见,应得原则倡导的是非平均主义原则;而与应得原则形成鲜明对照的是,平均原则强调的是社会资源应该均等的或按需分配给社会成员,应得原则在市场经济当中得到更为广泛的接受,而平均原则则与计划经济的分配制度相联系,由于社会背景环境的变化,平均原则与应得

[①] 孙明:《市场转型与民众的分配公平观》,《社会学研究》2009 年第 3 期。
[②] [美] 约翰·罗尔斯:《正义论》,中国社会科学出版社 1988 年版,第 60—61 页。
[③] [美] 罗伯特·诺齐克:《无政府、国家与乌托邦》,中国社会科学出版社 1991 年版。
[④] 孙明:《市场转型与民众的分配公平观》,《社会学研究》2009 年第 3 期。
[⑤] Morton Deutsch, "Equality and Need: What Determines Which Value Will Be Used as the Basis of Distributive Justice?" *Journal of Social Issues*, Vol. 31, 1975.

原则在人们观念中的权重也在发生变化。①

孙明在市场转型的背景中考察了应得原则和平均原则在中国民众分配公平观中存在形态，其研究结论显示，"应得原则"伴随着市场化机制和相应分配原则的确立而被人们所认同，由此使市场化分配机制获得了合法性基础；而平均原则更多为社会底层所接受，反映了收入不平等带来的潜在的社会紧张。②

2. 结构决定论与局部比较论

关于分配公平感的影响机制的解释，学界还存在"结构决定论"和"局部比较论"的两种基本理论取向。③ "结构决定论"衍生于自利理论，自利理论强调人的自我中心和物质主义（materialistic）倾向，实现效用最大化是人们做出选择的基本目的；④ 在这一理论的基础上，"结构决定论"认为客观社会经济地位的高低对人们的分配公平感有着重要影响；社会经济地位越高的个人，越认同公平的分配原则应与个人投入与贡献相匹配，越认可目前的分配状况；与之相反，社会经济地位越低的个人，越认为当前的分配状况是不公平的，并更认同应"劫富济贫"。⑤

"局部比较理论"则以相对剥夺理论为基础，相对剥夺理论指出，个体在对自身的境遇做出判断时，依据的主要不是个体的实际地位，而更多的是与相关参照群体的比较，由此产生实际地位与分配公平感不一致的情况发生，诸如实际地位高的人也可能产生相对剥夺感，而实际地位低的人也可能感觉相对公平。⑥ 由此"局部比较理论"认为个人分配公平感是通过与局部的（而不是整体的）参照比较而产生的，这种局部的比较既可能源于人们对过去生活的体验与感受，也可能基于人们对自己周围人状况的评价与感知。⑦

---

① 参见孙明《市场转型与民众的分配公平观》，《社会学研究》2009 年第 3 期。
② 同上。
③ 马磊、刘欣：《中国城市居民的分配公平感研究》，《社会学研究》2010 年第 5 期。
④ 同上。
⑤ 同上。
⑥ 同上。
⑦ 同上。

基于以上两种理论的比较，马磊、刘欣提出了自己的研究假设，对中国城市居民微观公平感的形成机制进行了考察，由此与怀默霆（Martin K. Whyte）2009年的一项针对中国民众对宏观社会不平等态度的经验研究形成对照。研究显示，中国城市居民的分配公平感主要是由相对比较因素决定的，由此有力验证了局部比较论的理论假设，并否定了"结构决定论"的观点，认为对于中国城市居民来说，并非人们的社会经济地位越高，就越认为自己的收入所得是公平的。①

（二）收入差距的价值判断

对收入差距的价值判断主要体现在人们对收入差距合理不合理、公平不公平以及满意度的认识和判断。当前关于人们对收入差距的价值判断的研究还非常有限，怀默霆、邢占军、罗楚亮等学者做了有益尝试和探索。

针对许多学者和官员提出的中国的普通民众对当前的不平等非常不满的流行观点，怀默霆对此提出了质疑，从更大范围考察了中国民众如何看待当前的社会不平等的问题。他的研究结果认为尽管我国受访者对当前不平等的一些方面确有微词，但是他们总体上仍倾向于认为，目前产生各种社会不平等的资源分配模式是比较公平的，尤其是在社区内部，因而从一定程度上否定了中国民众对当前不平等非常不满的观点。② 邢占军2011年通过采用丰富的数据资料以定量研究的方法对收入分配与幸福感的关系进行了深入挖掘和探讨，结果表明：当前，我国收入与城市居民幸福感之间具有一定的正相关关系；高收入群体幸福感水平明显高于低收入群体；地区差异对二者之间的关系没有影响；而从一定时期的宏观上考察，国民收入的增长并没有带来地区居民幸福指数的同步增长。③ 罗楚亮在2002年全国城乡住户抽样调查数据的基础上，采用实证分析的方法探讨了绝对收入和相对收入与主观幸福感的关系。研究指出，绝对收入与主观幸福感之间具有显著的正相关，因此，就现阶段而言，收入仍然是影响主观幸福感的重要因素。然而，需要注意的

---

① 怀默霆（Martin K. Whyte）：《中国民众如何看待当前的社会不平等》，《社会学研究》2009年第1期。

② 同上。

③ 邢占军：《我国居民收入与幸福感关系的研究》，《社会学研究》2011年第1期。

是，主观幸福感与收入水平之间的相关程度并不高（相关系数很小），因此非收入因素对主观幸福感也会造成一定的影响。[①]

王甫勤 2011 年在调查数据的基础上，以上海为例，实证分析了当前我国大城市居民分配公平感及其形成机制，研究中对阶层地位、社会经济地位、社会不平等归因偏好等因素对个人分配公平感的影响进行了分析，指出越倾向于个人绩效归因，分配公平感就越强，否则分配不公平感越强。[②] 王鹏 2011 年通过利用 CGSS 2006 中的调查数据，采用实证分析的方法考察了收入差距与居民主观幸福感的关系，研究发现，收入差距对主观幸福感的影响呈倒 U 形曲线，同时，随着收入差距的不断扩大，城市居民以及受教育水平高的居民幸福感反而更低，另外，对收入合理性的判断也会影响到个人的幸福感。[③]

（三）简要评述

关于人们对分配公平观的研究，即人们认为怎么样的收入分配是公平合理的，换句话说，社会各阶层对收入不平等的认知程度如何？他们认同什么性质的不平等？能接受多大程度上的不平等？因此，这本质上论及的是收入不平等的合法性问题。纵观当前的研究成果，收入不平等的合法性作为衡量分配公平观的重要方面，这方面的研究依然非常匮乏。而人们对收入差距产生的不公平感显然会对社会发展产生不利影响。从长远来看，民众普遍的不公平感将会损害一个社会的道德秩序，人们获取高等教育和努力工作的动机将会降低，因为他们认为这些都不会有公平的回报，这将导致整个社会变得堕化。[④] 而从短期来看，民众对收入分配的不公平感将产生社会不满情绪，容易激化社会矛盾，从而

[①] 罗楚亮：《绝对收入、相对收入与主观幸福感——来自中国城乡住户调查数据的经验分析》，《财经研究》2009 年第 11 期。

[②] 王甫勤：《当代中国大城市居民的分配公平感：一项基于上海的实证研究》，《社会》2011 年第 3 期。

[③] 王鹏：《收入差距对中国居民主观幸福感的影响分析——基于中国综合社会调查数据的实证研究》，《中国人口科学》2011 年第 3 期。

[④] Marii Paškov, *The process of Social Transformation: Perceived Social Inequality in Estonia.* in RC28 Spring Meeting. Brno, Czech Republic, 2007.

产生大量社会问题。① 翁定军 2010 年的研究还提出，民众对收入分配的不公平感还容易促使他们产生阶层对立意识。因此，随着日益拉大的收入差距，对当前中国民众的分配公平感进行研究显然具有积极的现实意义。②

从当前有限的研究来看，学者们大多将研究的范围定位在较为宏观的层面，反映的是民众的整体的分配公平观，仅有个别学者对不同的民众的分配公平观进行了细分研究（尽管邢占军 2011 年的研究考察了分地区的居民收入与幸福感的关系，但事实上仍属于中观层面）。然而，由于收入分配公平观或者说收入分配的合法性问题属于主观层面的问题，因此具有较强的可变性、复杂性和多样性，处于不同地区、不同社会经济地位、不同制度条件下的群体可能产生的分配公平观或对收入不平等的合法性的认识会有所不同，也就是说，制度性和结构性因素会对分配公平观产生重要影响。因此，本书考虑仅从行业的角度考察处于不同行业的人们有着怎样的分配公平观，或者说不同行业的人对收入分配合法性有着怎样的认识。

四　行业收入不平等的测度

对于行业收入不平等的测量，随着科学研究的不断推进而日臻完善，测量手段日趋多元化，测量技术和测量指标体系的不断完善为收入分配研究的进一步推进奠定了良好的基础。

（一）测量指标

1. 所有行业的工资基尼系数

基尼系数是 20 世纪初意大利经济学家基尼，根据洛伦兹曲线推导出来的判断收入分配公平程度的指标。基尼系数是当前应用最广泛的衡量居民收入分配差距程度的综合指标之一。基尼系数可以扩展到测量行业收入不平等状况，将同行业的职工视为一个同等工资的人群，并且用这个行业的职工人数作为计算基尼系数的组内人数，这样计算出的基尼

---

① Richard G. Wilkinson and Kate E. Pickett, "Income Inequality and Social Dysfunction." *Annual Review of Sociology*, Vol. 35, 2009.

② 翁定军:《阶级或阶层意识中的心理因素：公平感和态度倾向》,《社会学研究》2010 年第 1 期。

系数即行业的工资基尼系数。

2. 泰尔指数（Theil Index）

泰尔指数最早由荷兰著名经济学家泰尔（H. Theil）于 1967 年提出，是衡量个人之间或者地区间收入差距（或者称不平等度）的重要指标。① 泰尔指数在测量收入不平等中已经得到越来越广泛的应用，它是广义熵指数的特殊表达，当广义熵指数的参数 C=0, 1 时，测量结果即为泰尔指数。用泰尔指数衡量收入不平等的优势在于能够对总体差异进行组内或组间的分解，便于对组内差距及组间差距进行比较分析。

3. 行业间平均工资的差距及不平等指数方法

行业间平均工资的差距是衡量行业收入差距的一个基本指标，其中一个最为简单的指标是最高行业平均工资和最低行业平均工资之比。而不平等指数方法就是用最高收入者占总人口比例，加上最低收入者占总人口比例（两者百分比之和）来表示社会的不平等程度。②

4. Oaxaca-Blinder 分解方法

该方法最初是为了解释性别工资差距而提出的，但是其后被应用到任何两组人群之间收入差距的分析中。Oaxaca-Blinder 分解的对象是两组人群平均工资的差异，并且以回归分析结果为基础实现的。

5. 明瑟收入函数

明瑟收入函数是由经济学家明瑟（Mincer）1974 年根据人力资本理论推导出的研究收入决定的函数，研究者通常根据自己的研究目的，在模型中加入其他变量，如性别、地区、部门等。一些学者利用明瑟函数来考察行业收入不平等问题。如晋利珍 2009 年为了进一步定量考察人力资本因素、垄断因素以及其他因素对行业工资差距的贡献，引入了明瑟（Mincer）收入函数进行计量检验。③

明瑟工资收入的基本方程是：$\log(wage) = \alpha + \beta x + \mu$

上式中，被解释变量是职工年平均工资收入的对数，解释变量是影

---

① 参见谭志雄、姚斯杰《中国地区收入差距问题研究——基于八大经济区视角》，《东北大学学报》（社会科学版）2010 年第 5 期。

② 李强：《当代中国社会分层：测量与分析》，北京师范大学出版社 2010 年版，第 24 页。

③ 晋利珍：《劳动力市场行业分割在中国的验证》，《人口与经济》2009 年第 5 期。

响工资收入的重要因素，其中，行业的人力资本水平和垄断程度被学者们公认为是影响行业工资收入差异的各种因素中的主要影响因素。

(二) 简要评述

以上主要是利用数理统计的手段对行业收入不平等进行测量的一些方法。数理统计方法是实现实证研究的重要手段，使用这些统计方法的优势在于能够较快地对实证数据进行量化分析，把握研究对象的总体状况和趋势；然而，其不足在于任何数理统计方法都会受到使用范围的限制，因此，每种方法都对其自身的应用有着严格的数据方面的要求，如果已有数据难以满足统计方法的条件，那么这种方法就难以得到应用，或者即便应用了也难以得到科学准确的分析，可能得出谬误的结论。由此可见，进行实证分析，全面、系统、准确的调查数据是必不可少的。就行业收入不平等而言，由于行业自身的复杂性，目前我国仍没有建立完善的行业收入数据统计体系，我国学者的研究也大多依赖于当前全国范围的调查数据以及一些科研院所进行的大型调查数据，由于数据的匮乏，有的学者甚至尝试将不同的调查数据进行对接来加以使用才能达到研究目的。当前的数据大多停留在较为宏观的层面，对于细分行业的数据还相当欠缺，这就导致了当前的行业收入研究趋于宏观，而对于微观层面的研究还十分薄弱。从某种程度而言，对行业收入分配问题的研究仍需要在基本调查数据上加以完善，尤其是微观层面的调查数据，而这将是一个十分长远而艰难的过程。

第二节 核心概念、理论基础及研究假设

一 核心概念

厘定和澄清核心概念是研究的首要任务。围绕研究议题，本书的核心概念包括市场转型、行业分类、行业分割、收入、收入不平等。

1. 市场转型

市场转型是中国改革开放以来最重要的社会变迁之一。关于市场转型，很多学者提出过自己的论断，其中最具代表性的当属卡尔·波兰尼

和麦克·布洛维的观点。卡尔·波兰尼在其著作《大转型》中提出了关于经济的三种主要形态——"互惠经济""再分配经济""市场经济",并将社会主义国家出现的市场改革过程抽象为一幅从"再分配经济"向"市场经济"转型的图景。① 而麦克·布洛维接续波兰尼的观点,针对原社会主义阵营的各个国家的市场转型,提出了"第二次大转变"的论断,将20世纪80年代末期苏东和东亚各社会主义国家急剧地转变经济形态,走向市场经济称作"第二次大转变"。② 市场转型必然带来政治、经济、社会等各个层面的重大变化,因此,针对市场转型将会导致何种社会后果引发了一场关于"市场转型"问题的大讨论。本书亦是在市场转型的背景下探讨行业收入不平等问题,有必要说明的是本书采用的市场转型特指中国作为社会主义国家正在经历的经济形态的转变,即从计划经济向市场经济转变的过程。

2. 行业分类

我国1984年首次发布实施了国民经济行业分类的国家标准,随着市场转型的不断深入和社会经济的快速发展,我国的产业结构也发生了较大调整,大量新兴行业不断涌现,为了适应产业结构的新发展,我国的国民经济行业分类标准也进行过两次较大的修订,第一次为1994年修订形成的《国民经济行业分类与代码》(GB/T4754—1994);第二次为2002年修订形成的《国民经济行业分类》(GB/T4754—2002),这一标准于2002年10月正式实施,至今仍在沿用。国民经济行业类别由粗到细被划分为四个层次,即门类、大类、中类和小类。综观现有研究,由于行业分类繁多复杂,关于行业收入的客观数据非常有限;同时过细的行业划分又有可能弱化行业本身的特征,因此,当前国内外关于行业收入差距的测度均集中在行业门类和行业大类层次。③ 就我国的研究现状来看,行业门类层次的数据在我国行业收入差距的实证研究中使用较多,尽管有学者指出行业门类层

---

① 参见刘精明《市场化与国家规制——转型期城镇劳动力市场中的收入分配》,《中国社会科学》2006年第5期。

② 参见沈原《社会转型与工人阶级的再形成》,《社会学研究》2006年第2期。

③ 武鹏、周云波:《行业收入差距细分与演进轨迹:1990—2008》,《改革》2011年第1期。

次的分类仍显得较为粗糙，会出现行业间的很多差异因分类不够细而被忽略和淹没的风险，因此行业大类较之行业门类的层次划分在对我国行业收入差距的测算中更适合被采用。① 需要说明的是，本书使用到的《中国统计年鉴》中的行业收入数据主要是按行业门类划分的，而"中国综合社会调查"（CGSS 2006）中的行业数据是按行业大类统计的，我们都知道不同层次的数据提供的信息量是不同的，因此，为了不损失数据中的信息，本书将结合采用行业门类和行业大类两个层次的数据。

3. 行业分割

行业分割是当前我国劳动力市场分割的基本形式之一。基于劳动力异质性假设，劳动力市场分割理论认为劳动力市场并非同质的、单一的、完全竞争的市场，而是被分割成若干个不同的市场，这些不同的劳动力市场具有不同的薪酬机制、工作稳定性、晋升机会、福利待遇等，而且劳动者难以通过自由流动来改变这种不平等待遇。其中，判断劳动力市场分割的最重要的判断标准就在于在不同劳动力市场存在工资差距与劳动力流动障碍。我国的劳动力市场分割经历了城乡二元分割、体制分割、部门分割和行业分割等不同阶段和过程，在市场转型不断推进的形势下，城乡分割、体制性分割、部门分割在不断弱化，而行业分割越来越成为我国劳动力市场分割的关键形式。

行业是划分社会集团、导致社会分化、形成与维护分层模式的结构性因素之一。② 改革开放以来，随着利益分配格局发生的重大变化，行业分割主导下的劳动力市场分割局面正在形成，其最基本的表现形式就在于行业收入差距日益显著。具体而言，本书使用的"行业分割"，主要指的是由于制度性和结构性等因素的影响，在不同的行业间或行业内部出现的劳动力在工资待遇、工作稳定性、晋升机会、福利待遇等方面的差异，其中，行业收入不平等是衡量行业分割的关键指标。根据行业分割的作用场域和机制的不同，本书将"行业分割"划分为三类：一

---

① 武鹏、周云波：《行业收入差距细分与演进轨迹：1990—2008》，《改革》2011年第1期。

② 王天夫、崔晓雄：《行业是如何影响收入的——基于多层线性模型的分析》，《中国社会科学》2010年第5期。

是"行业的体制性分割",考虑到体制性的力量(国家权威的作用)在不同行业间影响力的差异是导致行业收入分化的重要原因,因此,本书将由体制性因素导致的行业收入不平等归纳为"行业的体制性分割"。二是"行业的区域分割",即由于区域差异形成的行业间的利益分化,我国东、中、西部地区在经济特征上有着明显的区域差异,而行业主要集中在城镇,且大多数行业统计数据也主要是城镇的,因此,本书主要考察东、中、西部地区的行业区域分割,而对城乡的分化不加区分。三是"行业主、次劳动力市场分割",按照二元劳动力市场分割理论,劳动力市场被分割为主要劳动力市场和次要劳动力市场,这一理论概括的是整个劳动力市场的情况,事实上,仅就以行业为特征区分的劳动力市场而言,同样也存在行业的主、次劳动力市场的分割,其中,行业主要劳动力市场以高工资、高人力资本回报、优厚的福利待遇、稳定的雇佣关系等为特征的核心行业部门为主,而行业次要劳动力市场则以低工资、低人力资本回报、福利待遇差、雇佣关系不稳定的边缘行业部门为主。本书也将对行业主、次劳动力市场的收入不平等状况进行深入分析。

4. 收入

收入并不为人们感到陌生,然而,在实际研究中,学者们对这一概念的操作化定义却不尽一致。从最一般意义上而言,收入指的是一个国家或地区、家庭或个人在一定时期内所获得的收入的总和。收入有着多种形式,包括工资、奖金、津贴、福利补贴等,还有形形色色的"灰色收入"和"黑色收入"。其中,工资是大多数人获取收入的主要途径,被认为是较为透明和易于把握和衡量的,而奖金、津贴、福利等方面的收入则因其不确定性而难以把握,而"灰色收入"和"黑色收入"更因其隐蔽性和不合法性而成为收入中潜入"黑箱"的部分,难以计量。其中,权力寻租收益或权力衍生收益十分巨大,并遭受广泛诟病,但在我们的大样本抽样调查中却难以明确地调查出来。考虑到数据的可获得性,并且使收入尽量反映人们实际的购买力水平,本书考察的收入主要指的是易于掌握和计量的工资收入部分以及可能获得的奖金、津贴和福利等,而灰色收入和黑色收入则不在本书的考察之列。由于本书涉及个人、行业、地区三个分析单位,在借鉴已有研究学者①界定的基础上,本书亦从自身研究需要出发定义了与研究有关的收入,即个人调查收入、行业职工人均可支配收入。个人调查收入主要指在调查中使用的收入的操作化定义,本书主要使用到的调查数据为2006年中国综合社会调查当中的数据,根据该调查的界定,个人收入主要是指个人全年的全部所得,包括工资、各种奖金、补贴、分红、股息、保险金、退休金、经营性纯收入、租金、利息、馈赠等。而行业职工人均可支配收入主要是指在同一行业领域内职工的平均工资。这一数据可以通过政府统计部门公布的统计数据获得。

5. 收入不平等

社会不平等是指社会成员、社会群体因社会资源占有的不同而产生的差异或不平等状态。这里的社会资源是对任何有价值的资源的总称,它包括政治资源、经济资源、文化资源等,而其中最核心的是包括财产、收入等在内的经济资源。因此,从这一意义上说,收入不平等是社会不平等中最为重要的方面。具体来讲,收入不平等指的是收入在社会成员、社会群体中分配不均等的客观状态。我们必须承认的是,迄今为止,在任何一个社会中还未能将收入等任何社会资源完全均等分配,差异或不平等总是存在的。因此,我们真正关注的是什么样的"不平等"是合理的、公正的,或者说什么样的"不平等"是我们可以接受的,这就涉及收入不平等与社会公正的问题。

二 理论基础

日益凸显的劳动力市场的行业分割,其重要后果在于行业收入不平等不断扩大。收入不平等已然不再仅仅是经济问题,同时它也与政治问题、社会问题纠结在一起,成为一个涉及方方面面的重大的民生问题。本书将市场转型理论、劳动力市场分割理论作为基本的理论分析工具,在此基础上提出可检验的假设,以此分析市场转型背景下的行业分割与收入不平等问题。

---

① 如邢占军2011年发表于《社会学研究》2011年第1期的论文《我国居民收入与幸福感关系的研究》中曾对"收入"做出过明确界定。

(一) 市场转型理论

市场转型作为中国改革开放以来最重要的社会变迁之一，它对政治、经济、社会等各个层面都带来了重大而深刻的影响，其中收入分配也深受其影响，本书将行业分割与收入不平等置于市场转型的大背景下进行考察，市场转型理论则是我们透视这一现象不可或缺的理论支撑。

1. 市场转型理论及其争论

卡尔·波兰尼将经济划分为"互惠经济""再分配经济""市场经济"三种形态，一般认为社会主义国家出现的市场转型即从"再分配经济"向"市场经济"的转型。关于中国的市场转型问题引发了学术界一场激烈的讨论。

倪志伟（Victor Nee）1989 年于《美国社会学评论》（*American Sociological Review*，ASR）发表了《市场转型理论：国家社会主义从再分配到市场》一文，首次提出了市场转型理论。倪志伟提出的市场转型理论深受卡尔·波兰尼和伊万·泽林尼的影响，为了进一步构建和发展他们的理论框架而提出了市场转型理论。20 世纪 80 年代中期，他指导、实施了中国福建农村的调查项目，并以此次调查获得的数据为分析依据，提出了十个关于市场过渡与社会分层机制变迁的理论假设，他认为，国家权力与市场是相对立的，人力资本的回报将随着市场化的进程而得到提升，而政治资本（或国家权力）的回报则在市场化进程中降低，也即他的两个一般性假设：权力贬值假设和人力资本升值假设。

后来，倪志伟的核心假设和观点遭到了来自多方面的质疑和挑战，其中，罗纳-塔斯的权力变形论、边燕杰和罗根的权力维续论、谢宇和韩怡梅对人力资本回报假设的批判、白威廉和麦宜生的政治市场理论、魏昂德的政府即厂商理论、周雪光的政治与市场共变模型，以及刘精明的国家规制理论等代表了对市场转型理论的不同角度的批判。罗纳-塔斯（1994）在《美国社会学杂志》上发表的论文《昔日风云人物还是今日弄潮儿吗?》，率先对市场转型论提出质疑。他的研究基于对 1989 年前后匈牙利的分析，结果表明，昔日的政治精英（国家干部）并没有退出历史舞台，而是迅速将他们的政治特权转换为经济优势，摇身变成了企业家或上市公司的董事，成为社会的经济精英，罗纳-塔斯的这种由政治精英转换为经济精英的权力形式转变被称为"权力变形论"，这一理论使倪志伟的"政治资本回报随着市场化进程而降低"的假设遭到质疑。而边燕杰和罗根的"权力维继论"再次使这一假设遭到冲击。这一理论是在他们1996年发表于ASR上的《市场转型与权力的维继：中国城市分层体系之分析》一文中提出来的，文章利用1988年和1993年在中国天津的调查数据考察了中国市场化改革期间大城市中收入不平等趋势和分层体系的变迁，发现了与倪志伟的假设相反的结论，即再分配权力的收入回报是随着改革而提高的。[1]

倪志伟的"人力资本回报随着市场化进程而提升"的假设也遭到了研究者们的批评。谢宇和韩怡梅于1996年在AJS上发表了一篇名为《改革时期中国城市居民收入不平等与地区差异》的文章，他们通过利用1998年全国9009户城市居民的调查数据分析中国城市居民收入的地区差异的过程中发现，在中国城市中人力资本的回报并没有随着市场化改革的推进而提升。究其原因，这可能与中国城市劳动力市场发育不完善有关。[2]

学者们从不同角度继续着对市场转型论的批判。白威廉和麦谊生的研究文章《政治与市场：双重转型》提出了"政治市场"的观点，认为由于政治关系影响利益分配和经济市场的运行，政治资源和政治权力在市场转型过程中将不会贬值。[3] 他们利用了1988年中国家庭收入研究课题（CHIP）的抽样调查数据，发现在中国农村，在收入方面，地方领导和一般非农劳动力之间，领导依然处于领先地位。魏昂德（Walder）利用来自1986年的1011户多段分层随机抽样调查的数据，分析了社会主义制度下的不平等情况，即它的"再分配"经济制度的分层后果，对一个计划经济中的产权的两种普通的观察作了检验：产权主要由国家掌握，而工作组织的权利却结合得不好和不充分。他理论被

---

[1] 边燕杰、罗根：《市场转型与权力的维续：中国城市分层体系之分析》，载边燕杰等主编《市场转型与社会分层：美国社会学者分析中国》，三联书店2002年版。

[2] 谢宇、韩怡梅：《改革时期中国城市居民收入不平等与地区差异》，载边燕杰等主编《市场转型与社会分层：美国社会学者分析中国》，三联书店2002年版。

[3] 白威廉、麦宜生：《政治与市场：双重转型》，载边燕杰等主编《市场转型与社会分层：美国社会学者分析中国》，三联书店2002年版。

归结为"政府即厂商理论"。① 刘精明 2006 年在《中国社会科学》上发表的论文《市场化与国家规制——转型期城镇劳动力市场中的收入分配》中提出了"国家规制"的概念,认为一个理性政府可以通过自身建设和规范自身运作的方式来驾驭和监控市场化过程对社会阶层关系的影响,国家对市场起着规制作用。②

2. 市场转型对收入分配的影响

市场转型意味着资源配置方式的变化和产权结构的调整,收入分配作为资源配置的重要方式和产权结构的集中反映,市场转型对收入分配的影响是不容忽视的。市场转型对收入分配的影响究竟如何?学者们在研究中形成了不同的观点,边燕杰、张展新 2002 年将以往研究论战中市场转型对收入分配影响的观点归纳为三个方面:第一,以倪志伟为主要代表的市场化转型论,即认为在市场化过程中资源配置方式由再分配机制占主导地位转变为市场机制占主导地位;第二,以魏昂德为主要倡导者的产权变形论,即认为在中央向地方放权让利的过程中,产权形式由国家变为地方、组织或个人的产权形式;第三,以边燕杰、罗根、白威廉、麦谊生、周雪光等为代表的政经双变论,主要认为市场化过程是政治和经济交互作用、相互影响的过程。③ 这三种观点反映了在市场化过程中再分配机制和市场化机制在资源配置中的不同地位和作用,并由此对收入分配产生不同影响。

倪志伟作为市场转型论的肇始者和最重要的代表人物之一,他对市场转型与社会不平等的关系给予了密切关注。关于市场转型对收入分配的影响,他认为市场和再分配制度是两种根本不同的资源配置方式。在社会主义体制下,资源和利益主要受控于国家,再分配制度是其根本制度。国家作为配置资源的主要力量,劳动力和其他经济资源主要依靠国家行政命令来协调,并按照中央计划和等级组织体系来对个人所需的资

---

① Andrew G. Walder, " Local Governments as Industrial Firms: An Organizational Analysis of China's Transitional Economy", *American Journal of Sociology*, Vol. 101, No. 2, 1995.

② 刘精明:《市场化与国家规制——转型期城镇劳动力市场中的收入分配》,《中国社会科学》2006 年第 5 期。

③ 边燕杰、张展新:《市场化与收入分配——对 1988 年和 1995 年城市住户收入调查的分析》,《中国社会科学》2002 年第 5 期。

源进行集中分配,在等级体系中拥有行政权力的官员往往是最大受益者;而在市场经济条件下,市场成为组织生产和资源分配的主要力量,直接生产者在资源分配中占有优势地位,而党政官员所依靠的政治资本的回报率逐步降低。倪志伟认为国家与市场在资源配置当中的作用是相互对立的,正如前文所述,这一观点遭到很多学者的质疑。

魏昂德提出"政府即厂商"(Local Governments as Industrial Firm)的论点,认为在市场化进程中,政府以政策制定者和市场活动参与者的双重身份参加市场化改革的过程,由此维续了政府的权威并直接获得经济回报。[1] 同时,魏昂德认为,远离中央权力的地方政府,因自主权力的提高和直接利润的刺激,更有可能成为厂商,地方政府厂商化是政府权力得以维续的重要原因。因此,魏昂德提出应当对地方"产权体制"进行研究,这样才有助于更好地判断市场化对收入分配的影响。

边燕杰和罗根(Bian and Logan)提出"权力维继论",指出中国的改革是在两大制度(共产党的领导和城市的单位制)未发生根本动摇的情况下进行的,因此市场体制是在再分配体制内孕育的,由此形成了市场和再分配制度双重作用并存的局面:一方面再分配权力得以维持,政治资本收益回报的优势得以保持;另一方面,市场机制也逐步在分配领域产生影响和约束作用,推动着人力资本收益回报率的提高。[2] 这就是边燕杰和罗根提出的"再分配与市场改革共存"(the coexistence of redistribution and market reform)的观点,这是对倪志伟提出的"国家与市场互斥预设"(state-market antithetic view)的批判。

白威廉和麦谊生(Parish and Michelson)突破了国家与市场的界限,认为国家与市场在资源分配中的作用并非相互对立,市场的发展也不会削弱国家和地方的政治权威,并提出中国的市场不仅存在经济市场,而且还存在"政治市场",政治市场中的权力、地位、层级等仍是获益的

---

[1] Andrew G. Walder, "Local Governments as Industrial Firms: An Organizational Analysis of China's Transitional Economy", *American Journal of Sociology*, Vol. 101, No. 2, 1995.

[2] Yanjie Bian, John R. Logan, "Market Transition and the Persistence of Power: The Changing Stratification System in Urban China". *American Sociological Review* Vol. 61, No. 5, 1996.

条件，政治资本的收益回报并未因市场化进程而受到削弱。① 周雪光（Zhou）提出了"市场—政治共生模型"（a market-politics coevolution model）。他认为，市场的发展是与政治利益相互联系、密不可分。市场的运行受到国家设定的制度性规则的约束，而国家也总是积极地根据自身利益和偏好来主动影响市场而不是被动接受。② 由此可见，在市场化进程中，拥有政治资本的人具有在市场体制中获益的优势。

边燕杰、张展新在参照"政经双变论"的学者们的观点论述的基础上，从市场发展与政府经济职能转变的互动关系入手，考察了中国的市场化及其相应的收入分配格局的变化，通过利用劳动力市场化和资本市场化两个指标对市场化进行直接度量，发现伴随着市场化，人力资本和政治资本都在增值。③

（二）劳动力市场分割理论

"新结构主义"是社会分层研究中不断发展的理论取向并逐渐成为社会分层研究的主流，这一理论取向与个人主义的立场不同，强调从制度和结构的视角来解释社会分层与不平等现象，并认为制度与结构因素相对于个人因素更具有解释力。劳动力市场分割理论是诸多新结构主义理论中的重要一支。

劳动力市场分割理论（Segmented Labor Markets Theory，SLM）是与竞争理论（以新古典理论为典型代表）相抗衡的，起源于制度学派的兴起。劳动力市场分割理论是分析工资和劳动力资源配置的重要理论。劳动力市场分割理论注重从制度性和结构性的角度解释诸如收入不平等、失业、就业歧视等问题，有效弥补了新古典理论的不足，因此，越来越多的学者将劳动力市场分割理论作为解释收入分配、歧视等社会不平等问题的强有力的理论工具。我们亦将这一理论作为研究行业分割与收入不平等关系的基本理论框架。

---

① W. Parish and E. Michelson, "Politics and Markets: Dual Transformations". *American Journal of Sociology*, Vol. 101, 1996.

② Xueguang Zhou, "Economic Transformation and Income Inequality in Urban China: Evidence from Panel Data", *American Journal of Sociology*, Vol. 105, No. 4, 2000.

③ 参见边燕杰、张展新主编《市场转型与社会分层：美国社会学者分析中国》，三联书店2002年版。

1. 劳动力市场分割理论的起源

劳动力市场分割理论可以追溯到约翰·穆勒（John Stuart Mill）和凯恩斯（Y. Keynes）对亚当·斯密（Adam Smith）关于劳动力市场具有竞争性质的观点的批判。归根结底，劳动力市场分割理论源于学者们对竞争性因素与非竞争性因素在决定劳动力市场运行中的作用孰轻孰重的争论。

古典经济学及其继承者（新古典经济学）都认为，劳动力市场上非竞争性因素作用很小，在工资和劳动力资源配置上起决定作用的主要是竞争性因素。亚当·斯密是早期支持这种观点的典型代表。他虽然也不否认非竞争因素的存在和作用，但他认为这些因素只会对劳动力市场产生短期干扰和影响，长期内它们的影响很小或者是可以被消除的。因此，按照亚当·斯密的观点，非竞争性因素只会改变劳动力市场的供求，对劳动工资产生短暂的冲击，但决定工资的最根本的力量仍是市场本身。归纳而言，主张认为劳动力市场是一个均衡的、完全竞争的、统一的市场，市场机制在资源配置中发挥决定作用，这是新古典经济学在工资决定论上的核心观点。

现代劳动力市场分割理论产生于20世纪60年代末70年代初。该理论否认了古典经济学关于劳动力市场是完全竞争的均衡、统一的市场观点，认为劳动力市场被分割为若干个不同的市场，各个市场有着自身不同的分配劳动和决定工资的特点和方式；各个劳动力市场之间无法实现自由流动，市场在工资决定机制中难以发挥作用，制度性和社会性因素是造成这种区隔的主要原因。概括而言，劳动力市场分割理论的核心主张在于强调劳动力市场的分割性而非统一性，并认为并不存在完全竞争的劳动力市场，制度性和结构性因素造成了劳动力市场的分割并对工资和就业发挥着决定性作用。[①]

2. 劳动力市场分割理论的完善与发展

劳动力市场分割理论是在批判新古典劳动力市场理论的基础上发展起来的，然而，这一理论的发展亦经历了从被边缘化到逐步复兴的过

[①] 武中哲：《双重二元分割：单位制变革中的城市劳动力市场》，《社会科学》2007年第4期。

程。在产生之初，劳动力市场分割理论就遭受了经济学正统理论的反批判，一方面认为它的主要论点并没有得到充分的经验数据的支持；另一方面也认为它主要是描述性的，而不是解释性的，是对劳动力市场部门的分类而不是对其进行深入的分析[1]，因此，早期的劳动力市场分割理论被排斥在主流经济学之外。自20世纪80年代开始，一些经济学家运用新的范式、研究方法和研究工具来对劳动力市场分割理论进行研究，取得了一些新进展。劳动力市场分割理论形成了自己的理论格局，其主要流派包括二元劳动力市场理论、职位竞争理论（或排队理论）和激进的分割理论等，其中二元劳动力市场分割理论最具影响力。

（1）二元劳动力市场理论

作为劳动力市场分割理论最重要的形式，二元劳动力市场理论（dual theory）最早由美国经济学家迈克尔·皮奥雷（M. Piore）和彼得·多林格（P. Doeringer）提出，他们是研究劳动力市场分割理论的典型代表。20世纪60年代末，多林格和皮奥雷通过研究波士顿低工资群体，发现竞争理论和人力资本理论难以解释高工资群体和低工资群体及失业者之间的区别，从而提出了二元劳动力市场模型。他们指出，劳动力市场上的非竞争因素把劳动力市场分割成为两个不同的部分，即主要（Primary）劳动力市场和次要（Secondary）劳动力市场，两个劳动力市场以迥然不同的市场机制运行，纵然拥有相似人力资本量的劳动者在另一个不同的市场也不能获得相同的劳动报酬，劳动者很难在两个市场间实现自由流动并以此来减小因劳动市场不同而带来的劳动报酬差异。这种劳动力市场的二元分割理论被称为二元劳动力市场理论。实证研究中，有效区分主、次劳动力市场的指标有三个：一是雇佣关系的稳定性；二是升迁机会的多寡；三是工资福利待遇的保障程度[2]。由此，这两个劳动力市场在劳动力资源配置和薪酬决定方面表现出不同的特点：主要劳动力市场劳动报酬高、福利待遇好、工作稳定性强、工作条件好、培训机会多、具有良好的晋升机制，主要劳动力市场多集中在核心

---

[1] 霍夫曼：《劳动力市场经济学》，崔伟等译，上海三联书店1989年版。
[2] 张丽娟：《转轨阶段劳动力市场的所有制分割与收入分配》，载李路路、边燕杰主编《制度转型与社会分层：基于2003全国综合社会调查》，中国人民大学出版社2008年版，第146—169页。

经济部门；而次要劳动力市场则与之相反，其劳动报酬低、福利待遇差、工作流动性强、工作条件差、培训机会少、缺乏晋升机制，次要劳动力市场主要集中在边缘经济部门。① 在两个劳动力市场，人力资本的回报也存在很大差异，人力资本相似的劳动者在两个劳动力市场获得不同的劳动报酬，因此，作为提高人力资本的教育和培训对两个劳动力市场的劳动者而言具有完全不同的意义。教育和培训对于主要劳动力市场的收入分配具有积极正向的作用，有助于提高劳动者收入，而对于次要劳动力市场的收入分配则没有什么影响，并不能提高劳动者收入。②

由此，我们还必须注意到，与主要劳动力市场和次要劳动力市场相联系的还存在内部劳动力市场和外部劳动力市场。内部劳动力市场是主要劳动力市场加强人力资源管理的一种重要方式。主要劳动力市场主要采取的是"内部"雇佣方式，即员工进入相应劳动力市场后由底层做起，沿着由低到高的职务阶梯发展；内部劳动力市场为员工提供长期的培训计划，工资多采取等级式资历形式。③ 换句话说，在内部劳动力市场，员工工资更多取决于其在职务阶梯上所处的位置即职位，而不是边际生产力。内部劳动力市场对内部员工给予高工资，而对外部劳动力则具有歧视性和排外性，因此，内部劳动力市场的就业状态比较稳定。与此相反，次要劳动力市场主要采用外部劳动力市场的雇佣模式——雇佣与离职没有阻隔，晋升不存在排外性。④ 因此，在这种外部雇佣模式影响下，次要劳动力市场的就业状态趋于不稳定，流动性强。总体而言，二元劳动力市场理论是个简化的理论，也是被引述最多的劳动力市场分割理论。但需要指出的是，在现实的劳动力市场当中并非简单的"二元"分割就能完全概括，往往存在比二元关系更复杂的多元关系。可以说，"二元"关系是"多元"关系的抽象和简化，"多元"关系则是"二元"关系的多次复制。因此，"二元劳动力市场理论"是对现实中

---

① Rober Bibb, William H. Form, "The Effects of Industrial, Occupational and Sex Stratification on Wages in Blue Collar Markets". *Social Forces*, Vol. 55, No. 4, 1977.

② Doeringer, Piore, "Internal Labor Market Theories to Orthodox Theory". *The Journal of Economic Literature*, Vol. 12, 1971.

③ Ibid..

④ Ibid..

分割的劳动力市场的最简约而又最富解释力的理论[①]。

(2) 职位竞争理论或排队理论

劳动力市场分割理论与新古典经济学的基本分歧在于对劳动者的工资决定机制的基本认知存在差异。以莱斯特·瑟罗（L. Thurow）、罗伯特·卢卡斯（R. Lucas）等人为代表的职位竞争理论（Job Competition Theory）提出了与新古典经济学不同的观点。新古典经济学在统一的劳动力市场假设的基础上，认为劳动力的买卖双方可以实现平等交换，在利润最大化和效用最大化原则的指导下，劳动者和雇佣者双方通过博弈、谈判决定劳动者的工资报酬水平，其中劳动者人力资本拥有量和雇佣者实现利润最大化的基本目标是双方博弈的基础。对此，莱斯特·瑟罗提出职位竞争理论驳斥了新古典经济学的观点。这一理论认为，劳动者的工资报酬水平并不是劳动者和雇佣者双方平等博弈的结果，在劳动市场当中，劳动者根据已有的工作职位（Job）进行竞争，然而雇佣的标准却不是由劳动者的人力资本拥有量来决定，而是受雇佣者的主观愿望所左右，雇佣者会按照自己的主观判断和偏好对劳动者进行排队（Queue），由此来选择雇佣的员工，劳动者的工资在很大程度上也是由雇佣者决定的。这一理论也被称为排队理论（Queue Theory）。职位竞争理论强调，劳动力市场上供需双方处于不平等的位置上，劳动力需求方在决定职位和雇佣标准上占据绝对优势，而劳动力供给方则处于被动接受的弱势地位，这一理论否定了新古典经济学关于劳动力市场分析的市场均衡的假说。

(3) 激进的分割理论

米歇尔·雷克（Michael Reich）、大卫·戈登（David M. Gordon）、萨缪尔·鲍尔斯（Samuel Bowles）、赫必特·金蒂斯（Herbert Gintis）和瑞查德·鲁滨孙（Richard Rubinson）等人是激进的分割理论的代表人物。激进的分割理论否认人力资本理论假设的存在，认为劳动力市场并不是像人力资本理论认为的那样，是一元的、同质的，而是多元的、异质的。劳动力市场并非完全竞争的市场，其中的劳动者并不能自由流

---

① 许英康：《歧视：劳动力市场分割的一种解释途径——贝克尔歧视性雇主目标效用函数再扩展》，《中央社会主义学院学报》2009年第2期。

动,由于市场失灵、政府干预等经济、政治、社会等因素被分割为不同的劳动力市场。人力资本理论认为,劳动者人力资本拥有量的差异造成了收入的不平等,而激进的分割理论则指出,要明确收入不平等根源,仅分析其人力资本的拥有量是远远不够的,更为重要的是明确其背后的政治和社会因素,① 认为资本主义社会实施的是阶层化的教育模式,以此将接受不同教育的劳动者分配到不同的就业领域,因此劳动者人力资本拥有量差异是被动选择的结果,是分化劳动力、增强对劳动力控制的重要手段。总体而言,激进分割理论认为,劳动力市场的分割是资本和劳动相互斗争的结果。②

3. 简要评述

劳动力市场分割理论源起于对市场经济的研究,西方国家对劳动力市场分割的研究从兴起到发展至今已经有了较长历史,当前对劳动力市场分割理论的验证也主要集中在西方发达国家的劳动力市场,而相应的经验研究在发展中国家较少。③ 同样的,我国的劳动力市场分割研究也比较薄弱。由于我国和西方发达国家的市场经济环境截然不同,因此,显然我国的劳动力市场分割与发达国家的劳动力市场分割有着不同的特点。西方发达国家的劳动力市场是在市场竞争机制发展较为成熟的条件下产生的,主要劳动力市场和次要劳动力市场分割的二元分割是其主要表现形式,同时还存在由民族、性别等个人特性而造成的就业歧视;而我国的劳动力市场分割则是在从计划经济向市场经济转型的过程中产生的④,城乡分割、体制性的分割、部门分割、行业分割等是我国劳动力市场分割的主要形式,而这些分割形式中都渗透着浓厚的制度性色彩。市场转型期的劳动力市场分割衍生出了许多社会不平等问题,本研究主要利用劳动力市场分割理论来分析我国的行业劳动力市场的分割状况及收入不平等问题,并对二元劳动力市场分割理论进行检验。

---

① H. M. Wachtel, "Class Consciousness and Stratification in the Labor Process", *Review of Radical Political Economics*, Vol. 6, No. 1, 1974.

② Ibid..

③ 晋利珍:《劳动力市场行业分割在中国的验证》,《人口与经济》2009 年第 5 期。

④ 聂盛:《我国经济转型期间的劳动力市场分割:从所有制分割到行业分割》,《当代经济科学》2004 年第 6 期。

三 研究假设

本书探讨的主要内容是市场转型背景下劳动力市场行业分割与收入不平等的关系及影响机制，在市场转型理论和劳动力市场分割理论的基础上，提出以下可供检验的研究假设。

在市场转型理论的论战当中，大多数学者认为，在市场转型进程中，市场体制的建立并没有完全摆脱再分配体制的限制，而是在这一体制内孕育的，市场（竞争因素）和再分配制度（国家权威、非竞争因素）在劳动力市场中同时发挥着作用。在不同的行业中市场化进程并不是同步的，市场和再分配制度在行业收入分配中的影响程度有所不同，而那些受到国家权威庇护的国家垄断行业仍然获得着高于其他行业的超额利润。从某种程度而言，这种体制性的分化加剧了当前的行业分割及收入不平等状况。基于这种判断，我们提出以下假设：

假设1：在当前中国市场转型期，行业中存在体制性分割，即不同体制影响下的行业间劳动力收入不平等，行业中的国有部门的收入回报高于非国有部门，垄断行业的收入回报高于竞争行业。

根据劳动力市场分割理论，主要劳动力市场采取的是内部劳动力市场的雇佣模式，而次要劳动力市场采取的则是外部劳动力市场的雇佣模式。一般而言，内部劳动力市场的职业阶梯较为明确，劳动者工资多为等级式资历形式，[1] 对年资特别是现职工作年资的经济回报，也表现出在该组织工作时间越长，工资收入越高的特点[2]。内部劳动力市场通常以高工资、高福利、优越的工作条件等机制来控制劳动力的流动，因此工作的稳定性较强。以内部劳动力市场为主的雇佣模式主要存在于主要劳动力市场当中。与主要劳动力市场不同的是，次要劳动力市场主要采取的是外部劳动力市场的雇佣方式——雇佣与离职没有阻碍，晋升不存

---

[1] Doeringer, Piore, "Internal Labor Market Theories to Orthodox Theory". *The Journal of Economic Literature*, Vol. 12, 1971.

[2] S. Spilerman, "Careers, Labor Market Structure, and Socioeconomic Achievement". *American Journal of Sociology*, Vol. 83, No. 3, 1977.

在排外性①，工作不稳定，辞工现象时有发生。基于以上理论，我们希望考察在当前我国劳动力市场行业分割日益严重的情况下，行业主要劳动力市场与行业次要劳动力市场对收入不平等的影响，因此提出以下系列假设：

假设2：行业主要劳动力市场收入水平高于行业次要劳动力市场，且行业主要劳动力市场的激励机制比行业次要劳动力市场更健全。

假设3：行业主要劳动力市场的福利待遇比行业次要劳动力市场的的福利待遇优厚。

假设4：行业中主要劳动力市场与次要劳动力市场内部存在截然不同的职业阶梯，行业中主要劳动力市场职业阶梯清晰，其内部劳动者的职业阶层地位越高，收入越高；反之，职业阶层地位越低，收入越低。而行业次要劳动力市场内部则不存在类似的职业阶梯。

假设5：行业主要劳动力市场的职业晋升机会和工资晋升机制比行业次要劳动力市场更稳定。

假设6：行业主要劳动力市场中职工的现职年资（firm-specific job tenure）回报率比行业次要劳动力市场高。

在市场转型理论与劳动力市场分割理论中都有关于人力资本回报的相关理论。关于市场转型期人力资本的回报的研究，目前学术界也没有达成共识，倪志伟的市场转型论就提出人力资本回报率提升和政治资本下降的观点；针对这一观点，有学者提出中国城市中人力资本的回报并没有随着市场化改革的推进而提升②，也有学者持相反的观点，认为市场机制推动着人力资本收益回报率的提高③，随着市场化，人力资本在增值。而劳动力市场分割理论则认为，人力资本回报在不同劳动力市场之间存在差异。在主要劳动力市场中人力资本是高回报的，而在次要劳

---

① Doeringer, Piore, "Internal Labor Market Theories to Orthodox Theory". *The Journal of Economic Literature*, Vol. 12, 1971.

② Xie and Emily Hannum, "Regional Variation in Earnings Inequality in Reform Era Urban China". *American Journal of Sociology*, Vol. 101, No. 4, 1996.

③ Yanjie Bian, John R. Logan, "Market Transition and the Persistence of Power: The Changing Stratification System in Urban China". *American Sociological Review*, Vol. 61, No. 5, 1996.

动力市场，人力资本因素（教育和资历）与工资收入几乎无关。① 基于以上学者的观点和理论，我们提出：

假设7：行业主要劳动力市场比行业次要劳动力市场拥有更高的人力资本回报，或者说拥有相同人力资本的劳动者在行业主要劳动力市场的收入回报高于行业次要劳动力市场。

一般而言，教育和技术职称是测量人力资本较常使用的指标，由此我们可以得出两个推论：

推论1：行业主要劳动力市场的教育回报高于行业次要劳动力市场。

推论2：技术职称在行业主要劳动力市场具有高于行业次要劳动力市场的收入回报率。

针对倪志伟关于政治资本的回报在市场化进程中降低的论说，学者们针锋相对地指出，在市场化进程中，再分配权力得以维持，政治资本收益回报的优势得以保存②，还提出中国市场存在"政治市场"的观点，认为政治市场中的权力、地位、层级等仍是获益的条件，政治资本的收益回报并未因市场化进程而受到削弱③。由此我们提出：

假设8：党员身份在行业主要劳动力市场中比在行业次要劳动力市场中具有收入优势。

第三节 研究设计

本书主要遵循"结构主义"的基本研究范式，从制度和结构的维度、采用定量研究的方法探讨不同分割场域下的行业收入不平等问题。

---

① 吴愈晓：《劳动力市场分割、职业流动与城市劳动者经济地位获得的二元路径模式》，《中国社会科学》2011年第1期。

② Yanjie Bian, John R. Logan, "Market Transition and the Persistence of Power: The Changing Stratification System in Urban China". *American Sociological Review*, Vol. 61, No. 5, 1996.

③ W. Parish, E. Michelson, "Politics and Markets: Dual Transformations". *American Journal of Sociology*, Vol. 101, 1996.

一 研究方法

"结构"视角是社会分层研究中的主要视角之一,通常认为,在社会经济生活中,存在各种对个人社会、经济地位产生重要影响的分割性结构(Segmentation)。[①]"分割逻辑"是结构主义的基本逻辑,我们将遵循这一逻辑展开研究。"结构主义"的研究视角是当前收入分配研究中比较盛行的研究范式。"结构主义"的分析是强调从结构和制度的角度来观察和解释社会现象的一种分析框架。[②] 这一研究范式重视社会行为背后的社会规则,认为社会行为是被其所在的正式或非正式制度所刺激、鼓励、指引和限定的,社会事件是各种制度、社会关系(结构)复杂作用的产物,同时也是社会关系(结构)的反映。我们主要从两个维度来进行考察:一是制度的维度,由此观察不同体制性因素对行业收入不平等的作用和影响;二是结构的维度,由此观察不同分割场域下行业收入不平等状况及其影响效应。

基于"结构主义"的基本研究范式,我们主要采用定量研究方法进行研究。众所周知,关于社会科学的研究方法素有"定量研究"(quantitative research)和"定性研究"(qualitative research)之争,二者是基于两种不同研究范式的研究方法,各有优劣。一般而言,定量研究是研究者基于一定的研究假设,采用数量化的方式对社会现象进行考察,计算出相关变量的因果关系或相关关系,强调研究的"科学性"和"客观性"。其优势在于适合对宏观层面的社会现象进行大面积的调查和预测,反映社会现象的平均状态;而数量化的研究方式也决定了量的研究只能对社会现象可量化的部分进行研究,其研究结果亦只能代表抽样总体中的平均情况,难以深入细致地反映社会现象,对一些特殊个案亦不能兼顾,这些是定量研究自身难以克服的缺陷。相对而言,定性研究要求研究者对社会现象进行比较深入细致的描述和分析,强调研究的"情境化"和"主体间性"。其优势在于能对微

[①] Glen G. Cain, "The Challenge of Segmented Labor Market Theories to Orthodox Theory: A Survey". *Journal of Economic Literature*, Vol. 14, No. 4, 1976.

[②] 张静:《基层政权:乡村制度诸问题》,浙江人民出版社2000年版,第9页。

观层面的社会现象进行深入研究，适合小样本的个案研究，反映社会现象的复杂关系。而其不足在于难以对宏观层面的社会现象进行大规模的研究，其研究结果只能反映个案情况而不能推广到总体，因此也不具备广泛的代表性。

由于行业收入不平等是一个较为宏观的问题，而且行业本身涉及门类广博，某个行业或某几个行业的个案研究也并不能反映总体行业间的复杂关系，因此，当前多数对行业收入不平等进行研究的学者采用的主要是定量研究的方法。当然也有一些学者尝试采用了个案研究的方法来探讨行业收入不平等问题，如潘胜文 2009 年以某电力企业为个案研究了垄断行业内部收入分配问题，① 虽然这是一种值得肯定的尝试，但是正如个案研究本身难以逾越的局限一样，其解释力是非常有限的，尤其是对于行业这样一个研究对象而言，在繁多复杂的行业中，选取某一行业中的某一企业作为个案，对总体的反映只能是非常微弱的。基于以上考虑，本书将以定量研究的方法对行业分割与收入不平等问题进行探讨。

二　变量设计

（一）因变量及其测量

本书探究的是不同行业分割场域下的收入不平等问题，因此因变量的操作变量是行业收入。

概而言之，行业分割中的收入不平等是我们的主要研究对象，其主要包括三个层面，一是体制性分割下的行业国有部门与非国有部门、垄断行业与非垄断行业的收入差距的考察，体制性分割问题由来已久，是行业分割中最直观的方面，也是最容易引起广泛注意的方面。二是不同区域的行业间的收入差距。很多学者关注到区域间的收入差距，如城乡间的收入差距、东中西部地区的收入差距等，但这些研究稍显宏观。同样的，很多学者也注意到了行业间的收入差距，但对于区域对行业收入的影响却很少考虑，即行业在不同区域分布上的收入差距有着怎样的特

---

①　潘胜文：《垄断行业收入分配状况分析及规制改革研究》，中国社会科学出版社 2009 年版。

征研究不足,因此,我们将区域间行业收入差距纳入行业分割的范畴加以研究。三是行业主、次劳动力市场的收入差距,主要包括行业主、次劳动力市场中的收入结构、福利待遇、工资晋升机制的考察以及职业阶层(管理位置)、人力资本、政治资本、现职年资等因素对行业主、次劳动力市场收入的影响。

  从行业分割的三个层面不难看出,行业分割最根本的方面在于行业在以上三个层面的收入不平等,因此,行业收入不平等是本研究的核心因变量,我们的操作变量是行业收入。对于收入的认识,一般而言,工资收入是收入来源当中最透明的部分,也是最容易调查获取的部分,因此,在当前的调查数据中,收入数据大部分是工资收入,而那些"灰色收入""黑色收入"等由于其隐蔽性和非法性而难以通过大面积调查获得。由于工资收入是当前大多数劳动者的主要收入来源,因此,尽管工资收入并不能完全反映人们的真实收入水平,在研究中学者们仍然会采用工资收入这一指标来作为考察收入分配的主要指标。

  在具体研究操作中,由于收入变量并非正态分布,因此,按照研究惯例,我们对收入变量取自然对数值,以便使其接近正态分布。纵观以往研究,有关行业收入不平等或行业收入差距的测量主要包括以下几种方法:泰尔指数法(Theil index)、行业间平均工资的差距及不平等指数方法、所有行业的工资基尼系数、明瑟收入函数等。这些方法在研究综述中已经有所介绍,这里就不再赘述。

  本书所使用的行业收入数据主要是来自《中国统计年鉴》中各年的行业职工平均工资以及 CGSS 2006 调查中的行业收入数据。在 CGSS 2006 的数据中,我们首先确定调查对象的所属行业,在 CGSS 2006 的问卷中测量的问题是:"您单位或公司所属行业(写出行业名或主要产品)?"这是一个开放性问题,变量层次为定类变量,CGSS 2006 中调查涉及的行业可明确归类的有 90 个。在确定行业的基础上再明确相应的个人收入。在 CGSS 2006 调查问卷中的关于收入的测量指标为上一年(2005 年)的全年总收入,即"2005 年,您个人的全年总收入是多少元?(个人总收入指个人全年的全部所得,包括工资、各种奖金、补贴、分红、股息、保险金、退休金、经营性纯收入、租金、利息、馈赠等)"

（二）核心自变量及其测量

围绕行业的体制分割、行业的区域分割及行业的主、次劳动力市场分割三个层面及行业收入不平等引发的社会公正问题，本研究关键的自变量主要包括以下方面。

1. 人力资本变量

（1）受教育水平

以教育为核心的人力资本是影响居民收入的重要因素。行业中从业者的受教育水平对个人的收入回报有着显著影响。研究指出，知识密集型行业总体上的教育回报率应该更高。[①] 同时，研究证实，行业的高学历比例越高，从业人员的收入就越高。[②] 行业中从业者的受教育水平是行业收入不平等的一个重要的解释变量，然而教育对收入的影响机制还比较复杂，因此，我们利用"受教育水平"这一变量来分析教育对行业间的收入差距和行业内不同群体收入差距的不同影响。

在 CGSS 2006 的调查问卷中，关于受教育水平的测量问题是"您目前的最高教育程度是（包括目前在读的）：（单选）"，答案设置为 14 项，分别为"没有受过任何教育""扫盲班""小学""初中""职业高中""普通高中""中专""技校""大学专科（成人高等教育）""大学专科（正规高等教育）""大学本科（成人高等教育）""大学本科（正规高等教育）""研究生及以上"及"其他（请注明）"，编码为 1—14。为了便于研究，在实际分析中，对这一变量进行重新归类和编码。具体如下：将"没有受过任何教育""扫盲班""小学""初中"，保留原编码，即 1—4；将"普通高中"重新编码为 5；"职业高中""中专"和"技校"合并为一类，重新编码为 6；"大学专科（成人高等教育）""大学专科（正规高等教育）"合并归类为"大专"，重新编码为 7；"大学本科（成人高等教育）""大学本科（正规高等教育）"合并归类为"本科"，重新编码为 8；"研究生及以上"，重新编码为 9；"其他"作为缺失值处理。因此，新生成的变量为 9 级受教育

[①] 罗楚亮、李实：《人力资本、行业特征与收入差距——基于第一次全国经济普查资料的经验研究》，《管理世界》2007 年第 10 期。

[②] 王天夫、崔晓雄：《行业是如何影响收入的——基于多层线性模型的分析》，《中国社会科学》2010 年第 5 期。

程度，即"没有受过任何教育""扫盲班""小学""初中""普通高中""职业高中中专和技校""大专""本科"和"研究生及以上"，编码分别为1—9。

（2）技术职称

"技术或职称"，选项设置为：务农职业填答：1. 农业科学技术；2. 手工艺技术；3. 养殖畜牧技术；4. 医疗卫生技术；5. 农村其他技术。非农职业填答：6. 低技术职称；7. 中级技术职称；8. 高级技术职称；9. 无技术/无技术职称。选项前面的数字是对应编码。通过频率分析发现，在CGSS 2006的实际调查对象中并未涉及农村职业者，因此，本研究中所涉及的对象都是非农职业者，即后4个选项。为了更明确表明技术或职称等级次序，本研究对后4个选项进行重新编码，具体如下："无技术/无技术职称"，编码为1；"低技术职称"编码为1；"中级技术职称"，编码为1；"高级技术职称"，编码为4。

2. 行业中个体所在职业阶层

行业中个体所在职业阶层是制度化的、由资源占有关系所规定的职业位置，而居于这些位置上的地位群体享受相应的劳动待遇。正如结构主义所强调的个人所得取决于个人所处的位置，因此，行业中个体的收入水平还受到他们在行业中所处职业阶层的影响。本研究将所使用的数据（CGSS 2006）中个人的"管理位置"作为确定行业中个体所在职业阶层的主要操作化变量。在CGSS 2006调查问卷中的测量问题如下。

"管理位置"，选项设置为：农村职业填答：1. 生产组长/小队长；2. 村/大队一般干部；3. 村长/大队支书；4. 乡/公社一般干部；5. 乡/公社领导干部。非农职业填答：6. 班组长/工段长；7. 单位基层管理；8. 单位中层管理；9. 单位主要领导；10. 不担任管理职务。选项前面的数字是对应编码。同样通过频率分析发现，在CGSS 2006的实际调查对象中并未涉及农村职业者，因此，本研究中所涉及的对象都是非农职业者，及后5个选项。为了更明确地体现职业等级次序，本研究对后5个选项进行重新编码，具体如下："不担任管理职务"，编码为1；"班组长/工段长"，编码为2；"单位基础管理"，编码为3；"单位中层管理"，编码为4；"单位主要领导"，编码为5。

3. 区域

已有研究已经表明，地区差异是影响收入不平等的主要制度性和结构性因素。区域分割在我国已经由来已久，自改革开放40年来，中国东、中、西部地区分别实施的是具有区域性的发展策略，而城乡二元结构更导致了城乡之间的在社会、政治、经济等各个方面的巨大差异。中国不同区域间的收入差距十分明显，那种将中国视为同质体、以个别地区的情况推论全国的做法显然是不合时宜的。"区域异质性"是分析中国居民收入不平等时必须考虑的重要因素之一。[①] 当前一些学者已经注意到区域因素对收入差距的重要影响，并将收入分配置于区域差异的视角下进行了研究。当前中国正处于市场转型时期，再分配权力因为市场的引入而不断削弱，然而市场的发展程度在不同地区并不是同步的。在市场化程度较为发达的地区，再分配权力的削弱更为明显，相反，在市场化程度较低的地区，再分配权力的延续性则更强，[②] 因此，在研究收入不平等的过程中需要将市场化在区域上的差异考虑进来。在以往的研究当中将区域要素置于行业收入不平等问题当中进行考察还比较少见，那么，行业收入不平等在区域上表现出怎样的特征？换句话说，区域性分割是否在行业收入分配上表现出同样的分割性特征？这些问题是本研究想要考察的方面。对于区域间行业收入水平的测量指标，本研究主要采用的是"各地区按行业分城镇单位就业人员平均工资""各地区按行业分职工工资总额""各地区按行业分职工平均工资"等指标，为了研究方便起见，同时也为了使研究能更直观地反映出区域差异，本书研究通过将全国31个省区按照东、中、西部地区的划分进行处理，研究东、中、西部地区在行业收入分配方面的差异。

4. 工作年限

工作年限是反映个人职业资历的重要指标，工作年限与个人收入也存在一定的相关性。本书研究中，利用工作年限与收入的关系来检测行业中是否存在内部劳动力市场的基本指标。

[①] Xie, Emily Hannum, "Regional Variation in Earnings Inequality in Reform Era Urban China". *American Journal of Sociology*, Vol. 101, No. 4, 1996.

[②] Victor Nee, "The Emergence of a Market Society: Changing Mechanisms of Stratification in China". *American Journal of Sociology*, Vol. 101, No. 4, 1996.

在 CGSS 2006 的调查问卷中，关于工作年限的调查具体问题是："您从事这份工作有多少年了？"，这个问题可以有效确定调查对象的现职工作年限。

5. 福利待遇

根据内部劳动力市场理论，福利待遇的差异是首要劳动力市场和次要劳动力市场区分的重要指标之一。同时，福利待遇也是个人收入水平的一种反映，本研究将分析高收入行业与低收入行业在福利待遇上的差别。

在 CGSS 2006 中，关于福利待遇的调查问题是：

"您单位/公司是否为您提供下列保险和补贴呢？"选项涉及"公费医疗""基本医疗保险""补充医疗保险""基本养老保险""补充养老保险""失业保险"和"住房或住房补贴"，每个选项的答案按照"提供""不提供""［不清楚］"三项分别编码为1—3，在实际应用中，将"［不清楚］"作为缺失值处理。

6. 行业内职业晋升机制

行业内职业晋升机制与行业内不同群体可获得的收入密切相关。本研究将行业内职业晋升机制分为"工资等级晋升"和"职位等级晋升"两个方面。

（1）工资等级晋升

在 CGSS 2006 调查中关于工资等级晋升的问题有三个：

一是"在过去三年内，您是否获得过工资等级上的晋升？"，答案分为"是"和"否"两项，编码分别为1和2。

二是"与三年前相比，您本人在下列方面有什么变化？"，其中子问题1是关于"收入状况"的询问，答案分为"上升了""差不多""下降了""［不好说］"，编码为1—4。

三是"在您看来，三年后您本人下列方面的状况会发生什么变化？"，其中子问题1也是关于"收入状况"的询问，答案设置和前面的问题基本相同，即"将会上升""差不多""将会下降""［不好说］"，编码为1—4。

本研究对后两个问题的答案进行重新归类编码，前一题答案设置为"上升了"和"没上升"，编码为1和0；后一题答案设置为"将会上升"和"不会上升",编码为 1 和 0。由于"［不好说］"其回答的含糊性不便于分析使用,在实际应用中作为缺失值处理。

(2) 职位等级晋升

在 CGSS 2006 中关于"职位等级晋升"的问题有两个:

一是"与三年前相比,您本人在下列方面有什么变化?",其中子问题 3 是关于"职位"的询问,答案分为"上升了""差不多""下降了""［不好说］",编码为 1—4。

二是"在您看来,三年后您本人下列方面的状况会发生什么变化?",其中子问题 3 也是关于"职位"的询问,答案设置和前面的问题基本相同,即"将会上升""差不多""将会下降""［不好说］",编码为 1—4。

本研究对这两个问题的答案进行重新归类编码,前一题答案设置为"上升了"和"没上升",编码为 1 和 0;后一题答案设置为"将会上升"和"不会上升",编码为 1 和 0。同样将"［不好说］"作为缺失值处理。

7. 行业收入不平等认知

不平等的合法性强调的是人们对不平等的正当性的价值判断的问题,即对已有的不平等状况公平与否、合理与否的判断和认知。行业分割衍生出的社会后果是行业劳动力市场的歧视和不公。不断扩大的行业收入差距昭示着行业分割的加剧,其中垄断行业与竞争行业日益显著的收入差距遭受着广泛的质疑。那么,人们对行业收入不平等状况有着怎样的认知?对行业收入公平与否有着怎么的判断?这些是对行业收入不平等的合法性的考察。本研究主要从以下方面对行业收入不平等的合法性进行操作化测量。

(1) 自我分配公平感

怀默霆 2009 年对中国民众分配公平感的研究表明,民众对社会不平等的感知很强烈,但与通常看法不同的是,当前民众对社会不平等的容忍程度较高,在某种程度上,甚至超过了发达国家和地区民众对于社会不平等的容忍度。① 此前的一些研究者与此看法有所不同,认为家庭

---

① 怀默霆:《中国民众如何看待当前的社会不平等》,《社会学研究》2009 年第 1 期。

背景因素①、公共权力在阶层分化中的作用②等因素是导致社会不平等的重要外部结构因素，在分析民众的分配公平感时这些因素的影响显然也是不可忽视的。王甫勤 2010 年还针对使用的数据范围指出，使用全国调查数据应当注意的一个重要问题是，有可能对人们的分配公平感程度存在一定的高估。③ 这些研究者的一个基本共识在于研究民众对收入不平等的公平感认知必须注重影响人们分配公平感的结构性因素。在行业成为影响收入不平等越来越重要的结构性因素的条件下，本研究着重从行业差异的角度来探讨人们对收入不平等的社会认知。

明确不同行业中从业人员个人的自我分配公平感，可以从行业中个人对当前收入是否满意或个人认为当前收入是否合理的判断得以反映。在 CGSS 2006 的调查问卷中，设置了如下问题："考虑到您的能力和工作状况，您认为您目前的收入是否合理呢？（单选）"，答案设置为"非常合理""合理""不合理""非常不合理""不适用"五个选项，编码分别为 1—5。

（2）对导致收入不平等的归因

对于不平等的判断和认知还反映在人们对不平等的归因上。怀默霆 2009 年指出，要评判当前的不平等是否公平，不仅仅要看贫富差距的大小，更为重要的是，看那些富人和穷人都是哪些人，以及他们是怎样变富和变穷的。④ 由此，他提出了一个基本假设，即如果当前的不平等更多地被归因于基于个人绩效（merit-based）的因素（比如个人天赋、才干、受教育程度、勤奋与否），那么就是公平的；否则，如果不平等更多地被归因为外部因素（比如机会不平等和歧视），那么这一不平等就被认为是不公平的。在 CGSS 2006 中关于收入不平等归因的问题有：

一项是关于收入状况判断，问题为"下列关于各种收入的描述，是

---

① 李春玲：《社会政治变迁与教育机会不平等——家庭背景及制度因素对教育获得的影响》，《中国社会科学》2003 年第 3 期。
② 李春玲：《各阶层的社会不公平感比较分析》，《湖南社会科学》2006 年第 1 期。
③ 王甫勤：《当代中国大城市居民的分配公平感：一项基于上海的实证研究》，《社会》2011 年第 3 期。
④ 怀默霆：《中国民众如何看待当前的社会不平等》，《社会学研究》2009 年第 1 期。

否符合您的情况?",其中的子问题 5"年终奖金或分红的多少,在我们单位主要是根据职位等级来决定的"和子问题 6"年终奖金或分红的多少,在我们单位每个人都有些差别,是由工作量或个人业绩决定的",答案分为三个等级,"很符合""有些符合"和"不符合",编码为 1—3。

还有关于月工资与月奖金的决定因素和稳定性的调查,问题为"您这份工作的月工资与月奖金是怎么决定的?是否稳定?",其中关于工资或奖金归因的子问题是"完全由工作量或个人业绩决定""部分参考工作量或个人业绩""与工作量或个人业绩基本无关"和"[不适用]",编码为 1—4,其中"[不适用]"作为缺失值处理。

另外还有关于一些态度方面的问题也涉及对收入不平等归因的调查,问题为"您是否同意下列说法?",子问题 5"穷人之所以会穷,一个重要原因是接受的教育太少了",子问题 6"穷人之所以会穷,是因为他们不愿意工作",子问题 8"政府某些政策不妥当,是造成贫穷的重要原因",答案为"非常不同意""不同意""同意""非常同意"及"[不回答]",编码为 1—5,其中"[不回答]"作为缺失值处理。

(3) 个人社会经济地位认知

收入水平是人们判断个人社会经济地位的重要方面,但也不是唯一指标,每个人的判断存在一定差异。

在 CGSS 2006 中的调查问题中判断个人对自身社会经济地位的有两个问题:

一是"就判定一个人的社会经济地位的高低来说,下列各因素哪些更重要些?请选三项并排序",相关因素的陈述包括"收入高还是低""有产业还是没有产业""是否受过良好教育""受人尊敬还是被人看不起""有技术还是没技术""是管理别人还是被别人管""自己当老板还是替别人打工""群众还是党员""城里人还是乡下人""国家干部还是普通老百姓",编码为 1—10,选项设置了"第一位""第二位""第三位"三个。

二是"在您看来,您本人的社会经济地位、家庭的社会经济地位属于上层、中上层、中层、中下层还是下层?",选项为按题目中的"上层"到"下层"分为 5 个等级,编码为 1—5,"[不作选择]"项编码为6，研究中将"［不作选择］"作为缺失值处理。

（4）个人生活满意度

个人生活满意度的判断受很多因素的影响，研究已经表明，收入与个人生活满意度并不呈线性关系，而是表现出随着收入的增加满意度先提高，然后收入高到一定程度后满意度开始下降的特点。本研究想要了解的是不同行业从业者对个人生活的满意度状况，而个人生活满意度的影响因素并不是本研究要探讨的问题。

在 CGSS 2006 中的调查问题是"总体而言，您对自己所过的生活的感觉是怎样的？您感觉您的生活是："选项为"非常不幸福""不幸福""一般""幸福""非常幸福"，编码是1—5。

（三）控制变量

1. 性别

性别收入差异是劳动力市场中性别差异最直接的表现形式，大量研究已经表明，当前性别收入差距已相当明显。职业的性别隔离（occupational gender segregation）与性别收入不平等有着密切关系，甚至是导致性别收入不平等最主要的也是最直接的因素之一。[1] 与强调个人特征的人力资本理论[2]相比，职业的性别隔离理论则更强调结构性因素（职业的性别构成），认为劳动力市场中女性收入低于男性主要是因为职业的性别隔离[3]。性别隔离表明劳动力市场中存在结构性的性别歧视，而这种性别隔离在不同所有制类型、不同行业或职业中都普遍存在，其基本特征在于女性主要集中在收入低、声望低的行业或职业当中。在本研究当中，由于男性和女性的性别收入不平等并不是关注的核心问题，因而被当作控制变量来处理。在分析模型中，性别被定义为虚拟变量，男

---

[1] 吴愈晓、吴晓刚：《1982—2000：我国非农职业的性别隔离研究》，《社会》2008年第5期。

[2] 人力资本理论主要从劳动力市场中的受雇者方出发，强调个人特征在收入回报中的决定作用，并认为由于女性在教育、技能或经验等人力资本方面的投入比男性少，因而性别的收入差异体现了对男女不同人力资本投入的补偿。（参见 Gary S. Becker, *Human Capital: A Theoretical and Empirical Analysis, with Special Reference to Education*. New York: Columbia University, 1964。）

[3] P. England, *Comparable Worth: Theories and Evidence*, NY: Aldine, 1992. Peter M. Blau, Otis Dudley Duncan, *The American Occupational Structure*. New York: Wiley, 1967.

性为1，女性为0。

2. 年龄

研究显示，除了性别因素外，个人的年龄对个人收入也有着重要的影响。一般认为，年龄的收入回报率呈向下开口的抛物线形状，即呈现先增后减的态势。具体而言，个人收入会先随着年龄的增长而增加，当临近退休时开始下降。① 学者研究指出，年龄的收入回报率在不同的行业当中有着不同的特点。在较年轻的行业里年龄对收入回报率的影响并不明显，但在国有化程度较高和大规模、成熟的行业里，年龄对收入回报的影响更为明显。② 本研究中被调查者的年龄按照调查年份减去被调查者的出生年份而得，样本年龄在17—69岁。

3. 户籍

在当前中国独特的户籍制度下，中国劳动力市场的城乡二元分割非常显著，城乡收入差距十分明显，而劳动者的户籍流动显然也对其收入状况产生重要影响。尽管如此，本研究主要探讨的是劳动力市场的行业分割对收入不平等的影响，因此，户籍变量被当作控制变量来加以处理。在 CGSS 2006 的问卷调查中，使用的调查问题是"您的户口状况是"，选项设置为"农业户口""非农业户口（蓝印户口）""非农业户口（城镇户口）"，编码为1—3。为表述更为方便，本研究将其重新归为两类，即将"农业户口"归为一类，编码为0，而"非农业户口（蓝印户口）"③和"非农业户口（城镇户口）"合并为一类，统称为"非农业户口"，编码为1。

4. 政治身份

政治资本是由政党、政权及意识形态提供的身份、权力、资源和由此而来的威慑力和影响力。④ 在中国，干部或党员身份被认为是政治资

---

① 王天夫、赖扬恩、李博柏：《城市性别收入差异及其演变：1995—2003》，《社会学研究》2008年第2期。

② 王天夫、崔晓雄：《行业是如何影响收入的——基于多层线性模型的分析》，《中国社会科学》2010年第5期。

③ 蓝印户口，在2000年以后已经被逐步取消。

④ 边燕杰、张展新：《市场化与收入分配——对1988和1995城市住户收入调查的分析》，《中国社会科学》2002年第5期。

本的基本表征。党龄被认为和文凭一样,是党内筛选和提拔领导干部的重要准则。① 党员身份意味着取得相应的政治资本和由此衍生的获取某些职位机会或资源的资格。政治资本作为"制度化的社会资本"在不同时期对收入分配有着不同程度的影响。② 市场转型理论认为政治资本与收入差距呈正相关关系。而政治资本的收益逻辑在于政治资本与权力结合而获得"再分配"收益,由于再分配权力不会因为市场化作用而削弱,所以政治资本的资源回报率也不会降低,在某些情况下还可能提高。③ 在当前的市场转型时期,政治资本的收益回报具有一定的复杂性,从不同时期的比较来看,政治资本收益率表现出一定的波动性特征。④ 因此,党员身份的收益回报会随着不同的市场阶段发生变化。在本研究中将党员身份作为控制变量之一,根据 CGSS 2006 的调查问卷,关于个人政治身份的测量问题是"您目前的政治面貌是:(单选)",选项设置四类:"共产党员""民主党派""共青团员""群众",编码分别为 1—4。在实际分析中,对这一变量进行了简化处理,具体而言,就是将具有"共产党员"身份的编码为 1,其他非共产党员身份的编码为 0。

三 数据来源及分析模型

(一) 数据来源

本研究主要需要使用到的是具有行业特征和收入分配方面的调查资料和数据,遗憾的是,综纵观当前的统计调查数据,以行业为基本单位的大规模调查数据还十分少见,而包含行业特征的大面积调查也不多见。同时,从我国的调查数据收集工作来看,全国性的抽样调查起步较晚,致使很多科研工作得不到全面、系统的权威数据资料的支持,很多学者采用不同渠道、不同层次的数据来进行研究,以弥补数据的不足。

---

① Xiaowei Zang, "Labor Market Segmentation and Income Inequality in Urban China". *Sociological Quarterly*, Vol. 43, No. 1, 2002.

② Nan Lin, *Social Capital*, Cambridge University Press, 2001.

③ 边燕杰、张展新:《市场化与收入分配——对 1988 年和 1995 年城市住户收入调查的分析》,《中国社会科学》2002 年第 5 期。

④ 刘精明:《劳动力市场结构变迁与人力资本收益》,《社会学研究》2006 年第 6 期。

尽管这会存在很多局限（如研究同一问题得出大相径庭的结论、难以比较、研究结论混乱等），但这是很多学者不得不面临的两难选择。基于此，为了保障使用数据资料的质量和权威性，本研究主要采用的是由国家统计局调查获得的行业数据和 2006 年中国综合社会调查（CGSS 2006）中有关行业特征的相关数据。

国家统计局的调查数据主要参照各年的《中国统计年鉴》中的行业数据，其中包含了全国和各地区按行业分的职工平均工资、工资总额等方面的宏观数据，这些数据主要有助于分析行业收入差距的总体特征和趋势、行业收入的区域差异等。这是一项系统研究当中不可或缺的总体描述和基础分析。

本研究还使用到 CGSS 2006 的调查数据。中国综合社会调查（CGSS）是由中国人民大学社会学系与香港科技大学社会科学部执行的，项目主持人为李路路教授和边燕杰教授。这是一项全国范围内的、大型的抽样调查项目，主要目的是了解当前我国城镇居民的就业、工作和生活情况，以及对当前一些社会问题的看法。CGSS 2006 的访问对象采用分层的四阶段不等概率抽样：区（县）、街道（镇）、居委会、住户和居民来获得，此次调查在全国 28 个省市抽取了 10000 个家庭户，然后在每个被选中的居民户中按一定规则随机选取 1 人作为调查对象。由于本研究旨在考查行业分割对收入不平等的影响，因此，在数据使用上主要是利用其中具有行业特征的数据，对于不在劳动力市场且未报告行业信息的样本则予以剔除，最终有效样本为 5236 个。

（二）数据处理

通常抽样调查的原始数据并不适合直接用于社会研究的建模和分析，而是需要对数据进行清理，同时围绕研究的对象和目的，对数据进行一定的整合和处理。由于本研究使用到了不同来源的调查数据，为了保证所使用数据的严谨性和尽量减少误差，我们在建模和分析前需要对数据进行相应的处理。

首先，需要指出的是，《中国统计年鉴》和《中国综合社会调查（CGSS）2006》中关于行业收入的统计口径并不完全一致，《中国统计年鉴 2004—2009》具有行业门类和大类两个层次的行业收入数据统计，但《中国统计年鉴 2010—2018》仅有门类层次的行业收入数据统计，却无行业大类层次数据。而《中国综合社会调查（CGSS）2006》中则是按照行业大类层次调查的收入数据。目前，《中国统计年鉴》（2003年至今）的行业划分标准①是按照我国 2002 年新修订的行业分类的国家标准——《国民经济行业分类》（GB/T4754—2002）来进行划分的，按照结构由粗到细将行业划分为行业门类、行业大类、行业中类和行业小类四个层次，其中行业门类 20 个、大类 95 个、中类 396 个、小类 913 个②，《中国统计年鉴》只统计了其中 19 个行业门类职工的收入数据，而不包括第 20 个门类（国际组织）的收入数据。考虑到《中国综合社会调查（CGSS）2006》与《中国统计年鉴》的统计层次并不完全一致，在本研究中将采用行业门类数据和行业大类数据结合使用的策略：《中国统计年鉴》中的行业门类数据主要用于描述行业收入差距的总体特征和地区行业收入差距情况；而 CGSS 2006 的行业大类数据，对于行业划分层次更细，适合对于行业收入差距进行更细致的分析，主要用于对行业主、次劳动力市场的收入不平等状况及影响因素分析以及行业收入不平等的合法性问题分析。两套数据分别说明的是不同层次的问题，并不会因为数据层次的不同而影响分析的结论，因此本研究将两个层次的数据加以结合使用。

另外，在 CGSS 2006 当中，可分辨出来的具体行业共有 91 个，但并非所有这些行业数据都适合进行分析。因此，我们还需要对这些行业

---

① 随着社会经济的发展，国民经济行业也在发生着变化，因此，国民经济行业的分类也随之进行了些微调整以适应当前的行业发展情况，如国家统计局公布的《国民经济行业分类》（GB/T4754—2011）中的 5 个行业门类相较《国民经济行业分类》（GB/T4754—2002）做了一定的调整，具体情况如下："信息传输、计算机服务和软件业"（GB/T 4754—2002）调整为"信息传输、软件和信息技术服务业"（GB/T4754—2011）、"科学研究、技术服务和地质勘查业"（GB/T 4754—2002）调整为"科学研究和技术服务业"（GB/T4754—2011）、"居民服务和其他服务业"（GB/T 4754—2002）调整为"居民服务、修理和其他服务业"（GB/T4754—2011）、"卫生、社会保障和社会福利业"（GB/T 4754—2002）调整为"卫生和社会工作"（GB/T4754—2011）、公共管理和社会组织（GB/T 4754—2002）调整为"公共管理、社会保障和社会组织"（GB/T4754—2011）。但是，目前国家统计局公布的《中国统计年鉴》（截至 2010 年）的数据仍使用的是《国民经济行业分类》（GB/T4754—2002）的标准。因此本研究也是在这一分类标准的基础上进行研究的。

② 《国民经济行业分类》（GB/T4754—2002）的 20 个行业门类和 19 个行业门类包含的行业大类（《中国统计年鉴》也称"细行业"）的详细情况见附录。

进行加工处理，使它们能够适合分析使用。本研究结合以往研究的经验做法，在对行业进行重新归类时主要考虑三个原则：一是相近原则，即性质相近的行业分归为一类，同时这一原则在《国民经济行业分类》（GB/T4754—2002）的标准指引下进行；二是保留足够的行业数（至少要有20个）来保证行业层次数据的覆盖面和多样化；三是每个行业内应包含有足够合理的个案，具体做法是每个行业中至少有20个个案。根据以上基本原则，对CGSS 2006的行业数据做进一步整理，将那些不适宜进入分析的个案剔除，包括"不适用、不回答、不便分类及其他"中的个案（n=176）、特殊的行业所含个案小于20个且无法归类的个案（n=12）都予以剔除。

同时，我们还需要对研究所涉及变量的相关数据进行整理。对于有缺损值的个案则予以剔除，而对于一些出现极值（extrema，又称为奇异值)[①] 的个案也予以剔除。如在对个人收入数据的处理上，将"没有""不适用""不知道/不清楚""拒绝回答"的个案（n=1932）删除，同时将年收入少于600元的不合理个案（n=177）删除。

表1-1　　　　　　　　目前职业所属行业（N=5236）

行业（细类）	频率	百分比	有效百分比	累积百分比	行业（细类）	频率	百分比	有效百分比	累积百分比
农、林业	27	0.5	0.5	0.5	线路、管道和设备安装业	60	1.1	1.1	45.6
畜、渔牧业	45	0.9	0.9	1.4	装修装饰业	44	0.8	0.8	46.4
煤炭开采和洗选业	134	2.6	2.6	3.9	铁路运输业	63	1.2	1.2	47.6
石油和天然气开采业	36	0.7	0.7	4.6	公路运输业	199	3.8	3.8	51.4
其他采矿业	32	0.6	0.6	5.2	水上运输业	23	0.4	0.4	51.8
农副食品加工业	39	0.7	0.7	6.0	其他交通运输业	30	0.6	0.6	52.4
食品制造业	74	1.4	1.4	7.4	仓储业	24	0.5	0.5	52.9
饮料制造业	24	0.5	0.5	7.8	邮电通信业	29	0.6	0.6	53.4

---

① 极值（extrema，又称为奇异值），指的是针对某个连续变量而言，极个别样本的取值极大地超过（或低于）总体平均水平，或者在正态分布曲线中极远地偏离中心取值的值。参见王卫东、冯仕政、陆益龙、刘精明《抽样调查数据的清理与校验》。

续表

行业（细类）	频率	百分比	有效百分比	累积百分比	行业（细类）	频率	百分比	有效百分比	累积百分比
纺织业	172	3.3	3.3	11.1	食品、饮料、烟草和家庭用品批发业	81	1.5	1.5	55.0
纺织服装、鞋、帽制造业	128	2.4	2.4	13.6	能源、材料和机械电子设备批发业	56	1.1	1.1	56.0
木材加工及木、竹、藤、棕、草制品业	32	0.6	0.6	14.2	其他批发业	33	0.6	0.6	56.7
家具制造业	33	0.6	0.6	14.8	零售业	763	14.6	14.6	71.2
造纸及纸制品业	23	0.4	0.4	15.3	餐饮业	68	1.3	1.3	72.5
印刷业和记录媒介的复制	44	0.8	0.8	16.1	银行业	40	0.8	0.8	73.3
化学原料及化学制品制造业	98	1.9	1.9	18.0	保险业	26	0.5	0.5	73.8
医药制造业	37	0.7	0.7	18.7	房地产开发、经营与管理业	31	0.6	0.6	74.4
塑料制品业	37	0.7	0.7	19.4	公共设施服务业	47	0.9	0.9	75.3
非金属矿物制品业	66	1.3	1.3	20.6	居民服务业	233	4.4	4.4	79.7
黑色金属冶炼及压延加工业	100	1.9	1.9	22.6	餐饮、旅馆业	176	3.4	3.4	83.1
金属制品业	59	1.1	1.1	23.7	娱乐服务业	25	0.5	0.5	83.6
通用设备制造业	107	2.0	2.0	25.7	信息、咨询业	35	0.7	0.7	84.2
专用设备制造业	71	1.4	1.4	27.1	其他社会服务业	22	0.4	0.4	84.7
交通运输设备制造业	117	2.2	2.2	29.3	卫生	144	2.8	2.8	87.4
武器弹药制造业	21	0.4	0.4	29.7	教育	327	6.2	6.2	93.7
电气机械及器材制造业	86	1.6	1.6	31.4	文化艺术业	23	0.4	0.4	94.1
仪器仪表及文化、办公用机械制造业	135	2.6	2.6	33.9	科学研究业	25	0.5	0.5	94.6
其他制造业	159	3.0	3.0	37.0	综合技术服务业	21	0.4	0.4	95.0
电力、蒸汽、热水的生产和供应业	68	1.3	1.3	38.3	国家机关	220	4.2	4.2	99.2
土木工程建筑业	321	6.1	6.1	44.4	社会团体	43	0.8	0.8	100.0

说明：本书的样本选择方式有可能导致行业之间收入差异低估，因为在CGSS样本数据中并非所有行业的调查都能保证充足的个案来满足分析的需要，而部分个案不足20的行业被剔除，其中包括烟草制品业（n=11）、证券业（n=3）、管道运输业（n=3）、地质勘查业（n=3）等收入水平相对比较高的行业或部门。

表 1-2　　中国综合社会调查（CGSS）2006 年处理后的
样本描述统计量（N=5236）

变量	编码	取值	个案 N	极小值	极大值	均值	标准差
性别	1 2	男 女	5236	1	2	1.47	0.499
年龄			5236	17	69	41.26	13.120
户口	1 2	农业户口 非农业户口	5236	1	2	1.68	0.466
受教育程度	1 2 3 4 5 6 7 8 9	没有收入任何教育 扫盲班 小学 初中 普通高中 职业高中、中专或技校 大学专科 大学本科 研究生及以上	5236	1	9	2.73	1.426
政治面貌	1 2	共产党员 非共产党员	5236	1	2	1.88	0.323
党内职务	1 2 3 4 5	未担任任何职务 支部成员 支部书记 党委委员 党委书记	621	1	5	1.49	0.948
工作年限			5236	1	49	12.47	11.123
职业资格等级	1 2 3 4 5	初级（国家职业资格五级） 中级（国家职业资格四级） 高级（国家职业资格三级） 技师（国家职业资格二级） 高级技师（国家职业资格一级）	959	1	5	1.92	0.851
技术职称	1 2 3 4	无技术/无技术职称 低技术职称 中级技术职称 高级技术职称	5236	1	4	6.51	0.881
管理位置	1 2 3 4 5	不担任管理职务 班组长/工段长 单位基层管理 单位中层管理 单位主要领导	5236	1	5	6.43	1.037

续表

变量	编码	取值	个案 N	极小值	极大值	均值	标准差
所有制	1 2	国有 非国有	2897	1	2	1.35	0.478
收入			5236	600	670000	13271.59	18494.323
收入是否合理	1 2	合理 不合理	5236	1	5	2.65	0.804
社会经济地位	1 2 3 4 5	上层 中上层 中层 中下层 下层	5236	1	6	4.08	0.944
幸福感	1 2 3 4 5	非常不幸福 不幸福 一般 幸福 非常幸福	5236	1	5	3.47	0.723

说明：部分变量样本总和与总样本量相差较大是缺失值导致。

需要说明的是，之所以将年收入少于 600 元的个案认为是不合理个案，是基于逻辑检验①和数理判断的结果。首先年收入少于 600 元意味着平均月收入不足 50 元，这在日常生活逻辑上是不太合理的，即便真的存在也只是极少个案；而从数理上看，在 CGSS 2006 的数据当中，所有有效个案年收入的均值为 8993.59 元，而年收入不足 600 元远远偏离平均水平，且这样的个案很少，因此本研究在分析时将这些个案作为不合理个案删除。这样处理后的数据才比较符合本研究的需要。数据经过处理过后剩下 5236 个个案，每个行业有 22—1743 个个案。处理后的数据参照表 1-1 和表 1-2。

四 分析模型

（一）行业间平均收入的差距及不平等指数

对收入不平等的测量比较直观的方式就是采用绝对差异比较和相对

---

① 逻辑检验，通常是根据现实社会中的某些带普遍性的生活常理、日常规则和行为习惯来对个案数据中的变量关系加以核对，从一些与常规不相符的个案中发现可能存在的信息变异。参见王卫东、冯仕政、陆益龙、刘精明《抽样调查数据的清理与校验》。

差异比较的方法。通常的做法是采用最高收入群体收入与最低收入群体收入进行绝对值和相对值的比较。本研究将采用这一方法描述行业收入差距的总体状况。

1. 最高行业平均收入和最低行业平均收入的差距

（1）极差（Rang），即最高行业平均收入和最低行业平均收入的差距。其计算表达式为：

$$R = Y_{max} - Y_{min}$$

式中，Y_{max}表示最高行业平均收入，Y_{min}表示最低行业平均收入。

（2）极值差率（Rang ratio），即最高行业平均收入和最低行业平均收入的比，其计算表达式为：

$$\bar{R} = Y_{max} / Y_{min}$$

同样，式中的Y_{max}表示最高行业平均收入，Y_{min}表示最低行业平均收入。

2. 变异系数（coefficient of variation）

变异系数也称标准差率或离散系数，采用标准差与其均值之比来衡量不同总体的变异程度。利用变异系数可以衡量行业间收入不平等的相对状况。其一般计算公式如下：

$$CV_{uw} = \frac{\sqrt{\frac{1}{N}\sum_i (Y_i - \bar{Y})^2}}{\bar{Y}}$$

式中，Y_i为第 i 个样本的收入（应用到行业收入中即可表示为第 i 个行业职工的平均工资），$\bar{Y}$为所有样本收入的平均值（应用到行业收入中则表示各行业职工平均工资的均值），即Y_i的均值，N为样本数。

3. 标准差（Standard Deviation）

标准差（S）又称均方差，是衡量个体间离散程度最常用的指标，各实际值与均值之差的总和越大，表示差异越大，即均值的代表性很小。其计算公式如下：

$$S = \sqrt{\frac{\sum_{i=1}^{N}(Y_i - \bar{Y})^2}{N}}$$

具体在行业收入差距分析的应用中，式中，Y_i表示为第 i 行业的职工平均收入，$\bar{Y}$ 为所有行业收入的均值，即 Y_i 的均值，N 为行业数。

（二）行业基尼系数（Gini Coefficient）

基尼系数由意大利经济学家基尼（Gini）提出，它以一个 0 到 1 数值在表示分配不平等状况，数值越接近 0 表示越平等，贫富差距越小；相反，数值越接近 1，表示越不平等，贫富差距越大。基尼系数是收入差距研究中使用最广泛的一个指标，它能以一个数值反映总体收入差距。基尼系数因其能较全面、准确地反映收入分配的差异程度且便于比较而在收入分配研究中得到广泛应用。行业的工资基尼系数能够以一个比较简洁的数字来测度行业间的收入差距。具体做法是将相同行业的职工作为一个具有相同工资水平的群体，并且用这个行业的职工人数作为计算基尼系数的组内人数，这样计算出的基尼系数即行业的工资基尼系数。①

基尼系数的计算公式为：

$$G = \sum_{i=1}^{n} W_i Y_i + 2 \sum_{i=1}^{n-1} W_i (1 - V_i) - 1$$

式中，W_i 是各行业的从业者人口数占总人口数的比重；Y_i 是各行业从业者所拥有的收入占收入总额的比重；V_i 是 Y_i 从 $i=1$ 到 i 的累计数，即 $V_i = Y_1 + Y_2 + Y_3 \cdots + Y_i$。

（三）广义熵（Generalized Entropy，GE）

广义熵是衡量收入不平等的常用指标，与基尼系数相比，广义熵指数的优势在于能够比较组间和组内的收入不平等，因此广义熵指数也常用于测量地区间的收入不平等。其计算公式如下②：

$$I(y) = \begin{cases} \sum_{i=1}^{n} f(y_i) \{(y_i/u)^c - 1\}, & c \neq 0, 1 \\ \sum_{i=1}^{n} f(y_i)(y_i/u)\log(y_i/u), & c = 1 \\ \sum_{i=1}^{n} f(y_i)\log(u/y_i), & c = 0 \end{cases}$$

---

① 陈钊、万广华、陆铭：《行业间不平等：日益重要的城镇收入差距成因——基于回归方程的分解》，《中国社会科学》2010 年第 3 期。

② 万广华：《经济发展与收入不均等：方法与证据》，上海人民出版社 2006 年版，第 297 页。

式中，y_i 是第 i 个样本的收入，u 是总样本的平均收入值，$f(y_i)$ 是第 i 个样本人口占总样本人口的比重。参数 c 反映的是收入转移的敏感度，c 取任何值，广义熵指数都可以按组（地区、行业、部门等）进行分解。当 $c = 0, 1$ 时，广义熵指数就是泰尔指数（Theil Index），而且两种取值情况下计算结果基本相同。因此，一般考虑使用简便，研究中更多采用 $c = 0$ 的泰尔指数。本研究也将采用 $c = 0$ 的泰尔指数来分析不同区域行业间收入不平等。

（四）一般线性回归模型

一般线性回归分析适用于分析以定距变量为因变量的各变量之间关系的分析。本研究采用这一分析模型来研究不同因素对不同分割场域的行业收入的影响。其估计模型为：

$$\ln(Y) = \beta_0 + \beta_1 X_1 + \beta_2 X_2 + \cdots + \beta_i X_i$$

其中，$\ln(Y)$ 表示行业收入的自然对数，X_1、X_2、X_i 分别表示主要解释变量（职业阶层、现职年资、人力资本、政治资本等）和控制变量（性别、年龄、户口等），β_0 是回归常数（截距项），其基本含义为当其他自变量取值为 0 时因变量 $\ln(Y)$ 的平均值，β_i 是待估计参数，表示在控制其他变量的情况下，自变量 X_i 每改变 1 个单位，因变量 $\ln(Y)$ 平均改变 β_i 个单位。

（五）二元逻辑斯蒂回归模型

这一模型通常适用于以二分类变量为因变量的多元回归分析。本研究采用这一模型主要是测量行业收入合理性判断，以此分析不同行业从业者对行业收入不平等的社会认知。二元逻辑斯蒂回归估计模型为：

$$\hat{p} = \frac{\exp(b_0 + b_1 X_1 + b_2 X_2 + \cdots + b_i X_i)}{1 + \exp(b_0 + b_1 X_1 + b_2 X_2 + \cdots + b_i X_i)}$$

其中，$\hat{p}$ 表示不同行业从业者判断自己的收入合理与否的概率，X_i 表示基本控制变量（性别、年龄、户口、党员身份）和主要解释变量（本研究主要考察的是行业及收入对从业者收入合理性的判断），回归系数 b 表示在控制其他变量的情况下，自变量 X_i 每改变 1 个单位，产生合理判断与不合理判断的比平均改变 $\exp(b)$ 个单位。

本章小结

  本章主要阐述的是本研究的基本研究范式和研究方法，并明确变量设计以及相应的数据来源、数据处理和分析模型。具体而言，本研究主要遵循"结构主义"的研究范式，采用定量研究的方法进行研究。在研究变量中，行业收入是最主要的因变量。为研究行业劳动力市场的三个不同分割场域（行业的体制分割、行业区域分割以及行业的主、次劳动力市场分割）下的收入不平等状况及其影响机制，本研究的核心自变量主要包括人力资本变量、行业中个体职业阶层变量、区域变量、工作年限、福利待遇、行业内职业晋升机制、行业收入不平等认知变量等；而性别、年龄、户籍、政治身份等变量作为控制变量。研究设计中对所涉及的核心变量进行了相应的操作化处理。本研究所使用的数据主要来源于"中国综合社会调查（CGSS 2006）"和《中国统计年鉴（2004—2018）》上的相关数据，由于抽样调查的原始数据并不适合直接用于社会研究的建模和分析，因此本研究对数据进行了清理，同时围绕研究的对象和目的，对数据进行一定的整合和处理。研究中主要采用的测量指标既包括经常使用的极差、极值差率、变异系数和标准差外，还包括行业收入不平等的基尼系数、泰尔指数，并根据变量的层次，选择采用一般线性回归模型、逻辑斯蒂回归模型、相关分析等统计分析工具进行研究。

第二章

行业的体制性分割与收入不平等

从结构主义的视角来看,在社会经济生活中存在各种对个人、社会、经济地位产生重要影响的分割性结构(segmentation)。[1] 社会学认为,在众多分割性结构当中,劳动力市场分割能对社会经济起到核心的调节作用。而劳动力市场分割在不同历史时期、不同的社会发展阶段也表现出不同的特点。从我国劳动力市场分割的制度性演进来看,在我国改革开放初期,在高度集中的计划经济体制下,建立在户籍制基础上的劳动力城乡二元分割主导着我国的劳动力市场;到20世纪90年代,在市场取向的经济体制改革推动下,劳动力市场分割逐步向体制内劳动力市场和体制外劳动力市场的分割演进;而随着市场化进程的不断推进,我国劳动力市场又逐步由体制性分割迈向行业分割。与此同时,我国劳动力市场的城乡分割、部门分割和体制分割逐步式微,行业分割及在此框架之下的主要劳动力市场与次要劳动力市场的二元制分割被认为是当前以及未来对我国劳动就业、工资决定与经济增长影响最为深刻的分割性结构。[2] 行业分割及其带来的收入分化成为当前中国社会不平等的十分重要的方面。行业分割和收入不平等状况如何、哪些因素对其产生重要影响都是我们需要厘清的方面,而这对于进一步地了解我国的不平等状况及相关政策的制定具有重要意义。

---

[1] Glen G. Cain, "The Challenge of Segmented Labor Market Theories to Orthodox Theory: A Survey". *Journal of Economic Literature*, Vol. 14, No. 4, 1976.

[2] 晋利珍:《改革开放以来中国劳动力市场分割的制度变迁研究》,《经济与管理研究》2008年第8期。

第一节　行业间收入差距的总体考察

收入分化既是劳动力市场分割的重要表现，也是这种结构性分割的重要后果。因此，行业分割探讨的首要方面在于必须明确行业间是否存在显著的收入差距。对于这一点已经获得了很多经验研究的支持，然而基于保持研究整体的逻辑连贯性和完整性，为后面的研究奠定基础，我们再次对此进行分析仍是十分必要的，同时我们还希望通过历时性的比较分析，说明行业收入不平等的变动特点和趋势。为了满足这种历时性分析的需要，这一部分的数据主要采用的是各年《中国统计年鉴》当中不同行业职工平均工资的数据。

行业间的收入差距可以通过绝对差异和相对差异来进行考察。绝对差异是对行业间收入差距最直观的体现，主要可以通过比较不同行业的最高工资与最低工资的差异（极差）以及标准差等指标来反映。而相对差异则测量行业收入偏离总体水平的相对情况，如极值差率和变异系数则是反映收入差距相对水平的常用指标。在数据使用上，由于2002年我国经历了一次国民经济行业分类标准的调整，2002年10月以后使用的是新标准《国民经济行业分类》（GB/T4754—2002），为了保持行业分类标准的一致性，本书采用的是新标准实施后的行业收入数据，即从2003年到2017年这15年的数据。从数据使用层次来说，一般而言，行业大类的数据相比行业门类数据划分更细，因此也更能反映行业间的差距。遗憾的是，从我国的统计数据来看，关于不同行业层次的收入分配数据的统计并没有保持很好的连贯性，在2008年以后仅在行业门类层次上进行了统计，而没有详细的行业大类的收入数据的统计，同时，本书的目的在于利用历时性数据考察行业收入差距的总体特征和变动趋势，因此，使用的数据应历时越长越好；另外也考虑到大类层次行业所包含行业数目稍显过众（95个），若使用这一层次数据测算总体变动趋势亦显得烦琐。基于此，本书主要使用的是行业门类层次的收入数据，同时将使用的数据延长至目前可查的最新年份的数据，即2017年的统计数据。

通过对《中国统计年鉴》（2004—2018年）的行业门类收入数据的分析，考察了我国行业的总体状况和趋势。表2-1和表2-2是我国不同行业职工工资不平等状况的指标描述。从中不难发现，我国行业之间职工收入差距依然十分显著。

具体来看（见表2-1），2003—2017年，行业职工平均工资呈逐年上升趋势，在平均工资总体上升这样的大背景下，我国行业职工平均工资绝对差距不断拉大，就最高收入行业和最低收入行业之间的职工工资差距（极差）来看，二者差距由2003年的24013元扩展到2017年的96646元，这一差距以年均9.82%的速度递增，不得不说这是一个急剧增长的速度。而行业工资标准差同样直观地反映了这一趋势，我国行业工资标准差从2003年的5127.61元迅速扩大到了2017年的25202.79元，15年间增长了4.9倍。

表2-1　　不同行业职工平均工资不平等指数（2003—2017）

年份	行业职工平均工资（元）	行业平均工资标准差	行业最高工资（前三位）		行业最低工资（后三位）		极差（元）
			行业	平均工资（元）	行业	平均工资（元）	
2003	13969	5127.61	信息传输、计算机服务和软件业	30897	农林牧渔业	6884	24013
			金融业	20780	批发和零售业	10894	
			科学研究、技术服务和地质勘查业	20442	住宿和餐饮业	11198	
2004	15920	5681.63	信息传输、计算机服务和软件业	33449	农林牧渔业	7497	25952
			金融业	24299	建筑业	12578	
			科学研究、技术服务和地质勘查业	23351	住宿和餐饮业	12618	
2005	18200	6774.85	信息传输、计算机服务和软件业	38799	农林牧渔业	8207	30592
			金融业	29229	住宿和餐饮业	13876	
			科学研究、技术服务和地质勘查业	27155	建筑业	14112	

续表

年份	行业职工平均工资（元）	行业平均工资标准差	行业最高工资（前三位）		行业最低工资（后三位）		极差（元）
			行业	平均工资（元）	行业	平均工资（元）	
2006	20856	7890.42	信息传输、计算机服务和软件业	43435	农林牧渔业	9269	34166
			金融业	35495	住宿和餐饮业	15236	
			科学研究、技术服务和地质勘查业	31644	水利、环境和公共设施管理业	15630	
2007	24721	9215.29	信息传输、计算机服务和软件业	47700	农林牧渔业	10847	36853
			金融业	44011	住宿和餐饮业	17046	
			科学研究、技术服务和地质勘查业	38432	水利、环境和公共设施管理业	18383	
2008	28898	11044.63	信息传输、计算机服务和软件业	54906	农林牧渔业	12560	42346
			金融业	53897	住宿和餐饮业	19321	
			科学研究、技术服务和地质勘查业	45512	水利、环境和公共设施管理业	21103	
2009	32244	11932.33	金融业	60398	农林牧渔业	14356	46042
			信息传输、计算机服务和软件业	58154	住宿和餐饮业	20860	
			科学研究、技术服务和地质勘查业	50143	水利、环境和公共设施管理业	23159	
2010	36539	13537.56	金融业	70146	农林牧渔业	16717	53429
			信息传输、计算机服务和软件业	64436	住宿和餐饮业	23382	
			科学研究、技术服务和地质勘查业	56376	水利、环境和公共设施管理业	25544	
2011	41799	15103.59	金融业	81109	农林牧渔业	19469	61640
			信息传输、计算机服务和软件业	70918	住宿和餐饮业	27486	
			科学研究、技术服务和地质勘查业	64252	水利、环境和公共设施管理业	28868	

续表

年份	行业职工平均工资（元）	行业平均工资标准差	行业最高工资（前三位）		行业最低工资（后三位）		极差（元）
			行业	平均工资（元）	行业	平均工资（元）	
2012	46769	16605.02	金融业	89743	农、林、牧、渔业	22687	67056
			信息传输、计算机服务和软件业	80510	住宿和餐饮业	31267	
			科学研究、技术服务和地质勘查业	69254	水利、环境和公共设施管理业	32343	
2013	51483	18633.64	金融业	99653	农、林、牧、渔业	25820	73833
			信息传输、计算机服务和软件业	90915	住宿和餐饮业	34044	
			科学研究、技术服务和地质勘查业	76602	水利、环境和公共设施管理业	36123	
2014	56360	20294.69	金融业	108273	农、林、牧、渔业	28356	79917
			信息传输、计算机服务和软件业	100845	住宿和餐饮业	37264	
			科学研究、技术服务和地质勘查业	82259	水利、环境和公共设施管理业	39198	
2015	62029	21881.98	金融业	114777	农、林、牧、渔业	31947	82830
			信息传输、计算机服务和软件业	112042	住宿和餐饮业	40806	
			科学研究、技术服务和地质勘查业	89410	水利、环境和公共设施管理业	43528	
2016	67569	23280.40	信息传输、计算机服务和软件业	122478	农、林、牧、渔业	33612	88866
			金融业	117418	住宿和餐饮业	43382	
			科学研究、技术服务和地质勘查业	96638	居民服务和其他服务业	47577	
2017	74318	25202.79	信息传输、计算机服务和软件业	133150	农、林、牧、渔业	36504	96646
			金融业	122851	住宿和餐饮业	45751	
			科学研究、技术服务和地质勘查业	107815	居民服务和其他服务业	50552	

数据来源：《中国统计年鉴2018》。

另一指标极值差率是最高收入行业和最低收入行业之间收入的相对差距的反映，从这一指标来看，2003—2017 年 15 年间大体维持在 3.59—4.73，也就是说，最高收入行业的工资收入水平是最低收入行业的工资收入水平的 3.59—4.73 倍。从总体情况来看，虽然经过 15 年的发展，但最高收入行业和最低收入行业基本没有发生太大的变化，信息传输、计算机服务和软件业、金融业、科学研究、技术服务和地质勘查业始终是收入最高的三个行业，而农林牧渔业、批发和零售业以及住宿和餐饮业、建筑业、水利、环境和公共设施管理业等则是一直徘徊在最低收入行业的行列。从最高收入行业与最低收入行业的比较来看，前者主要是一些人力资本拥有量高的行业（信息传输、计算机服务和软件业、科学研究、技术服务和地质勘查业）和垄断程度高的行业（金融业）；而最低收入行业则是那些人力资本拥有量相对较低和具有充分竞争性的行业。当然，从总体变动趋势来看，极值差率也表现出逐年波动缩小的态势，这表明行业间收入差距扩大速度放缓。

表 2-2　　　　　　　　行业间工资收入不平等趋势

年份	行业职工平均工资（元）	极值差率	行业平均工资变异系数	G 基尼系数
2003	13969	4.49	0.367	0.116
2004	15920	4.46	0.357	0.118
2005	18200	4.73	0.372	0.125
2006	20856	4.69	0.378	0.128
2007	24721	4.40	0.373	0.134
2008	28898	4.37	0.382	0.137
2009	32244	4.21	0.370	0.138
2010	36539	4.20	0.370	0.137
2011	41799	4.17	0.361	0.127
2012	46769	3.96	0.355	0.123
2013	51483	3.86	0.362	0.115
2014	56360	3.82	0.360	0.114
2015	62029	3.59	0.353	0.119
2016	67569	3.64	0.345	0.125

续表

年份	行业职工平均工资（元）	极值差率	行业平均工资变异系数	G基尼系数
2017	74318	3.65	0.339	0.132

数据来源：根据《中国统计年鉴2018》行业职工平均工资及就业人数数据计算。

对于这一点，从行业收入不平等的变动指数也能有所发现。从行业收入基尼系数的比较来看，近15年经历了先升后降的缓慢波动变化。2003年至2009年上升阶段，我国行业基尼系数从0.116一直扩大到0.137，且每年都在持续扩大；而2010年至2017年是缓慢波动下降阶段，2014年我国行业基尼系数下降到最低点0.114。从图2-2我们可以很直观地看到这一发展趋势，行业平均工资变异系数也表现出类似的特征（见图2-1），从这些波动变化的数字可以看到行业间收入差距扩大的速度有所减缓，这也在一定程度上表明我国政府大力推进收入分配改革取得了一定成效，这和我国近年来的居民收入基尼系数连续下降的态势趋同。① 然而尽管如此，从总体情况来看，行业之间收入差距仍然十分显著，这一基本事实仍没有得到实质性的转变。

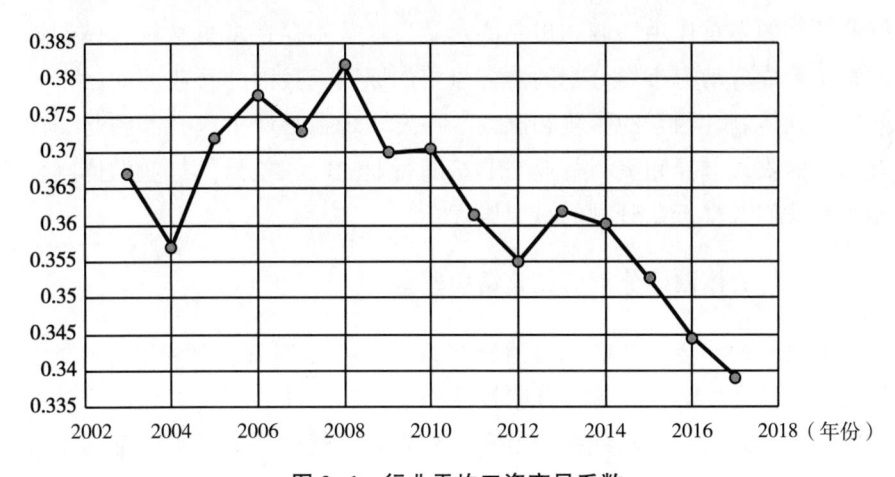

图2-1 行业平均工资变异系数

---

① 根据国家统计局数据显示，2009—2015年全国居民收入基尼系数连续7年下降，这意味着国民收入分配差距呈逐步缩小态势，也表明政府大力推进收入分配改革取得了一定成效。

图 2-2　行业工资基尼系数

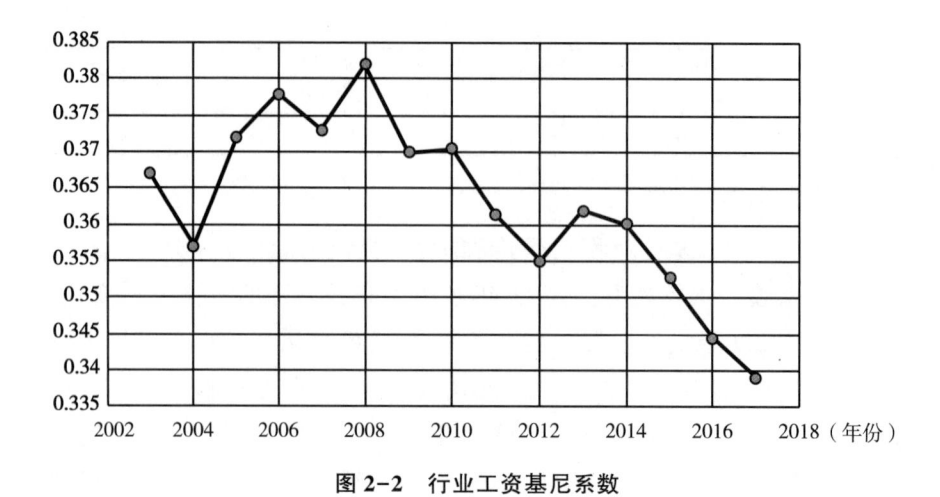

第二节　行业间收入分配的体制性分割

随着行业收入差距的不断拉大，劳动力市场的行业分割日益突出。行业分割的多重作用场域和机制决定了行业分割存在多重结构。体制性因素是造成劳动力市场分割的非常重要的原因，我国的行业劳动力市场同样受到体制性因素的影响和制约，主要表现在行业中国有部门与非国有部门的收入差异和垄断行业与非垄断行业的收入差异。行业的体制性分割是我们考察行业分割的重要维度。

一　行业体制性分割的二元结构壁垒

任何复杂社会以及所有政治经济系统都会出现分割现象[1]。在我们的经济和社会生活中，各种分割性结构对我们的社会、经济地位产生着重要影响，而这些分割性结构带来的后果之一就是导致资源配置的结构性分化和劳动力的流动障碍，由此导致社会的分化和不平等。不同的政

---

[1] Nan Lin, Yanjie Bian, "Getting Ahead in Urban China". *American Journal of Sociology*, Vol. 97, No. 3, 1991.

治经济现象会形成特定的分割指标[①]，而这些分割指标成为区隔社会的结构壁垒，由此形成社会的分层体系，社会中的有价资源按照这些结构壁垒区隔开来，按照特定的资源配置方式配置资源，而不允许跨壁垒的自由流动。

行业作为划分社会集团、维护分层模式的重要的结构性因素之一，它已经成为当前我国区分劳动力市场的重要标志。随着传统的城乡二元分割、部门分割日渐弱化，行业分割在劳动力市场分割当中日益显著，而且呈现出国有与非国有、垄断和非垄断行业（竞争行业）二元分割的结构，即形成了所谓的二元结构壁垒，行业中的国有部门与非国有部门、垄断行业与非垄断行业在工薪、福利报酬方面不平衡，尤以后者更为突出。

行业体制性分割的二元结构壁垒是在我国市场化改革的进程中不断形成的。在改革前的计划经济体制下，我国劳动力市场的结构壁垒深深地刻着体制的烙印。在"单位制"的影响下，当时的中国经济呈现出典型的"所有制分割"的特点，即在国有制和集体制的结构性分割下，不同的劳动者因所在单位不同而获得不同的劳动报酬和福利待遇：国有单位意味着高收入、高福利，而集体单位在收入和福利待遇上明显不如国有单位。在这样的再分配体制内，国家在资源配置中占有完全的控制和支配地位，几乎所有的社会资源都为国家占有和垄断，再分配经济的结构壁垒表现为典型的"所有制分割"的体制性特征。

然而，随着我国1978年市场化改革进程的启动，持续了近30年的计划经济宣告终结，从此迈入了计划经济向市场化经济转型的制度变迁过程。市场经济的体制转型意味着竞争机制的不断引入，并成为资源配置的有效方式。市场经济不断冲击和解除着再分配时代的结构壁垒，引导国有经济向非国有经济"放权让利"。随着市场化进程的逐步推进，国家已经从越来越多的行业中退出，从原来的经济活动的直接参与者转变为经济活动规则的制定者，而市场竞争机制日渐成为这些行业主要的资源配置方式，这些具有较高市场化程度的行业称为竞争性行业。然

[①] Nan Lin, Yanjie Bian, "Getting Ahead in Urban China". American Journal of Sociology, Vol. 97, No. 3, 1991.

而，市场化进程在不同行业之间并不是同步的，有的行业市场化程度高，而有的行业却仍未褪去国家垄断的色彩。

我们必须注意到，市场化改革是个渐进的过程，市场机制并未完全代替再分配机制成为资源配置的唯一机制。对转型社会中"市场"的理解必须考虑到制度变迁得以发生的真实而具体的制度环境[1]。边燕杰和罗根（Bian & Logan）一针见血地指出，中国的改革是在两大制度（共产党的领导和城市的单位制）未发生根本动摇的情况下进行的，因此市场体制是在再分配体制内孕育的。[2]由此可见，再分配经济时代的体制性影响并未就此退出历史的舞台，再分配制度仍将在资源配置中持续发挥作用，形成与市场机制并存共同发挥作用的局面。国家对某些部门保持着国家垄断，设立严格的准入限制，这些部门在很大程度上保持着封闭性，形成垄断性收益。由于国家持续地干预投资决策，对国家资源配置的严重涉入，造成资本市场在不同行业间的不均衡发育，进而造成继组织所有制分割之后的行业所有制分割[3]。国有垄断行业凭借国家政策倾斜和市场准入制度的庇护成为市场化改革的最大受益者，获得远远高于竞争性行业的垄断性收益。

行业的体制性二元分割反映的是市场转型期市场机制与国家权威在分配领域中的相互作用。国有垄断部门在收入上的优势源于国家权威的维继，然而，随着市场化进程不断推进，国有垄断部门在收入上的优势将会逐渐下降。经济发展水平提高意味着整体社会财富的增长，在社会转型的过程中，这将减小国有垄断部门在收入上的优势。[4]

---

[1] 张丽娟：《转轨阶段劳动力市场的所有制分割与收入分配》，载李路路、边燕杰主编《制度转型与社会分层：基于 2003 全国综合社会调查》，中国人民大学出版社 2008 年版，第 152 页。

[2] Yanjie Bian, John R. Logan., "Market Transition and the Persistence of Power: The Changing Stratification System in Urban China". *American Sociological Review*, Vol. 61, 1996.

[3] 张丽娟：《转轨阶段劳动力市场的所有制分割与收入分配》，载李路路、边燕杰主编《制度转型与社会分层：基于 2003 全国综合社会调查》，中国人民大学出版社 2008 年版，第 154 页。

[4] 郝大海、李路路：《区域差异改革中的国家垄断与收入不平等——基于 2003 年全国综合社会调查资料》，《中国社会科学》2006 年第 2 期。

二　行业收入不平等的体制效应

国有与非国有、垄断与非垄断行业形成的二元分割结构，形成了劳动力市场的结构壁垒。一般地认为，国有、垄断行业属于体制内的劳动力市场，而非国有、非垄断行业属于体制外的劳动力市场，而在这两种不同劳动力市场的劳动者其经济回报是不同的。

（一）行业中国有部门与非国有部门的收入比较

行业的所有制形式是计划经济系统本身的产物[①]，1978年以来的中国经济改革，对行业和所有制形式进行了不断调整，从所有制的变化轨迹来看，这种调整充满政治与经济双重因素交互作用、相互制衡的特点。从"国有向非国有"放权让利的过程中，伴随着产权制度的变革，劳动关系和分配制度也发生着变革。体制内的国有经济部门与体制外的非国有经济部门依循不一样的企业制度与发展逻辑。[②]

国有与非国有部门之间的内在制度结构存在差异。体制外的非国有部门大多是在市场化或准市场化的条件下发展起来的，其劳动关系和分配制度按照市场经济的规律来进行，而国有部门，在逐步引入市场机制的过程中，出于政治上的考量，它还需要发挥提供就业和社会保障等方面的功能与作用，以维护社会安全与稳定，因此，其内部劳动力市场仍然受到政策上的保护，进而形成了国有部门与非国有部门之间的所有制壁垒。我国的市场结构呈现出不同程度的保护与竞争共存的格局[③]。因此，可以预见，尽管在市场改革之后，国有企业"去福利"趋势使所有制分割色彩逐步淡化，但在这种制度变迁的延后效应的作用下，这种体制性造成的差异仍将持续存在。

按照登记注册类型，城镇就业单位大致可划分为国有单位、城镇集

---

① 王天夫、王丰：《中国城市收入分配中的集团因素：1986—1995》，《社会学研究》2005年第3期。

② 张丽娟：《转轨阶段劳动力市场的所有制分割与收入分配》，载李路路、边燕杰主编《制度转型与社会分层：基于2003全国综合社会调查》，中国人民大学出版社2008年版，第155页。

③ 同上。

体单位、股份合作单位、联营单位、有限责任公司、股份有限公司、其他单位、港澳台商投资单位、外商投资单位等。为分析方便，我们将国有单位以外的单位统称为非国有单位。我们通过比较 2003—2017 年行业中国有与非国有单位就业人员的平均工资（见表 2-3），可以看出，除了股份有限公司和外商投资单位外，行业中国有单位的就业人员平均工资一直以来都高于其他非国有单位的就业人员平均工资。就国有单位与城镇集体单位比较而言，从绝对值的比较来看，二者的平均工资差距从 2003 年的 5731 元扩大到 2017 年的 25871 元，这一差距扩大到 4.5 倍。从图 2-3 中也能看出，国有单位相对于大部分其他非国有单位的工资水平要高，且差距还在不断拉大。从行业中国有部门与城镇单位的比较来看，行业国有部门职工平均工资也普遍略高于城镇单位平均水平，二者的绝对差距也一直在不断扩大，从统计数据可以看出，这一差距从 2003 年的 389 元扩大到 2017 年的 6796 元。从图 2-3 可以直观地看出，行业国有单位与大部分非国有单位的差距比国有部门与城镇单位平均水平的差距要大得多。

表 2-3　国有、非国有部门就业人员年均工资比较（2003—2017）

单位：元

年份	城镇单位	国有单位	城镇集体单位	股份合作单位	联营单位	有限责任公司	股份有限公司	其他单位	港、澳、台商投资单位	外商投资单位
2017	74318	81114	55243	71871	61467	63895	85028	54417	73016	90064
2016	67569	72538	50527	65962	53455	58490	78285	49759	67506	82902
2015	62029	65296	46607	60369	50733	54481	72644	46945	62017	76302
2014	56360	57296	42742	54806	49078	50942	67421	42224	55935	69826
2013	51483	52657	38905	48657	43973	46718	61145	38306	49961	63171
2012	46769	48357	33784	43433	42083	41860	56254	34694	44103	55888
2011	41799	43483	28791	36740	36142	37611	49978	29961	38341	48869
2010	36539	38359	24010	30271	33939	32799	44118	25253	31983	41739
2009	32244	34130	20607	25020	29474	28692	38417	21633	28090	37101
2008	28898	30287	18103	21497	27576	26198	34026	19591	26083	34250
2007	24721	26100	15444	17613	23746	22343	28587	16280	22593	29594

续表

年份	城镇单位	国有单位	城镇集体单位	股份合作单位	联营单位	有限责任公司	股份有限公司	其他单位	港、澳、台商投资单位	外商投资单位
2006	20856	21706	12866	15190	19883	19366	24383	13262	19678	26552
2005	18200	18978	11176	13808	17476	17010	20272	11230	17833	23625
2004	15920	16445	9723	11710	15218	15103	18136	10211	16237	22250
2003	13969	14358	8627	10558	13556	13358	15738	10670	15155	21016

说明："非国有部门"指"国有部门"以外的其他部门，按登记注册类型，可划分为城镇集体单位、股份合作单位、联营单位、有限责任公司、其他单位、港澳台商投资单位和外商投资单位等。

数据来源：《中国统计年鉴》（2004—2018）。

由此可见，行业中的国有单位相对于大部分非国有部门仍然具有收入上的优势，但这种优势并未像想象那般突出（正如统计数据显示，股份有限公司和外商投资单位的就业人员平均工资显然是高于国有单位的）。这里的主要原因在于市场经济转型也使国有体制以外的经济获得了较快发展，这些非国有经济包括私营企业、港澳台合资企业、外资企业等，这些企业主要按照市场运作机制运行，与国有经济遵循的是不一样的分配原则。这也可以说明国有经济部门的收入优势在很大程度上来自行政垄断等体制性因素。

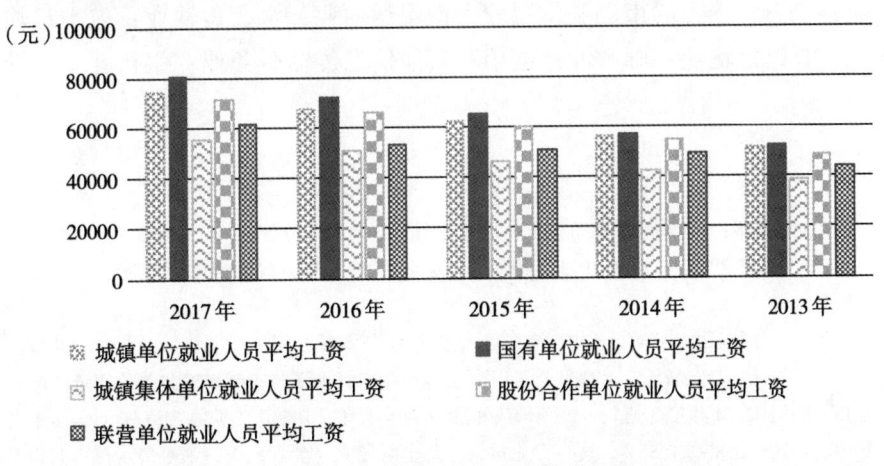

图 2-3 国有、非国有部门就业人员年均工资比较

（二）垄断行业与非垄断行业的收入比较

一般而言，垄断性行业属于体制内劳动力市场，而竞争行业则属于体制外劳动力市场。① 行业的国有垄断程度也可以被视为劳动力市场体制性分割的重要因素。

1. 垄断行业的确定

要比较分析垄断行业与非垄断行业的收入差距，首先必须确定垄断行业的范畴，这显然是非常必要的。目前国内学术界对于垄断行业的划分并没有形成统一的标准。考虑到按传统 19 大门类层次划分的行业，其内部的子行业间垄断程度有巨大差异，其职工的平均工资水平也相差甚远，因此，如果采用门类层次的行业数据，很难判断垄断性因素对分配机制造成的影响。基于此，在研究时必须对行业分类进行细化。目前学术界对于行业垄断程度的判断存在多种标准，其中"行业国有化比重""国家所有制的集中度""国有固定资产投资比重"等是学者们采用较多的标准，也有的学者将多种标准结合使用。② 潘胜文 2009 年在研究中结合当前学术界的划分标准，将行业国有化比重高于 40%、行业职工工资收入高于全国职工平均工资水平 30% 作为基本考量标准，同时结合考虑行业高收入主要来源于行政性垄断、民众反应强烈这一标准的检验，来最终确定垄断行业。③ 他最终将 17 个行业（细类）划分为垄断行业（他也将这些行业称为典型垄断性行业）：石油和天然气开采业；烟草制品业、石油加工、炼焦及核加工业；黑色金属冶炼和压延加工业；电力、热力的市场和供应业；铁路运输业；水上运输业；航空运输业；管道运输业；邮政业；电信和其他信息传输服务业；银行业；证券

---

① 张丽娟：《转轨阶段劳动力市场的所有制分割与收入分配》，载李路路、边燕杰主编《制度转型与社会分层：基于 2003 全国综合社会调查》，中国人民大学出版社 2008 年版，第 159 页。

② 行业国有化比重 = 行业内国有单位人数/行业全部从业人数，当这一比重大于 80% 时，这一行业被认定为垄断行业（参见金玉国《我国行业工资水平与垄断程度相关的定量测度》，《江苏统计》2001 年第 3 期）；国家所有制的集中度 = 国有控股企业工业总产值/全行业工业总产值，当这一比重高于 55%，这一行业被认为是垄断行业（参见赵农、刘小鲁《进入与退出的壁垒：理论及其应用》，中国市场出版社 2007 年版，第 251 页）。

③ 潘胜文：《规制垄断行业收入分配行为的对策》，《经济纵横》2009 年第 7 期。

业；保险业；其他金融活动；地质勘查业；新闻出版业。① 而张丽娟则结合使用各个行业国有企业职工比重以及国有固定资产投资比重两个指标来区分行业垄断程度，她的研究发现，这两个测量指标具有相当的一致性，即在国有职工比重最大和纯国有固定资产投资比重最大的 10 个细行业中，有 7 个是重合的，且这些行业绝大部分在最高收入行列，也就是说，高收入行业多为垄断行业，她还指出，如果把统计范围扩大到前 20 个行业，这一趋势更明显。② 根据以上学者的研究，本研究认为，潘胜文的标准既考虑到了当前行业垄断的"所有制垄断"的特性，同时也考虑了垄断行业过高收入引起的社会不满，能够获得大众的认可和共鸣，是一种值得借鉴的划分标准，当然，潘胜文确定的这些典型垄断行业的问题在于他只是依据 2006 年的数据来进行推论的，然而，由于每年行业职工工资收入占全国职工工资水平是会有所浮动的（在行业经济发展稳定的情况下，尽管这种浮动可能不会很大），但对垄断行业的最终确定还是会造成一定的影响。而张丽娟的研究为我们提供了从高收入来判断垄断行业更为直观的经验性方法。因此，本研究在综合借鉴潘胜文和张丽娟使用标准和方法的基础上，结合所使用数据的情况，将 2003—2008 年细分行业［《中国统计年鉴》（2010—2018）中没有细分行业数据］中都同时满足二者标准（即在 17 个典型垄断行业中平均收入进入前 20）的行业确定为本研究的垄断行业的分析对象。经过筛选后，本研究确定为垄断行业的有以下 11 个行业：证券业；航空运输业；其他金融活动；电信和其他信息传输服务业；新闻出版业；管道运输业；保险业；水上运输业；银行业；电力、燃气及水的生产和供应业；铁路运输业。

2. 垄断行业与全国平均水平的比较

下面对垄断行业的收入状况进行分析。表 2-4 中的数据显示，垄断行业的收入都呈现快速增长的趋势。

---

① 潘胜文：《垄断行业收入分配状况分析及规制改革研究》，中国社会科学出版社 2009 年版，第 62 页。

② 张丽娟：《转轨阶段劳动力市场的所有制分割与收入分配》，载李路路、边燕杰主编《制度转型与社会分层：基于 2003 全国综合社会调查》，中国人民大学出版社 2008 年版，第 166 页。

表 2-4　　2003—2008 年垄断行业（行业细类）平均工资

单位：元

行业细类	2003 年	2004 年	2005 年	2006 年	2007 年	2008 年
证券业	42582	50529	56418	85522	142979	172123
航空运输业	33377	39961	49610	60387	68775	75769
其他金融活动	31651	41795	48361	56856	69580	87670
电信和其他信息传输服务业	30481	32264	36941	40242	44442	48530
新闻出版业	26917	29932	34042	38482	41914	46741
管道运输业	25761	28357	33162	39263	42606	45949
保险业	22576	25185	27104	31774	36307	41190
水上运输业	22506	26496	31310	35497	41685	47454
银行业	21783	26349	32236	39096	48939	62254
电力、燃气及水的生产和供应业	18752	21805	27037	31179	36718	42627
铁路运输业	18140	20717	24327	28640	32953	38072
垄断行业平均收入	26775	31217	36413	44267	55173	64398
最低收入行业	6139（林）	6718（林）	7250（林）	8254（林）	9521（畜）	10803（畜）
全国平均	14040	16024	18364	21001	24932	29229
10 个最低收入行业平均收入	9006	9953	10089	11508	13384	15464

说明：表中"林"指的是"林业"，"畜"指的是"畜牧业"。
资料来源：《中国统计年鉴》（2004—2009）。

从垄断行业与全国平均水平的比较来看，2003 年至 2008 年，垄断行业的总体平均工资水平从 2003 年的 26775 元增长到 2008 年的 64398 元，增长了 2.4 倍；而证券业始终工资收入最高，其工资水平从 2003 年的 42582 元增长到 2008 年的 172123 元，增长了 4 倍；而从全国各行业平均水平来看，其工资水平从 2003 年的 14040 元增长到 2008 年的 29229，增长了 2.1 倍，而 2008 年这时的全国平均工资水平才略高于垄断行业 2003 年的平均水平，仅相当于最高收入行业证券业 2003 年工资水平的 68.6%。因此，虽然总体工资水平都在增长，却可以很清楚地看到，垄断行业的工资增长水平远远高于全国平均水平。

从2003年至2008年的整个期间来看，垄断行业的平均工资水平是全国平均工资水平的2倍，而最高收入垄断行业（证券业）的年均收入水平更是全国平均水平的4倍。从增长速度来看，垄断行业的收入增长速度也明显高于全国平均水平。全国各行业收入的年均增长速度为16%，而垄断行业总体年均增长速度高达19%，比全国平均水平高出3个百分点；而如果从增长速度最快的垄断行业来看，其（证券业）行业收入年均增长达到34%的高水平，比全国平均水平高出18个百分点，是全国平均增长水平的2倍多。

3. 垄断行业与低收入行业的收入水平比较

从垄断行业与低收入行业的收入水平的比较更能反映出行业收入中两极分化的状况。首先从最高收入垄断行业与最低收入行业的收入比较来看，2003—2008年，证券业一直以来都是行业工资最高的行业，而最低收入行业则主要集中在林业和畜牧业，它们的收入差距从2003年的36443元，扩大到2008年的161320元，而最高工资行业与最低工资行业的工资倍数从2003年的6.9倍迅速扩大到2008年的15.9倍。可见行业之间收入的两极分化十分严重，这种分化以年均10.1倍的速度增长着。最低收入行业的工资水平甚至与全国平均水平都存在一定的差距，2003年全国平均工资水平是最低行业收入水平的2.2倍，2008年扩大到2.7倍，最低收入行业的收入水平与全国平均水平的差距的拉大，也进一步印证了行业间的收入差距在不断拉大。从图2-4也可以非常清晰地看出这一趋势。而从垄断行业与最低收入行业的相对水平来看，垄断行业的平均收入水平与10个最低收入行业的收入差距同样存在类似的趋势。2003年垄断行业的平均工资水平比最低收入行业平均工资水平高17769元，前者是后者的3倍；而到2008年，前者比后者的工资水平高出48934元，前者是后者的4倍。纵观2003年到2008年的数据不难发现，林业、农业、畜牧业这三个行业始终是收入最低的三个行业，它们的平均工资水平（如表2-5所示）直到2008年才突破万元，它们的收入与垄断行业的收入相比有着天壤之别，这三个行业成为最底层的收入行业。

综合以上分析，我们的假设1得到支持，即在当前中国市场转型期，行业间收入差距不断拉大，由于体制性分割，行业中的国有部门比

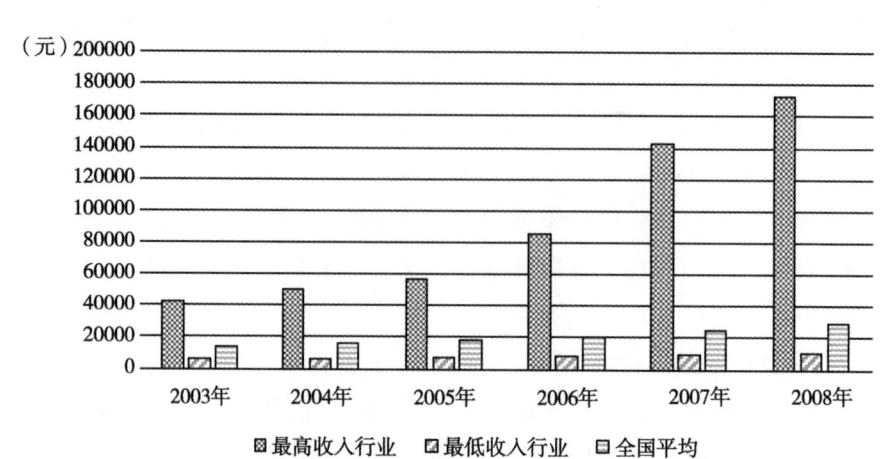

非国有部门更具有收入优势，垄断行业比竞争行业具有收入优势。

图 2-4 2003—2008 年最高、最低收入行业及全国平均水平比较

表 2-5　　　　　　　　最底层收入行业平均收入水平　　　　　　单位：元

行业	2003 年	2004 年	2005 年	2006 年	2007 年	2008 年
林业	6139	6718	7250	8254	10064	11716
农业	6360	6875	7517	8610	9861	11590
畜牧业	6585	7279	7900	8760	9521	10803
平均	6361	6957	7556	8541	9815	11370

数据来源：《中国统计年鉴》（2004—2009）。

三　行业体制性分割的影响因素

关于劳动力市场的体制性分割的影响因素和形成机制，学界有着比较统一的认识，而行业的体制性分割遵循着基本相同的形成路径。

制度性的路径依赖是解释行业体制性分割重要维度。"路径依赖"（path dependence）理论因诺贝尔经济学奖获得者道格拉斯·诺思（Douglass C. North）在解释经济制度变迁中的成功应用而声名鹊起。制度变迁的路径依赖表现在制度变迁的延后效应。[①] 市场转型的体制改革

---

① 参见张丽娟《转轨阶段劳动力市场的所有制分割与收入分配》，载李路路、边燕杰主编《制度转型与社会分层：基于 2003 全国综合社会调查》，中国人民大学出版社 2008 年版，第 155 页。

不断冲破和解除着再分配时代的结构壁垒①，市场机制日益渗透到社会经济的各个领域，但是再分配经济的体制烙印仍镶嵌在社会经济中，尤其是国有垄断行业和部门。国家政治权威以国家垄断的方式延续着影响作用，其作用形式在经历了 30 多年改革后已经有所改变，但其作用实质被延续了下来。② 国有经济是共产党执政的合法性的经济基础，因此市场化改革以及非国有经济的发展都不会对体制内经济形成颠覆性挑战。③

我国的市场经济改革是在国家的推动下、在原有的体制框架未受到根本动摇的情况下实施的，市场化改革的内在逻辑在于维护国家利益，通过引入市场机制最大限度地促进经济发展。④ 因此，作为实现经济发展的重要手段，市场化改革仍需服从于国家利益，并受到国家利益偏好的制约。出于统治合法性和社会稳定性等方面的考量，国家通过对关系国计民生和国家安全的部门、资源分配进行垄断控制来保持政治权威的持续性和稳定性。同时，国有部门还承担着吸纳就业，维护社会稳定的社会功能。⑤

本章小结

本章主要考察的是行业的体制性分割与收入不平等状况。研究中首

---

① 边燕杰、李路路、李煜、郝大海：《结构壁垒、体制转型与地位资源含量》，《中国社会科学》2006 年第 5 期。

② 郝大海、李路路：《区域差异改革中的国家垄断与收入不平等——基于 2003 年全国综合社会调查资料》，《中国社会科学》2006 年第 2 期。

③ 张丽娟：《转轨阶段劳动力市场的所有制分割与收入分配》，载李路路、边燕杰主编《制度转型与社会分层：基于 2003 全国综合社会调查》，中国人民大学出版社 2008 年版，第 169 页。

④ 参见郝大海、李路路《区域差异改革中的国家垄断与收入不平等——基于 2003 年全国综合社会调查资料》，《中国社会科学》2006 年第 2 期。

⑤ 张丽娟：《转轨阶段劳动力市场的所有制分割与收入分配》，载李路路、边燕杰主编《制度转型与社会分层：基于 2003 全国综合社会调查》，中国人民大学出版社 2008 年版，第 169 页。

先对行业间的收入差距的总体特征及发展趋势进行了分析，进而从行业中国有部门与非国有部门的收入比较以及垄断行业与非垄断行业的收入比较分析了行业收入分配的体制性分割。主要研究发现包括：

我国行业之间职工收入差距在逐渐拉大。最高收入行业和最低收入行业之间收入的相对差距在2003—2017年维持在3.59倍到4.73倍。15年间，最高收入行业和最低收入行业基本没有发生太大的变化，信息传输、计算机服务和软件业、金融业、科学研究、技术服务和地质勘查业始终是收入最高的三个行业，而农林牧渔业、批发和零售业以及住宿和餐饮业、建筑业、水利、环境和公共设施管理业等则是多年来收入最低的行业。

从行业收入绝对值比较来看，2003年至2017年，行业职工平均工资总体普遍上升，在这样的大背景下，我国行业职工平均工资绝对差距不断拉大，行业工资标准差同样直观地反映了这一趋势；从行业收入基尼系数来看，近15年经历了先升后降的缓慢波动变化，这意味着行业间收入差距扩大的速度有所减缓，这也在一定程度上表明我国政府大力推进收入分配改革取得了一定成效，这和我国近年来的居民收入基尼系数连续下降的态势趋同。然而尽管如此，从总体情况来看，行业之间的收入差距仍然十分显著，这一基本事实没有得到实质转变。

行业的体制性分割研究显示，在当前中国市场转型期，由于体制性分割，行业中的国有部门比非国有部门更具有收入优势，垄断行业比竞争行业具有收入优势。假设1在这一研究层面上得到支持。

第三章

行业的区域分割与收入不平等

由于我国异质性的区域政策,我国劳动力市场的区域分割也是明显存在的,即不同区域的劳动力的收入水平存在较大差异,最为典型地表现为城乡分割和东、中、西部地区的收入不平等。行业收入水平在区域间也存在较大差异,本研究从东、中、西部地区的行业收入差距来考察行业的区域分割状况。

第一节 区域异质性与收入不平等

区域本是一个地理性概念,然而中国特殊的政治经济体制,赋予了它独特的政治经济意涵。我国的城乡分割、区域分割正是这种制度性因素使然。地域、行业、所有制形式和工作单位被认为是社会主义经济的重要遗产,并且构成了能够直接解释中国城市社会分化的结构和扩展的最重要的制度性根源。[①] 可以说,国家政策是造成区域差异的重要原因。计划经济时期,二元户籍制度造成了对我国影响深远的城乡分割;从改革开放初期,我国实施区域差异化改革,即优先发展南部和东部地区的经济政策,这样的地区间的不平衡发展得到了延续[②]。在具体的改革实践中,"区域差异改革"表现为在不同区域引入市场机制的时机、

[①] 王天夫、王丰:《中国城市收入分配中的集团因素:1986—1995》,《社会学研究》2005 年第 3 期。

[②] 同上。

程度和速度不同。① 显然，我国东部沿海地区相对于中部和西部地区、城市相对于农村优先引入市场化机制，同时，东部沿海地区相对于中部和西部地区、城市相对于农村的市场化进程也更快，从而形成了东、中、西部地区以及城乡之间在经济体制改革上的差异。我国的区域差异改革是在市场化进程中由国家主导和推动的，目标在于最大限度地提高经济发展水平，因此，区域差异不仅是经济发展的差异，而且是制度转型的差异②。

区域差异化改革造成了区域间的不平衡发展，其重要表现就在于区域经济发展和居民收入的不平等。对于区域差异发展的后果，"累积循环因果"（Cumulative Circle Causation）论指出，由于经济发展在空间地理上不是均衡同步发展的，那些获得初始发展优势的地区将不断积累更多的有利因素以更快的速度向前发展，进而使区域间的差距进一步扩大。③ 而增长极（growth-pole）理论认为，经济发展的增长点或增长会优先出现并集中在那些具有创新能力的行业和主导部门；而这些主导部门和有创新能力的行业通常聚集在大城市中心。④ 而我国实施的"区域差异改革"直接导致了市场化进程在不同区域的非均衡发展，同时这也就意味着优先发展的区域在经济和资源配置方面具有先发优势。由此我们可以推论，行业作为经济增长极将会在那些具有发展优势的区域得到快速发展，而这些优势又将不断积累促进其更快地发展，从而导致不同区域的行业发展的差距更进一步拉大。我国东部地区，尤其是沿海城市是在我国经济政策倾斜下获得优先发展的区域，我们由此可以假设，我国东部地区行业收入高于中部和西部地区，并且由于东部地区的先发优势，我国区域间的行业收入差距将进一步扩大。

---

① 郝大海、李路路：《区域差异改革中的国家垄断与收入不平等——基于2003年全国综合社会调查资料》，《中国社会科学》2006年第2期。
② 同上。
③ 参见王洪亮《区域居民收入不平等及其对经济增长影响的研究》，博士学位论文，南京农业大学，2006年。
④ 同上。

第二节 区域行业间收入不平等的测量

为了更好地研究我国区域行业间的收入差距，我们首先需要对全国进行区域划分，其划分的标准应当以能够充分反映行业收入不平等的区域性为原则，而当前我国的区域差异充满了转型期的经济特征和政治色彩，因此，区域的划分应当充分考虑当前我国的政治经济特点。有鉴于此，我们将我国的区域按照传统的地理区划和经济发展程度划分为东部、中部和西部地区①，东部地区包括北京市、天津市、河北省、辽宁省、上海市、江苏省、浙江省、福建省、山东省、广东省、海南省等11个省份；中部地区包括：山西省、吉林省、黑龙江省、安徽省、江西省、河南省、湖北省、湖南省；西部地区包括：内蒙古自治区、广西壮族自治区、重庆市、四川省、贵州省、云南省、西藏自治区、陕西省、甘肃省、青海省、宁夏回族自治区、新疆维吾尔自治区。

综观当前区域收入差异研究的文献，所使用数据大致存在两种倾向，一是来自不同研究院所做的一定区域范围的抽样调查；二是来自全国范围的普查数据。前者往往根据研究目标不同，调查的内容也有所不同，优点在于能针对不同的问题做深入研究，调查项目比较多元化；但缺点在于这些调查因人力、物力、财力等方面的局限难以在样本上覆盖大部分中国省份区域，且难以做到跨越不同年份收集数据，因此不适合做趋势分析。而来自全国的普查数据，则能在调查范围上覆盖全国，而且通常比较容易获得一定历史时期不同年份的数据，因此比较适宜做比

---

① 《中国统计年鉴》上东、中、西部地区的划分是：东部地区为北京市、天津市、河北省、辽宁省、上海市、江苏省、浙江省、福建省、山东省、广东省、广西壮族自治区、海南省；中部地区为山西省、内蒙古自治区、吉林省、黑龙江省、安徽省、江西省、河南省、湖北省、湖南省；西部地区为重庆市、四川省、贵州省、云南省、西藏自治区、陕西省、甘肃省、青海省、宁夏回族自治区、新疆维吾尔自治区。这一划分更多是从地理区域上进行划分的，而没有考虑经济发展上的差异。本研究结合地理区划和经济发展因素，并同时考量国家对西部12省的划分，将东、中、西部地区划分做了微调，以国家确定的西部12省为基准，将属于这12省的省份划归西部，其他省份保持原来的划分。

较分析和趋势预测，但其不足在于调查项目比较单一，难以对研究的问题进行深入挖掘。区域差异研究本身的特殊性在于研究对象跨度很大，因此数据收集上往往依赖于国家统计机构来实现，而当前专门针对按区域分的行业收入数据还不多见，因此，本研究这部分研究数据主要来源于《中国统计年鉴》（2004—2018）各年的区域行业的相关数据，其中包括各地区按行业分的职工平均工资、职工工资总额和职工人数等，另外需要说明的是，由于2009—2017年统计口径并未按各行业"职工"来做统计，而是以各行业"就业人员"为统计对象，因此，本研究以后者代替前者。另外，本研究使用的数据未经价格指数的调整，由于区域省际之间存在购买力差异，因此，也有可能存在高估区域间行业收入差距的风险。

一 东部地区的行业间收入不平等

我们按照东、中、西部地区的区划对比分析了2003—2017年我国31省、市、自治区（以下简称省）行业的收入分配状况，根据绝对值比较和相对值比较，计算了东、中、西部地区行业收入的极差、极值差率、标准差、变异系数以及基尼系数等绝对值指标和相对值指标。

表3-1和表3-2描述了东部地区行业收入的基本变动轨迹。从总体趋势来看，东部地区各行业收入在增长中差距有所扩大。具体而言，东部地区行业平均收入从2003年的19246.69元增长到2017年的83786元，增长了3.35倍；在2003—2017年的15年间，农、林、牧、渔业和住宿和餐饮业始终是收入最低的行业，信息传输、计算机服务和软件业以及金融业则是收入最高的行业，最高收入行业与最低收入行业之间的绝对收入差距从2003年的27527元增长到2017年的90056.91元，扩大了2.27倍。从极值差率来看，这一比率在2.91—4.15，15年间有小幅波动，变动不算太大，也就是说，最高收入行业的平均收入是最低收入行业的3—4倍。

由于极差和极值差率仅考虑到了最高和最低两种极值的情况，因此，对总体变动状况的描述是非常粗略的。为了更好地反映行业收入差距的总体情况，我们还考察了行业收入的标准差和变异系数。从表3-2中的数据来看，东部地区行业间的标准差呈逐年扩大趋势；而变异系数则表现出总体先升后降的波动变化态势，即 2003—2008 年总体呈现上升态势，而 2010 年至 2017 年则逐年下降。这与全国的行业状况相类似。

以上是关于东部行业收入不平等的总体状况的分析，但如果想要更深入地了解东部行业收入不平等在总体职工收入的分布状况，这些仍然是不足够的，因为以上指标都没有将从业者的人口因素计算在内。因此，为了使东部行业收入不平等状况得到更精确的测算，我们计算了东部行业基尼系数。

表 3-1　　　　东部地区行业收入的极差与极值差率　　　　单位：元

年份	东部平均	东部最低收入行业		东部最低收入行业		极差	极值差率
		行业	平均工资	行业	平均工资		
2003	19246.694	农林牧渔业	10116.09	信息传输、计算机服务和软件业	37643.09	27527	3.72
2004	21978.708	农林牧渔业	11590.27	信息传输、计算机服务和软件业	40854.91	29264.64	3.52
2005	25204.368	农林牧渔业	12963.91	信息传输、计算机服务和软件业	46578.36	33614.45	3.59
2006	28597.244	农林牧渔业	14348.36	金融业	51643.73	37295.36	3.60
2007	33251.407	农林牧渔业	16884.91	金融业	64496.45	47611.55	3.82
2008	38418.273	农林牧渔业	19359.55	金融业	80248.09	60888.55	4.15
2009	39963.943	农林牧渔业	20998.18	金融业	74890.64	53892.45	3.57
2010	42357.27	农林牧渔业	23860.73	金融业	86805.18	62944.45	3.64
2011	48032.09	农林牧渔业	27382.46	金融业	96700.46	69318	3.53
2012	52952.09	农林牧渔业	30277.36	金融业	103682.73	73405.36	3.42
2013	58751.45	农林牧渔业	33896.45	金融业	113718	79821.55	3.35
2014	64149.91	农林牧渔业	36892.82	金融业	122328.8	85436	3.32
2015	70459.73	农林牧渔业	40682	金融业	127996.6	87314.64	3.15
2016	76447.09	农林牧渔业	43826	金融业	130227.9	86401.91	2.97
2017	83786	住宿和餐饮业	47142.73	金融业	137199.64	90056.91	2.91

数据来源：《中国统计年鉴》（2004—2018）。

表 3-2　　　　东部地区行业收入的相对衡量指标

年份	东部行业职工平均工资标准差	东部行业职工平均工资变异系数	东部行业职工平均工资基尼系数
2003	6413.76	0.333	0.129
2004	7327.326	0.333	0.141

续表

年份	东部行业职工平均工资标准差	东部行业职工平均工资变异系数	东部行业职工平均工资基尼系数
2005	8712.086	0.346	0.155
2006	10147.757	0.355	0.157
2007	12069.352	0.363	0.165
2008	14770.887	0.384	0.167
2009	14094.202	0.353	0.162
2010	16092.682	0.38	0.1498
2011	17379.916	0.362	0.1503
2012	18603.508	0.351	0.145
2013	20549.83	0.350	0.143
2014	22197.84	0.346	0.135
2015	24052.27	0.341	0.148
2016	25093.74	0.328	0.137
2017	27042.43	0.323	0.141

区域行业收入基尼系数的具体的计算方法与计算总体基尼系数的方法相类似，只是将计算的范围确定在某一个区域内（如东部、中部或西部），将区域内的行业收入和行业从业者作为计算对象。从计算得到的东部地区行业基尼系数来看，15年间变化相对比较平缓，总体上经历了2003—2008年的波动上升和2009—2017年的波动下降的阶段，最低为2003年的0.129，最高为2008年的0.167，近年来有收窄的趋势，这表明东部地区行业间收入差距的扩大速度有所放缓。另一指标行业职工平均工资变异系数与基尼系数表现出类似趋势（如图3-1所示）。

综合绝对差距和相对差距可以看出，相对差距有所缩小，但绝对差距依然十分显著。这表明东部地区行业间收入差距扩大态势有所放缓，但行业间的实际收入差距过大的状况仍未根本扭转。

二 中部地区的行业间收入不平等

表3-3和表3-4反映的是中部地区行业收入不平等状况，从数据上看，与东部地区类似，中部地区的行业收入也是在总体增长的趋势中

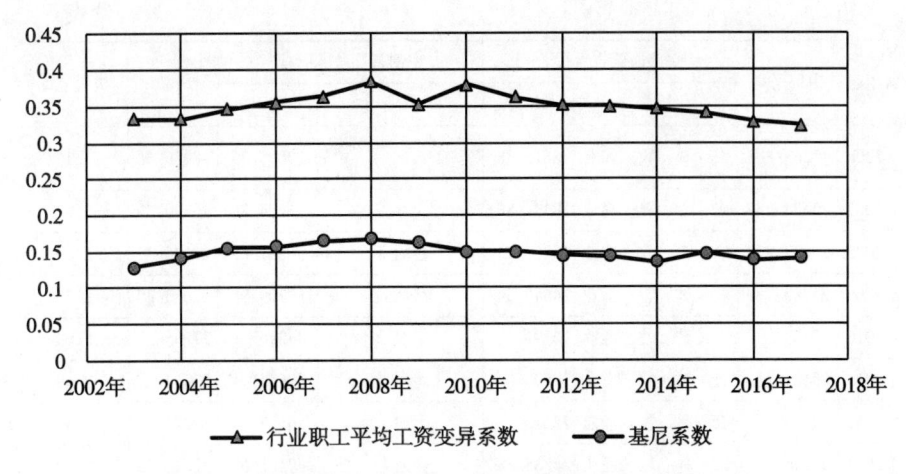

图 3-1　东部地区行业职工平均工资变异系数和基尼系数

伴随着差距的不断拉大。中部地区行业平均收入从 2003 年的 11433.033 元增长到 2017 年的 61156.88 元，增长了 4.35 倍，然而，在总体收入不断提高的情况下，各行业间的收入差距也是不断扩大。从最高收入行业与最低收入行业的收入差距来看，中部最低收入行业主要是农、林、牧、渔业，而最高收入行业以信息传输、计算机服务和软件业以及金融业为主。2003 年，中部地区最低收入行业农、林、牧、渔业的职工平均收入为 5880.38 元，而最高收入行业信息传输、计算机服务和软件业的职工平均收入为 19911.50 元，二者相差 14031.12 元，后者是前者的 3.39 倍；直到 2017 年，最高收入行业与最低收入行业平均工资的差距扩大到 49317.62 元，是 2003 年的 2.28 倍；而最高收入行业的平均收入平均是最低收入行业的 3 倍左右。

表 3-3　　　　中部地区行业收入的极差与极值差率　　　单位：元

年份	中部平均	中部最低收入行业		中部最高收入行业		极差	极值差率
		行业	平均工资	行业	平均工资		
2003	11433.033	农、林、牧、渔业	5880.38	信息传输、计算机服务和软件业	19911.50	14031.13	3.39
2004	12988.461	农、林、牧、渔业	6606.13	信息传输、计算机服务和软件业	22433.25	15827.13	3.40
2005	15087.934	农、林、牧、渔业	7433.00	信息传输、计算机服务和软件业	24851.13	17418.13	3.34

续表

年份	中部平均	中部最低收入行业		中部最高收入行业		极差	极值差率
		行业	平均工资	行业	平均工资		
2006	17253.803	农、林、牧、渔业	8615.38	信息传输、计算机服务和软件业	27095.75	18480.38	3.15
2007	20494.257	农、林、牧、渔业	10334.88	金融业	31224.88	20890.00	3.02
2008	23537.829	农、林、牧、渔业	13055.13	金融业	36531.88	23476.75	2.80
2009	25783.789	农、林、牧、渔业	14646.50	金融业	37309.75	22663.25	2.55
2010	30350	农、林、牧、渔业	16791	金融业	44296	27505	2.64
2011	35135	农、林、牧、渔业	19592	金融业	52654	33062	2.69
2012	39790	农、林、牧、渔业	22320	金融业	59592	37272	2.67
2013	43156.5	农、林、牧、渔业	24855.38	金融业	67101.63	42246.25	2.70
2014	46970.88	农、林、牧、渔业	27379.5	金融业	72381.38	45001.88	2.64
2015	51305	农、林、牧、渔业	32104.13	金融业	77969.63	45865.5	2.43
2016	55631.63	农、林、牧、渔业	34873.25	金融业	83211.63	48338.38	2.39
2017	61156.88	农、林、牧、渔业	38435.88	金融业	87753.5	49317.63	2.28

表 3-4 中部地区行业收入的相对衡量指标

年份	中部行业职工平均工资标准差	中部行业职工平均工资变异系数	中部行业职工平均工资基尼系数
2003	3238.876	0.283	0.112
2004	3718.429	0.286	0.119
2005	4190.845	0.278	0.122
2006	4708.653	0.273	0.124
2007	5666	0.276	0.126
2008	6274.087	0.267	0.123
2009	6468.291	0.251	0.12
2010	7469.786	0.246	0.121
2011	8512.147	0.242	0.113
2012	9351.688	0.235	0.108
2013	10717.13	0.248	0.094
2014	11450.99	0.244	0.090
2015	12352.41	0.241	0.089

续表

年份	中部行业职工平均 工资标准差	中部行业职工平均 工资变异系数	中部行业职工平均 工资基尼系数
2016	13286.93	0.239	0.098
2017	14548.58	0.238	0.082

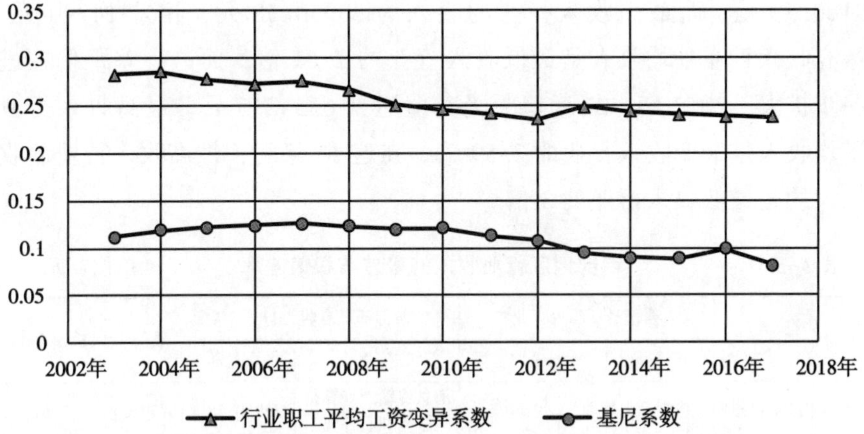

图 3-2 中部地区行业职工平均工资变异系数和基尼系数

极差和极值差率是以总体两端的情况所作的比较，我们同样还需要结合标准差和变异系数等指标来更好地反映总体的不平等状况。从中部地区行业间收入的标准差来看，这一指标正在逐年扩大，平均每年以 12.34% 的速度递增；而其变异系数表现出波动式"先升后降"的态势（如图 3-2 所示），最高点是 2004 年的 0.286，最低是 2012 年的 0.235。

从中部地区的行业基尼系数来看，也表现出上升后略有下降的趋势，具体而言，2003 年至 2007 年行业基尼系数都是逐年上升的，2008—2017 年又有所降低。

三 西部地区的行业间收入不平等

表 3-5 和表 3-6 反映的是西部地区行业收入不平等状况，同东部地区和中部地区一样，西部地区的行业收入在平均水平总体提高的同时，行业间的差距也在拉大，这与我国总体经济的发展形势是相吻合的。然而，西部地区内部行业间的收入差距又有自身不同的特点。

西部地区行业平均收入从 2003 年的 13968.921 元增加到 2017 年的 71917.67 元，增长了 4.15 倍；而与总体增长趋势形成对照的是，各行间的收入差距是在不断拉大的。从最低收入行业与最高收入行业的比较来看，西部地区最低收入行业以住宿和餐饮业为主，其次是农、林、牧、渔业，而最高收入行业则是信息传输、计算机服务和软件业以及金融业。从二者的收入差距来看，2003 年，最低收入行业的平均收入为 9160.58 元，而最高收入行业的收入为 23950.58 元，相差 14790 元，最高收入行业平均收入是最低收入行业的 2.61 倍；而这一差距仍在进一步扩大，2017 年，二者差距绝对值达到 65542.5 元，最高收入行业平均收入是最低收入行业的 2.59 倍。在这 15 年间，最高收入行业的收入大约是最低收入行业的 3 倍。

表 3-5　　　　西部地区行业收入的极差与极值差率　　　　单位：元

年份	西部平均	西部最低收入行业		西部部最高收入行业		极差	极值差率
		行业	平均工资	行业	平均工资		
2003	13968.921	住宿和餐饮业	9160.58	信息传输、计算机服务和软件业	23950.58	14790.00	2.61
2004	15877.316	住宿和餐饮业	10187.83	信息传输、计算机服务和软件业	26024.00	15836.17	2.55
2005	17482.684	农林牧渔业	11037.42	信息传输、计算机服务和软件业	29556.08	18518.67	2.68
2006	20220.689	住宿和餐饮业	11938.42	信息传输、计算机服务和软件业	33129.75	21191.33	2.78
2007	24170.645	住宿和餐饮业	13421.58	金融业	40105.67	26684.08	2.99
2008	27620.237	住宿和餐饮业	15206.42	金融业	46850.50	31644.08	3.08
2009	29592.211	住宿和餐饮业	17472.50	金融业	48028.50	30556.00	2.75
2010	34206	住宿和餐饮业	19445.00	金融业	55798.00	36353.00	2.87
2011	38586	住宿和餐饮业	23294.00	金融业	63845.00	40551.00	2.74
2012	43293	农林牧渔业	26579.00	金融业	73422.00	46842.17	2.76
2013	48240.08	农林牧渔业	29633.08	金融业	84051.67	54418.58	2.84
2014	52527.58	农林牧渔业	32466.17	金融业	91014.33	58548.17	2.80
2015	60767.67	住宿和餐饮业	36876.08	金融业	97933.5	61057.42	2.66
2016	65957.25	住宿和餐饮业	38951.67	金融业	102427.7	63476.0	2.63
2017	71917.67	住宿和餐饮业	41231.33	金融业	106773.8	65542.5	2.59

正如我们反复述及的，极差和极值差率由于仅考虑到了总体的两端的极值情况，因此只能作为对总体的粗略描述，要更深入全面地反映总体的情况，仍然需要考察其他指标。从西部地区的行业职工平均收入标准差来看，这一指标总体呈现上升趋势，2017 年为 18854.21，比 2003 年的 3765.515 增长了 4.01 倍，这 15 年间呈现持续扩大态势；而其变异系数总体上也与东、中部类似，表现出先升后降的波动变化，最低为 2004 年的 0.265，最高为 2007 年的 0.303，总体变动不是非常明显；而西部地区行业收入的基尼系数也表现出与变异系数类似的趋势。基尼系数最低为 2004 年的 0.096，最高为 2008 年的 0.128，平均为 0.113，总体有所收窄，但幅度比较平稳。

表 3-6　　　　　　　西部地区行业收入的相对衡量指标

年份	西部行业职工平均工资标准差	西部行业职工平均工资变异系数	西部行业职工平均工资基尼系数
2003	3765.515	0.27	0.103
2004	4202.413	0.265	0.096
2005	5153.956	0.295	0.112
2006	5998.13	0.297	0.114
2007	7315.527	0.303	0.123
2008	8280.656	0.3	0.128
2009	8072.112	0.273	0.117
2010	9318.231	0.272	0.114
2011	10297.848	0.267	0.108
2012	11593.489	0.268	0.105
2013	13779.85	0.286	0.103
2014	14727.46	0.280	0.101
2015	16198.12	0.267	0.105
2016	17173.94	0.260	0.094
2017	18854.21	0.262	0.089

第三节 区域行业间收入不平等的比较

对东、中、西部地区内部的行业收入不平等状况的测量,有助于我们明确行业收入不平等在东、中、西部地区内部的总体状况和变动趋势,但这对于了解地区间的行业收入不平等状况还是不够的,我们还需要对东、中、西部地区的行业收入分配状况进行比较分析,以更全面地掌握行业的区域分割状况。

一 东、中、西部地区行业职工的平均工资的比较

从东、中、西部行业职工的平均工资的比较来看,东中西部地区的行业职工平均工资都呈现明显上升趋势,其中东部行业职工平均工资最高,西部其次,中部最低(如图3-3所示)。从2003年至2017年的15年期间,东部地区行业职工平均收入年均是中部地区的1.50倍,是西部的1.29倍;而西部地区行业职工平均收入年均是中部地区的1.15倍,呈现出"中部低、两边高"的凹状非均衡发展的形势,而东部又明显高于中部和西部。但从行业收入增长速度来看,却呈现完全相反的态势,中部地区行业收入的年均增速是最高的,为12.78%;而西部其次,为12.47%;东部最低,为11.13%。虽然东、中、西部地区行业职工平均收入及其增速呈完全相反的态势,但中部相对于西部和东部较快的增长速度仍未能弥补其在平均水平上的差距。

从总体上看,东部地区行业职工平均收入高于中部和西部,而从相同行业在不同地区的比较来看,东部地区的平均收入仍然要高于中部和西部地区。仅拿三个不同区域最高收入行业和最低收入行业作比较,因为这几个行业在三个区域的重合率也非常的高,基本上,农、林、牧、渔业及住宿和餐饮业是收入最低的行业,而信息传输、计算机服务和软件业及金融业是收入最高的行业。从表3-7中比较容易发现,东部四行业各年的平均收入都比中部和西部高,而同时西部四行业各年收入也高于中部。就农、林、牧、渔业而言,东部地区2003—2017年15年平均年收入为46906.42元,西部为37628.53元,中部最低,为32671.67

元；而其他三个行业也表现出同样的特征，即东部地区的平均收入最高，西部其次，而中部最低。这一趋势与东、中、西部地区行业总体差距的特征是一致的。总体而言，行业职工平均工资东部最高、西部其次、中部最低，增速则正好相反。

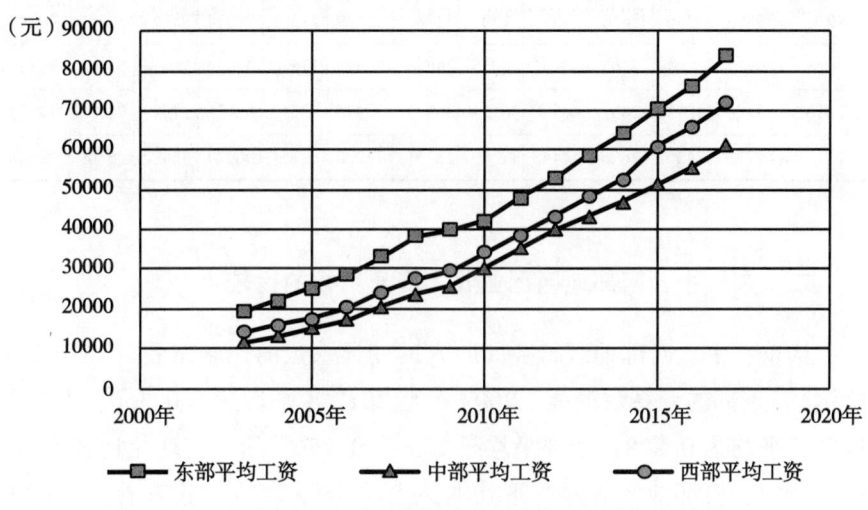

图 3-3　东中西部地区平均工资比较

表 3-7　　　东、中、西部地区高低收入四行业的比较　　　单位：元

年份	农、林、牧、渔业			住宿和餐饮业			金融业			信息传输、计算机服务和软件业		
	东部	中部	西部	东部	中部	西部	东部	中部	西部	东部	中部	西部
2003	10116	5880	9526	12386	7930	9161	29208	16028	19042	37643	19912	23951
2004	11590	6606	10426	13943	8982	10188	35368	18293	22546	40855	22433	26024
2005	12964	7433	11037	15314	10412	11410	42375	21411	26891	46578	24851	29556
2006	14348	8615	12597	17055	11580	11938	51644	25168	32036	50108	27096	33130
2007	16885	10335	15527	18933	13054	13422	64496	31225	40106	53843	30412	36575
2008	19360	13055	17600	21276	14936	15206	80248	36532	46851	60110	30908	38587
2009	20998	14647	18750	21278	16680	17473	74891	37310	48029	62378	32059	38256
2010	23861	16791	20069	23900	18835	19445	86805	44296	55798	69372	36355	42183
2011	27382	19592	24047	28094	22225	23294	96700	52654	63845	75100	39726	46162
2012	30277	22320	26579	32183	26619	27507	103683	59592	73422	83330	45101	51291

续表

年份	农、林、牧、渔业			住宿和餐饮业			金融业			信息传输、计算机服务和软件业		
	东部	中部	西部	东部	中部	西部	东部	中部	西部	东部	中部	西部
2013	33896	24855	29633	35559	28684	30503	113718	67102	84052	96816	53099	62138
2014	36893	27380	32466	38593	31307	33785	122329	72381	91014	105365	58380	70284
2015	40682	32104	37165	42152	34059	36876	127997	77970	97934	118634	64628	79848
2016	43826	34873	42451	44560	36278	38952	130228	83212	102428	127513	70154	84721
2017	47775	38436	47606	47143	38760	41231	137200	87754	106774	135492	76109	92688

二 东、中、西部地区行业收入变异系数的比较

从东、中、西部地区行业间收入的变异系数的比较来看（如图3-4所示），东部的变系数最高，2003年至2017年平均达到0.350；而西部次之，平均为0.278；中部平均最低，为0.256，历年的变化比较平缓。将东、中、西部地区的行业平均收入与变异系数结合起来看，可以发现，东部行业平均收入高，但变异系数也大，而相应的，中部行业平均收入低，但变异系数小。

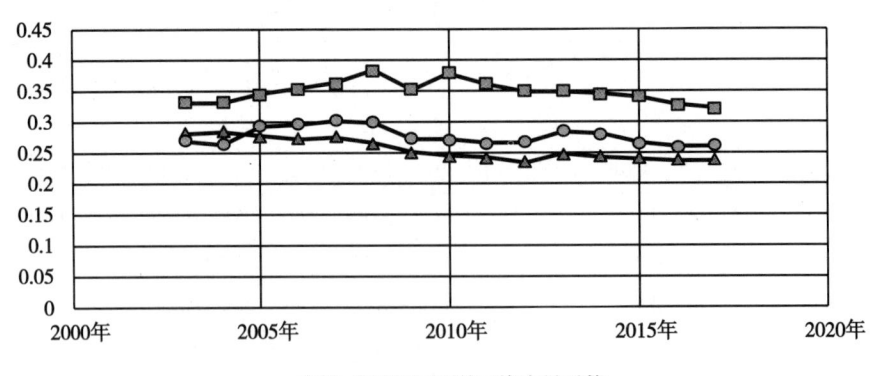

图3-4 东中西部行业职工平均工资变异系数

三 东、中、西部地区行业收入基尼系数比较

从东、中、西部地区各行业间收入的基尼系数比较来看，如图3-5所示，东部地区各年的行业收入基尼系数相对较高，2003年至2017年15年间平均为0.148；而中部地区的行业收入基尼系数低于东部地区同时略高于西部地区，15年的平均水平为0.109，但是各年的发展比较平稳；而西部地区的行业收入基尼系数15年的平均水平为0.107。由此可见，东部地区行业间收入差距高于中部和西部地区，而西部地区的行业间收入差距较小。三个地区基尼系数都经历了先升后降的波动发展阶段，2009—2017年有逐步收窄的趋势。由此可见，东、中、西部地区在绝对收入差距不断拉大的同时，三者收入差距扩大的速度都有减缓。总体而言，行业收入基尼系数东部地区最高、中部其次、西部最低。

图3-5 东中西部行业收入基尼系数比较

本章小结

我国区域异质性的发展政策导致地区间的不平衡发展成为必然，不同区域的劳动力的收入水平存在较大差异。本章从东、中、西部地区的行业收入差距来考察行业的区域分割状况。

研究结果显示：从东、中、西部行业职工的平均工资的比较来看，

东部行业职工平均工资最高，西部其次，中部最低，增速则正好相反。从东、中、西部地区行业间收入的变异系数的比较来看，东部行业平均收入高，但变异系数也大，而相应的，中部行业平均收入低，但变异系数小。从东、中、西部地区各行业间收入的基尼系数比较来看，东部地区各年的行业收入基尼系数相对较高；而中部地区的行业收入基尼系数在低于东部地区的同时略高于西部地区，但是各年的发展比较平稳；而西部地区的行业收入基尼系数最低。总体而言，东、中、西部地区各行业间的收入差距都趋于不断拉大，但收入差距扩大的速度都有减缓。

第四章

行业主、次劳动力市场分割与收入不平等

二元劳动力市场理论将劳动力市场区分为主要劳动力市场和次劳动力市场，这一理论是在西方发达国家的市场经济条件下提出来的。我国学界对劳动力市场的二元分割做了一定研究，但并不充分，本研究将在行业分割的框架下分析行业的主、次劳动力市场分割及收入不平等状况。

第一节 行业主、次劳动力市场的收入回报

纵观以往研究，我国对主、次二元劳动力市场的研究普遍未对主、次劳动力市场进行明确划分，这对主、次劳动力市场研究的深入挖掘和比较带来困难。因此，本研究对行业的主、次劳动力市场分割的研究首先就是需要对行业的主、次劳动力市场进行划分，在此基础上，才能对行业主、次劳动力市场中的收入分配状况进行分析。

一 行业主、次劳动力市场的划分

二元劳动力市场分割理论认为劳动力市场因制度性和结构性等非竞争因素而被分割为两个部分，即主要劳动力市场与次要劳动力市场，二者遵循不同的运作机制，主要表现在主、次劳动力市场在工资水平、人力资本回报率、雇佣关系的稳定性、升迁机会的多寡、福利待遇的保障程度、工作环境等方面存在较大差异。一般而言，主要劳动力市场工资水平高、人力资本回报率高、雇佣关系稳定（失业风险小）、晋升机会多、福利待遇优厚、工作环境好；而次要劳动力市场则工资水平低、人

力资本回报率低、雇佣关系不稳定（失业风险大）、晋升机会少、福利待遇差、工作环境相对恶劣。主要劳动力市场主要集中在核心正规部门，而次要劳动力市场主要集中在边缘非正规部门。

与西方发达的市场经济相比，我国劳动力市场同样存在主、次劳动力市场之分，在不同企业、行业或职业中被分割为不同的劳动力市场。在西方发达国家，许多学者对各国的二元劳动力市场分割做了实证研究，验证了自身的劳动力市场分割状况。可以说，二元劳动力市场理论是基于西方发达国家的劳动力市场状况提出并不断发展起来的，而在市场机制仍未成熟的中国，劳动力市场分割状况与发达国家仍不能相提并论。然而，从以往的研究来看，我国对劳动力市场分割的研究主要集中在对城乡分割、体制分割（所有制分割）、行业分割或职业分割上，从主、次劳动力市场划分的角度进行的研究较少，而且对主、次劳动力市场的研究也主要是放在劳动力市场分割的大框架下进行的，同时对主、次劳动力市场概念的使用趋于泛化和简单化，极少对主、次劳动力市场做出明确区分，如刘帆根据"简单、合理、够用"的原则，将工资作为区分主要劳动力市场和次要劳动力市场的唯一标准[1]；晋利珍亦主要是根据供给者人力资本水平与身份特征在理论上区分了垄断行业和竞争行业中的主要劳动力市场和次要劳动力市场。[2] 郭丛斌是少有研究者中对主、次劳动力市场进行了明确划分的学者，然而他的划分主要是以职业为区分劳动力市场的标准，使用范围比较有限。可见，当前我国对主、次劳动力市场的研究仍不充分。[3] 因此，在当前劳动力市场行业分割日益显著的形势下，本研究希望在行业分割的框架下分析行业中主、次劳动力市场的分化状态，并讨论在两个劳动力市场中的收入不平等状况，进而在一定程度上弥补当前研究的不足。

对行业中的主、次劳动力市场进行分析，首先就是要区分出行业中

---

[1] 刘帆：《劳动力市场分割：收入分配差距扩大的一个新解》，《中国青年政治学院学报》2007年第6期。

[2] 晋利珍：《改革开放以来中国劳动力市场分割的制度变迁研究》，《经济与管理研究》2008年第8期。

[3] 郭丛斌：《二元制劳动力市场分割理论在中国的验证》，《清华大学教育研究》2004年第4期。

的主、次劳动力市场。而这面临的问题就是如何确定划分主、次劳动力市场的标准。一般而言，主、次劳动力市场以工资水平、人力资本回报率、雇佣关系的稳定性、升迁机会的多寡、福利待遇的保障程度、工作环境等方面的差异作为区分彼此的标准，然而这些指标中很多在实际应用中的操作化会存在一定的困难，如雇佣关系的稳定性、升迁机会、工作环境等，这些指标在普查数据中比较难以获得，而福利待遇包括的内容亦非常宽泛，也很难精确衡量。而工资水平和以教育水平为主要衡量指标的人力资本水平是在众多调查数据中较容易获得的指标，因此，本研究将利用工资（或收入）水平和受教育水平作为划分主、次劳动力市场的主要标准。而收入水平和受教育水平也常常是用于衡量人们社会经济地位的重要指标，在社会分层研究中，社会经济地位指数（socioeconomic index，简称社经指数 SEI）正是利用收入水平和受教育水平来测量人们社会经济地位的重要指标，并曾一度在社会分层研究中居于主流地位。社会经济地位指数是美国社会学家邓肯（Duncan）设计出的一种方法，因此也可称为邓肯指数。[1] 这一指数最初用于估计职业的声望，后来也被广泛运用于地位获得和社会流动研究中。邓肯职业声望测量的方法是将其所获得的各类职业的声望得分为因变量，以相应的职业平均收入和受教育水平为自变量，建立回归方程，然后，应用这一回归方程，求出所有职业的声望得分[2]。其回归方程如下：

$SEI = -6.0 + 0.59edu + 0.55income$

其中，edu 表示职业的平均受教育程度，income 表示职业的平均收入。本研究将这一测量方法引入行业社会经济地位的测量中，将行业从业者的平均受教育程度和行业的平均收入作为测量行业社会经济地位的主要指标，并将测量出来的行业社会经济地位指数作为判断行业主、次劳动力市场的主要依据。

由于《中国统计年鉴》当中缺乏行业平均受教育水平的指标，因此这一部分将使用《中国综合社会调查》（CGSS 2006）的数据进行分析。

---

[1] Otis Dudley Duncan, "A Socioeconomic Index for All Occupations". in A. J. Reiss (ed.), *Occupations and Social Status*. NewYork: Wiley, 1961.

[2] 李春玲：《当代中国社会的声望分层——职业声望与社会经济地位指数测量》，《社会学研究》2005 年第 2 期。

通过将各行业平均受教育水平和各行业平均收入水平代入社会经济地位测量的回归方程，测算出各个行业的社会经济地位指数。由于社会经济地位的划分或者说主次劳动力市场的划分都没有非常明确的界限，因此本研究的做法是将行业社会经济地位指数最高的 10 个行业作为行业中的典型主要劳动力市场，而将行业社会经济地位指数最低的 10 个行业作为行业中典型的次要劳动力市场。分析结果如表 4-1 所示。

表 4-1 各行业的社会经济地位指数（邓肯指数）（前 10 位和后 10 位）

前 10 位行业	人均收入（元）	人均受教育年限（年）	邓肯指数	后 10 位行业	人均收入（元）	人均受教育年限（年）	邓肯指数
信息、咨询业	31054.29	14.46	17087.77	煤炭开采和洗选业	8775.67	9.07	4831.17
房地产开发与经营业	30322.58	13.39	16684.62	印刷业和记录媒介的复制	8725.00	9.91	4803.90
水上运输业	29784.35	11.43	16387.51	纺织业	8530.81	9.35	4696.69
综合技术服务业	28419.05	14.00	15638.30	仓储业	8336.25	9.33	4589.57
食品、饮料、烟草和家庭用品批发业	24006.42	11.06	13209.25	其他交通运输业	7986.67	8.60	4396.85
文化艺术业	23795.65	12.74	13094.58	纺织服装、鞋、帽制造业	7876.88	9.11	4336.91
能源、材料和机械电子设备批发业	20786.43	11.41	11438.54	造纸及纸制品业	7813.04	8.35	4301.37
科学研究业	20412.00	13.92	11234.35	农副食品加工业	6900.51	8.64	3799.61
银行业	19907.50	12.70	10955.91	农林业	6660.74	8.78	3667.79
其他批发业	18363.64	12.91	10106.86	木材加工及木、竹、藤、棕、草制品业	6581.25	8.47	3623.96

说明：CGSS2006 中对受教育程度的调查指标是按照从"没有受过任何教育"直到"研究生及以上"由低到高分为 13 个等级设计的，而不是按照受教育年限进行调查的，为了研究的直观性和可读性，本研究将参照谢宇和韩怡梅的处理方法，将受教育程度按照相应应该接受的受教育年限①进行了转换，为简便起见，本研究将 CGSS2006 中的教育指标进行了重新归类（参见本书第三章第三节"变量设计"），转换的方法为："低于 3 年教育的 =1"；"3 年教育但未能小学毕业的 =4"；"小学教育程度 =6"；"初中教育程度 =9"；"高中教育程度 =12"；"中专教育程度 =13"；"大专教育程度 =15"；"大学本科教育程度 =17"，另外谢宇和韩怡梅的设计将研究生的赋值与大学本科等同，基于国内的教育情况，研究生及以上的教育年限及其收入回报与本科还是有一定差别的，因此本研究处理为"研究生及以上 =20"。

---

① 参见谢宇、韩怡梅《改革时期中国城市居民收入不平等与地区差异》，载边燕杰主编《市场转型与社会分层：美国社会学者分析中国》，三联书店 2002 年版，第 464 页。

经过测算，行业社会经济地位指数最高的10个行业分别是：信息、咨询业，房地产开发与经营业，水上运输业，综合技术服务业，食品、饮料、烟草和家庭用品批发业，文化艺术业，能源、材料和机械电子设备批发业，科学研究业，银行业和其他批发业，它们将作为本研究中的行业典型主要劳动力市场。而行业社会经济地位指数最低的10个行业分别是：木材加工及木、竹、藤、棕、草制品业，农林业，农副食品加工业，造纸及纸制品业，纺织服装、鞋、帽制造业，其他交通运输业，仓储业，纺织业，印刷业和记录媒介的复制以及煤炭开采和洗选业，它们将作为本研究中的行业典型次要劳动力市场。当然这里需要注意的是，本研究的测算是按照CGSS 2006中的相关数据进行的，因此会受到数据样本本身的限制，计算的行业并没有覆盖所有行业，而是CGSS 2006中符合研究条件的行业，因此，部分因个案不足或难以归类的行业个案将不在研究之列（详细行业列表可参见第一章的表1-1）。通过比较可以发现，行业社会经济地位最高的行业大致属于三类，一类是典型垄断行业，如水上运输业、银行业等；一类是知识技术密集型行业，如综合技术服务业、文化艺术业、科学研究业等；还有一类是新经济行业，如信息、咨询业，房地产开发与经营业，食品、饮料、烟草和家庭用品批发业，能源、材料和机械电子设备批发业和其他批发业，这些行业的主要特点是高收入、高受教育程度从业者集中，并且主要是正规、核心经济部门。而社会经济地位最低的行业则主要是收入低、从业者受教育程度也较低的行业，并且主要是边缘经济部门。

二 行业主、次劳动力市场的收入结构

劳动力市场分割理论强调劳动力市场的异质性，而这种异质性可以表现在不同劳动力市场有着不同的结构特征和运作机制。主、次劳动力市场是两个按照不同运作逻辑的市场，它们在工资决定机制、工作稳定性、福利保障等方面都存在明显差异。下面我们首先考察的是行业中的主、次劳动力市场的收入结构。通常，收入构成包括三个方面，即工资性收入、奖金收入和工作外收入。

通过比较分析（见表4-2），我们证实，工资性收入仍然是我国劳动力的最主要的收入来源，工资性收入在总收入中的比重占有绝对优

势,在这一点上,无论是主要劳动力市场,还是次要劳动力市场都没有差异。不同的是主要劳动力市场的工资性收入比重比次要劳动力市场的更高。从对行业主要劳动力市场和次要劳动力市场的分析数据来看,主要劳动力市场中有10个行业的工资性收入占总收入的比重平均达到75.16%,其中科学研究业的这一比重最高,达到82.5%,而在主要劳动力市场的10个行业中,最低的水上运输业的工资性收入比例也达到了64.71%。而在次要劳动力市场的10个行业中,工资性收入占总收入的比重平均达到71.24%,比主要劳动力市场低近4个百分点,其中最高的是木材加工及木、竹、藤、棕、草制品业,高达89.09%,而最低的是仓储业,为55.83%。总体而言,工资性收入仍是大部分劳动者的主要收入来源,对于主、次劳动力市场的劳动者而言差别并不明显。

从行业中主次劳动力市场的奖金收入来看,则能看出二者之间存在明显的差异。主要劳动力市场的奖金收入占到总收入的11.69%,而次要劳动力市场的这一比例仅为3.27%,相差了8.42个百分点,前者是后者的3.6倍。其中,主要劳动力市场中,奖金收入所占比重最高的是文化艺术业,其奖金收入占总收入的17.82%,而最低的是科学研究业,占8.33%;而次要劳动力市场中,奖金收入所占比重最高的是造纸及纸制品业,仅占8%,而木材加工及木、竹、藤、棕和草制品业的奖金收入微乎其微,占比几乎为0。可见,主要劳动力市场的奖金收入要远远高于次要劳动力市场。

表4-2　　　　　　行业主、次劳动力市场的收入构成对比　　　　　单位:%

收入构成占比		工资性收入占全年总收入比重	奖金收入(包括年终奖/年终分红/节假日奖金)占全年总收入比重	工作外收入(包括投资利息、房租、退休金、或父母/小孩给予的生活费等收入)占全年总收入比重
主要劳动力市场		75.16	11.69	12.61
次要劳动力市场		71.24	3.27	24.33
主要劳动力市场	占比最高行业	科学研究业82.5	文化艺术业17.82	水上运输业22.05
	占比最低行业	水上运输业64.71	科学研究业8.33	房地产开放与经营业5.5

续表

收入构成占比		工资性收入占全年总收入比重	奖金收入（包括年终奖/年终分红/节假日奖金）占全年总收入比重	工作外收入（包括投资利息、房租、退休金、或父母/小孩给予的生活费等收入）占全年总收入比重
次要劳动力市场	占比最高行业	木材加工及木、竹、藤、棕、草制品业 89.09	造纸及纸制品业 8.00	仓储业 46.11
	占比最低行业	仓储业 55.83	木材加工及木、竹、藤、棕、草制品业 0	其他交通运输业 0

而从工作外收入来看，又能看到另一番情景，次要劳动力市场的工作外收入占比又远远高于主要劳动力市场。其中，主要劳动力市场的工作外收入占总收入的比重平均为 12.61%，而次要劳动力市场的这一比重达到了 24.33%，比主要劳动力市场高出 11.72 个百分点，后者是前者的近 2 倍。主要劳动力市场中，工作外收入占比最高的是水上运输业，为 22.05%，最低的是房地产开放与经营业，为 5.5%；而次要劳动力市场中，这一占比最高的是仓储业，为 46.11%，而最低的是其他交通运输业，几乎没有工作外收入。

如果将工资性收入和奖金收入都视为工作内收入，那么主要劳动力市场的平均工作内收入则达到了 86.85%，而次要劳动力市场的工作内收入为 74.51%，二者相差 12.34 个百分点。

由此可见，行业主、次劳动力市场的劳动者，他们收入的主要来源都来自工作内收入，或者说是行业内收入；而从行业主、次劳动力市场上不同行业从业者收入的巨大差异可以看出，行业的分割、主次劳动力市场的区隔是造成他们收入上的巨大差异的重要原因。总体而言，行业主要劳动力市场的工资性收入远远高于次要劳动力市场，而且在主要劳动力市场有着明显优于次要劳动力市场的奖励激励机制（主要劳动力市场的奖金收入要远远高于次要劳动力市场）；与此不同的是，次要劳动力市场则依靠更多的工作外收入来提高自己的收入水平。综合可见，我们的假设 2 获得数据支持，即行业主要劳动力市场收入高于次要劳动力市场，且行业主要劳动力市场的激励机制更健全。

三 行业主、次劳动力市场的福利待遇

如果说工资收入是收入来源中的显性来源，那么，福利待遇往往是收入来源中较为隐性的部分，因其名目繁多而难以明确统计，而且在中国，一个行业、部门或单位福利待遇的好坏往往成为这个单位"好坏"的指示器。从劳动力市场理论而言，福利待遇是内部劳动力市场控制劳动力的有效机制和降低转工率的重要手段。在主要劳动力市场和次要劳动力市场，在福利待遇上存在较大差别。在中国，各个行业、单位涉及的福利待遇非常广泛，如节假日津贴、交通补贴、生活困难补助等，其中社会保险待遇是比较透明、易于考察的方面，很多研究者都将社会保险待遇作为福利待遇的重要方面加以研究。本研究也比较了行业中主、次劳动力市场在社会福利保障上的差别。

表4-3中显示了行业中主要劳动力市场和次要劳动力市场在公费医疗、基本医疗保险、补充医疗保险、基本养老保险、补充养老保险、失业保险和住房或住房补贴7个方面社会保险福利待遇的调查。这7个方面主要反映了各个行业提供医疗保险、养老保险、失业保险和住房补贴的情况。总体来看，主要劳动力市场的劳动者获得这7项福利待遇的比例明显高于次要劳动力市场，其中，在主要劳动力市场，44.3%的劳动者能够享受公费医疗待遇，54.3%的劳动者能够享受基本医疗保险，24.7%的劳动者能享受到补充医疗保险，59%的劳动者能够享受基本养老保险，25%的劳动者能够享受补充养老保险，38.3%的劳动者能够享受事业保险，37.8%的劳动者能够享受住房或住房补贴。而在这7个方面的待遇，主要劳动力市场都明显高于次要劳动力市场，前者在这7个方面平均高于后者14个百分点。由此支持了我们的研究假设3，即行业主要劳动力市场福利待遇优于次要劳动力市场。然而，另一方面我们也需要看到，社会保险作为我国社会福利事业的重要组成部分，其发展仍很不完善，尽管主要劳动力市场的社会保险福利待遇明显优于次要劳动力市场，但总体而言，不论是主要劳动力市场，还是次要劳动力市场，不能享受这些福利待遇的劳动者仍然占大多数，也就是说，不提供这些福利待遇的单位要多于提供这些待遇的单位。在总体社会保障福利不健全的情况下，次要劳动力市场的社会保障福利更不尽如人意。

究其原因，这些主要劳动力市场行业主要以国有企事业单位为主，这些福利待遇措施在这些单位能够实施得更彻底一些，而次要劳动力市场主要是边缘性、竞争性强的部门，它们更多会出于降低成本的目的，而不愿为其雇佣者提供这些福利待遇。这也再一次显示了，即使是福利待遇，也表现出"体制性"的分割和行业的差异。

表 4-3　　　　　行业主、次劳动力市场福利待遇比较　　　单位：%

福利保障		提供	不提供	不清楚
公费医疗	主要劳动力市场	44.3	53.5	2.2
	次要劳动力市场	31.7	65.1	3.2
基本医疗保险	主要劳动力市场	54.3	44.3	1.4
	次要劳动力市场	39.7	58.0	2.3
补充医疗保险	主要劳动力市场	24.7	69.0	6.3
	次要劳动力市场	15.2	79.3	5.5
基本养老保险	主要劳动力市场	59.0	39.4	1.6
	次要劳动力市场	43.3	54.2	2.5
补充养老保险	主要劳动力市场	25.0	68.2	6.8
	次要劳动力市场	14.5	79.6	5.8
失业保险	主要劳动力市场	38.3	58.7	3.0
	次要劳动力市场	19.4	75.2	5.4
住房或住房补贴	主要劳动力市场	37.8	60.9	1.4
	次要劳动力市场	21.1	75.3	3.5

四　行业主、次劳动力市场工资、奖金的稳定性

收入的稳定性是能够确保就业稳定性的重要方面，很多雇佣单位也以稳定的收入作为控制劳动力和降低转工率的重要机制和手段。收入的稳定性在主、次劳动力市场也存在一定的差异。然而，随着市场机制的日益健全，以及在社会经济平稳运行的情况下，各行各业的收入都应当趋于平稳。

通过比较（见表 4-4）可以看出，行业主要劳动力市场的工资稳定性要高于次要劳动力市场，相应地，次要劳动力市场的工资收入的波动性较大。而从奖金的稳定性来看，主要劳动力市场的奖金稳定性却要低

于次要劳动力市场。这也许可以从不同行业或职业内部的激励机制得到解释,从行业中主、次劳动力市场的收入构成(见表4-2)我们已经知道,主要劳动力市场的高奖金比例要明显高于次要劳动力市场,理论上我们可以认为,一个行业或企业内部的奖金主要是基于一定的激励机制,而这样的激励机制往往与个人的业绩等表现有关,因此因个人业绩等表现不同会显示出一定的波动性;而次要劳动力市场本身的奖金比例并不高,换句话说,次要劳动力市场是缺少这样的激励机制的,从而造成了其奖金稳定性反而趋于平稳和波动性小的状况。

表4-4　　　行业主、次劳动力市场工资、奖金稳定性比较　　　单位:%

		基本稳定	有小幅度变动	波动比较大
月工资稳定性	主要劳动力市场	81.3	12.3	6.3
	次要劳动力市场	76.9	14.5	8.6
月奖金稳定性	主要劳动力市场	34.5	41.4	24.1
	次要劳动力市场	38.4	42.7	19

第二节　行业主、次劳动力市场职业阶层收入差异

根据二元劳动力市场理论及相关的内部劳动力市场理论,职业阶层差异是区分主、次劳动力市场重要方面,具体又表现在是否存在明显的职业阶梯、晋升机制是否稳定及现职年资回报的差异等。本研究将行业中主、次劳动力市场中从业者的职业位置、工资晋升机制和现职年资回报率来分析行业中主、次劳动力市场的职业阶层收入差异。

一　行业主、次劳动力市场不同职业位置的收入分配

毋庸讳言,不同行业中从业者所处的职业阶层位置是影响人们收入分配的重要因素。从结构主义的视角来看,分割性结构意味着个人所处的结构性位置是个人获取资源的决定性因素,而这与工业化逻辑下的地位获取的自致机制是不相吻合的。西方学者认为,随着工业化进程的向前推进和职业分化的加剧,知识和技能等自致因素将成为个人地位获取

的关键变量。① 然而，在当前劳动力市场分割不断加剧的形势下，社会排斥和等级化将对个体或社会群体社会地位的获得产生深远的影响。② 随着市场进程的推进，行业越来越成为我国社会分层机制的重要组成部分，行业将不同的劳动力区隔开来，而不同行业中的职业位置也成为人们获取社会资源和机会的关键因素之一。人们的工资级别、各种实物或货币形式的福利、收益，由他们的工作岗位、职位或职务而确定③。本研究通过利用行业中主、次劳动力市场中从业者的职业位置来比较处于不同职业阶层的劳动者的收入分配状况。

本研究将按照劳动者在其所从事职业中的管理地位，将他们的职业位置区分为一般从业人员、班组长/工段长、基层管理人员、中层管理人员和主要领导者5个层级。表4-5中的数据是行业中主、次劳动力市场上处于5个层级职业位置的劳动者收入，从表中数据可以看出，总体上的行业中主要劳动力市场和次要劳动力市场的劳动者收入大致表现出比较明显的等级特征，即处于低职业位置的劳动者收入相对较低，而处于较高层次位置的劳动者收入较高。这里的例外在于，在行业主要劳动力市场中，班组长/工段长的收入相对于一般从业人员收入要低，而在行业次要劳动力市场中处于主要领导管理位置的收入反而相对较低。这是因为，在这两个组别中，相应的职业位置的个案数较少。因而，与其他组别的数据比较具有相当不稳定性。

表4-5 按行业主、次劳动力市场中不同职业位置的收入均值及标准差

单位：元

职业位置	收入均值		标准差		标准差/均值④	
	行业主要劳动力市场	行业次要劳动力市场	行业主要劳动力市场	行业次要劳动力市场	行业主要劳动力市场	行业次要劳动力市场
一般从业人员	21509.42	7555.42	43372.168	5876.118	2.02	0.78

---

① 边燕杰、李路路、李煜、郝大海：《结构壁垒、体制转型与地位资源含量》，《中国社会科学》2006年第5期。

② 李明、潘春阳、苏晓馨：《市场演进、职业分层与居民政治态度——一项基于劳动力市场分割的实证研究》，《管理世界》2010年第2期。

③ 刘精明：《劳动力市场结构变迁与人力资本收益》，《社会学研究》2006年第6期。

④ 标准差与均值的比反映的是各群体内部收入不平等的程度。

续表

职业位置	收入均值		标准差		标准差/均值④	
	行业主要劳动力市场	行业次要劳动力市场	行业主要劳动力市场	行业次要劳动力市场	行业主要劳动力市场	行业次要劳动力市场
班组长/工段长	18050.00	9955.15	9774.968	6478.163	0.54	0.65
基层管理人员	30475.00	13725.00	25623.210	7365.415	0.84	0.54
中层管理人员	35205.41	16955.56	38361.453	13739.861	1.09	0.81
主要领导	36315.79	8291.67	37352.395	6775.552	1.03	0.82

当然，仅从以上基于调查数据的描述分析，还不足以充分反映行业中主、次劳动力市场中职业阶层的收入差异，接下来，我们将用回归模型来加以分析检验。

为了考察职业阶层以及处于不同职业阶层位置上的劳动者的收入差异及其在行业不同劳动力市场之间的变化，这里将以线性回归模型为基本分析模型，以收入对数为因变量，将性别、年龄、户口与党员身份作为控制变量，以行业和管理位置为核心解释变量；同时为了考察不同管理位置在行业中的不同劳动力市场影响作用的差异，这里还设置了行业不同劳动力市场和不同管理位置的交互变量，由此建立了四个层次的模型，即职业阶层模型、行业劳动力市场模型、联合模型和交互模型。

职业阶层模型主要考察的是在没有引入其他核心变量时，即假设不存在行业差异时，个体层次的变量及职业阶层对收入的影响。从表4-6中的职业阶层模型的计算结果显示，职业管理位置对收入的回报率为20.6%，且该结果具有统计显著性。由此可见，职业管理位置与收入之间具有正向关系。行业劳动力市场模型主要考察的是在不考虑其他因素的情况下，行业对收入的影响。计算结果显示，行业对收入的回报率为78.2%，且该结果具有统计显著性。由此可见，行业是影响收入的一个非常重要的结构性因素。

表4-6　行业职业阶层收入差异回归模型Ⅰ（OLS，N=1020）

常数项/变量	职业阶层模型		行业劳动力市场模型	
	b	Sig.	b	Sig.
常数项	8.883	0.000	8.710	0.000

续表

常数项/变量	职业阶层模型		行业劳动力市场模型	
	b	Sig.	b	Sig.
性别（男＝1）	0.284	0.000	0.245	0.000
年龄	－0.016	0.000	－0.009	0.000
户口（非农业＝1）	0.602	0.000	0.455	0.000
党员身份（党员＝1）	0.155	0.097	0.165	0.052
职业管理位置	0.206	0.000		
行业			0.782	0.000
R^2	0.184	0.284		
Adjusted R^2	0.180	0.281		

而要考察不同职业位置对行业不同劳动力市场部门的影响差异，还需要结合联合模型和交互模型。联合模型中将行业和管理位置同时纳入了回归模型，计算结果显示（如表4-7所示），行业和管理位置对收入的影响依然显著，但二者的收入回报都有所降低。在交互模型中具体考察分析了行业不同劳动力市场、不同管理位置以及不同管理位置与行业不同劳动力市场交互作用对收入的影响。从计算结果来看，相对行业次要劳动力市场，行业主要劳动力市场与收入存在正向关系，它对收入的回报率为73.7%，且结果具有显著性，由此可见，行业中确实存在主次劳动力市场的分割。而从不同管理位置对收入的影响来看，"班组长/工段长"这一管理位置显示对收入有正向作用，但统计结果不显著；而"单位基层管理"和"单位中层管理"对收入都具有正向作用，且"中层管理位置"的收入回报高于"单位基础管理"（0.751－0.638＝0.113），二者的统计结果都具有显著性；而"单位主要领导"对收入的作用却出乎意料地显示为负向作用，但是统计结果不具有显著性。可见，不同管理位置对收入的影响不同，但总体来讲，处于"中间位置"（即"单位基层管理"和"单位中层管理"）的人员在收入回报上更有利，因此，从统计结果来看，我们不能由此推断"管理位置越高，收入越高"的结论。再看不同管理位置与行业不同劳动力市场部门的交互作用，统计结果显示，处于不同管理位置的劳动者与行业不同部门的交互作用对收入的影响都不具有显著性，由此可见，不同管理位置对收入的

影响在行业中的不同劳动力市场部门没有显著差别。

表 4-7　行业职业阶层收入差异回归模型 Ⅱ（OLS，N=1020）

常数项/变量	联合模型		交互模型	
	b	Sig.	b	Sig.
常数项	10.004	0.000	8.723	0.000
性别（男=1）	0.230	0.000	0.217	0.000
年龄	-0.010	0.000	-0.010	0.000
户口（非农业=1）	0.424	0.000	0.423	0.000
党员身份（党员=1）	0.073	0.393	-0.015	0.864
行业	0.703	0.000		
职业管理位置	0.145	0.000		
行业主、次劳动力市场				
（参照行业次要劳动力市场）				
行业主要劳动力市场			0.737	0.000
管理位置分量				
（参照无任何管理位置）				
班组长/工段长			0.266	0.060
单位基层管理			0.638	0.000
单位中层管理			0.751	0.000
单位主要领导			-0.009	0.967
交互变量				
行业主要劳动力市场*班组长/工段长			-0.112	0.677
行业主要劳动力市场*单位基层管理			-0.133	0.585
行业主要劳动力市场*单位中层管理			-0.170	0.467
行业主要劳动力市场*单位主要领导			0.428	0.144
R^2	0.314		0.320	
Adjusted R^2	0.309		0.311	

概括而言，从以上分析我们可以有如下发现：其一，行业和职业阶层对收入都具有显著的正向关系；其二，不同管理位置对收入的影响却表现出一定的复杂性，并不是像通常预想的那样，管理位置越高，收入

越高，而是表现出一定的"中间位置"优势，或者说处于"中间位置"对收入的影响更稳定，而处于低层管理位置或无管理位置的一般人员以及高层管理人员对收入的影响作用尚不明确，还需要更多的研究和分析；其三，相对于行业次要劳动力市场，行业主要劳动力市场对收入具有显著的正向关系，因此在数据上也进一步说明不同行业确实存在主、次劳动力市场的分割；其四，从不同管理位置与行业不同部门的交互作用来看，不同管理位置在行业中不同劳动力市场的作用没有显著差别。因此，这一分析结论与我们的研究假设4认为的"行业中主要劳动力市场与次要劳动力市场内部存在截然不同的职业阶梯，行业中主要劳动力市场职业阶梯清晰，其内部劳动者的职业阶层地位越高，收入越高；反之，职业阶层地位越低，收入越低。而行业次要劳动力市场内部则不存在类似的职业阶梯"的观点并不完全相符，我们的这一研究假设4没有得到数据的支持，这一点与劳动力市场分割理论也不完全吻合。

二 行业主、次劳动力市场中的工资晋升机制

与二元劳动力市场相关的内部劳动力市场理论认为，内部劳动力市场和外部劳动力市场是主要劳动力市场和次要劳动力市场实施的两种彼此不同的雇佣模式。内部劳动力市场有着明确的职业阶梯，而外部劳动力市场雇佣与离职没有阻隔，晋升不存在排外性[1]，因此，以内部劳动力市场为主要雇佣模式的主要劳动力市场就业状态相对稳定，而以外部劳动力市场为雇佣模式的次要劳动力市场的就业状态趋于不稳定，流动性强。而内部职业阶梯在很大程度上反映在工资晋升机制、职位的晋升机制、工作条件的变化以及个人社会经济地位等方面的变化上，其中工资晋升机制和职位晋升机制则是反映职业阶梯的关键变量。因此，本研究主要以三年前后的工资等级变化、职位升迁状况、工作条件和社会经济地位的变迁来考察行业中主、次劳动力市场中的职业晋升机制。

从分析数据来看（如表4-8所示），就工资晋升而言，过去三年内

---

[1] M. J. Piore, "Notes for a Theory of Labor Market Stratification". in R. C. Edwards, M. Reich, D. M. Gordon (eds.), *Labor Market Segmentation*. Lexington, MA: Heath, 1975. Doeringer, Piore, "Internal Labor Market Theories to Orthodox Theory". *The Journal of Economic Literature*, Vol. 12, 1971.

(以调查时点 2006 年为基准),主要劳动力市场的工资晋升机会明显高于次要劳动力市场。其中,在主要劳动力市场,在过去三年有 36.4%的劳动者获得过工资晋升,而次要劳动力市场只有 15.5%的劳动者获得过工资晋升,主要劳动力市场比次要劳动力市场高出 20.9 个百分点,前者是后者的 2.3 倍。就统计显示,这一差异是颇为明显的。遗憾的是,由于数据的限制,在 CGSS 2006 当中并没有涉及劳动者工资晋升的幅度,以及影响晋升的因素有哪些,而其他方面也没有相关的权威数据,因此这方面的分析还可以有待以后的深入调查分析。而在收入、职位、工作条件、社会经济地位等方面的比较分析也存在类似的问题。

通过对比行业中主、次劳动力市场的个人三年前后在收入、职位、工作条件和社会经济地位的变化和预期情况来看,在这几个方面都表现出了高度的一致性,即主要劳动力市场的劳动者无论在收入、职位、工作条件还是社会经济地位上,三年前后的变化和预期都要优于次要劳动力市场;而次要劳动力市场的劳动者三年前后各个方面情况变得更差的比例却明显高于主要劳动力市场。

表 4-8　　在过去的三年内,您是否获得过工资等级上的晋升?　　单位:%

工资等级晋升	主要劳动力市场	次要劳动力市场
是	36.4	15.5
否	63.6	84.5

说明:"过去三年"以当时 CGSS(2006)的调查时点(即 2006 年)为基准。

具体而言,与三年前相比(如表 4-9 所示),主要劳动力市场在以上四个方面获得"上升"的比例都高于次要劳动力市场。在收入方面,主要劳动力市场 50.5%的劳动者认为个人的收入上涨了,而次要劳动力市场只有 37.8%的劳动者的收入上涨了,前者是后者的 1.34 倍;而从情况变得更差的比例来看,主要劳动力市场中 7.6%的劳动者收入比三年前下降了,而次要劳动力市场,这一比例达到 15.3%,后者是前者的 2 倍多。在职位方面,主要劳动力市场 17.4%的劳动者获得了晋升,而次要劳动力市场获得晋升的比例为 8.4%,前者又是后者的 2 倍;而从下降的比例来看,主要劳动力市场为 5.7%,而次要劳动力市场为 11.9%,后者是前者的 2 倍。在工作条件和社会经济地位方面的变化,在行业中主、次劳动力市场上也表现出类似收入和职位方面的变化趋势，即上升的状况和下降的状况在主要劳动力市场和次要劳动力市场呈现完全相反且比例相当的变化，如工作条件方面，主要劳动力市场上升的比例是次要劳动力市场的 1.7 倍，而下降的比例后者是前者的 2 倍；而在社会经济地位方面，上升的比例前者是后者的 1.3 倍，而下降的比例后者是前者的 1.6 倍。

表 4-9　　　　　　　与三年前相比，您本人有什么变化？　　　　单位:%

		上升了	差不多	下降了	[不好说]
收入	主要劳动力市场	50.5	40.5	7.6	1.4
	次要劳动力市场	37.8	44.3	15.3	2.6
职位	主要劳动力市场	17.4	66.3	5.7	10.6
	次要劳动力市场	8.4	67.8	11.9	11.8
工作条件	主要劳动力市场	22.6	60.9	6.0	10.6
	次要劳动力市场	13.5	61.9	12.3	12.4
社会经济地位	主要劳动力市场	19.0	66.3	8.7	6.0
	次要劳动力市场	14.7	66.5	13.5	5.4

但总体而言，无论在主要劳动力市场还是次要劳动力市场，认为与三年前相比，情况并没有什么改善或恶化（差不多）的劳动者仍是主体，这一比例平均达到 59%，即可以说，与各方面状况获得上升的劳动者相比，没有获得状况改善的劳动者更多，其中包括部分劳动者的状况还处于下降趋势。

再从行业中主、次劳动力市场的劳动者对自己未来三年的预期来看，总体上看，主要劳动力市场上的劳动者比次要劳动力市场上的劳动者预期更好。如表 4-10 所示，在收入、职位、工作条件和社会经济地位上预期"将会上升"的比例，主要劳动力市场上的比例平均高于次要劳动力市场近 8 个百分点，当然，也有少部分劳动者预期自己的状况将会下降，而下降的比例在次要劳动力市场相对比主要劳动力市场更高。而认为自己的状况不会有太大变化（差不多）的劳动者所占比例仍是多数，平均达到 53%。因此可以看到，与三年前相比，平均 59% 的劳动者认为自己的状况和原来"差不多"，而对未来三年的预期，仍有平均53%的劳动者认为自己的状况还是"差不多"。总体而言，状况获得改善和预期会改善的平均比例分别为23%和27%，状况"下降了/将会下降"的平均比例分别为10%和6%，如果将调查中回答"差不多""下降了/将会下降"以及"不好说"的个案都视为状况没有获得改善，那么这一比例平均分别高达77%和73%。

从以上分析可见，在工资晋升、职位晋升以及工作条件改善和社会经济地位提升方面，主要劳动力市场都优于次要劳动力市场。由此可以支持假设5，即从数据上反映，行业主要劳动力市场中行业的职位晋升机会和工资晋升机会更稳定，而次要劳动力市场中行业的职位晋升机会和工资晋升机会相对不稳定。当然，正如分析中发现的一样，处于"中间"状态（"差不多"）的劳动者总是居于劳动力市场中的大多数，大概占总体的1/2，而状况改善的大概占总体的1/4，状况恶化的大概占总体的1/10。这种分层结构与社会分层的"橄榄形"结构不谋而合。

表4-10　　　在您看来，三年后您本人会发生什么变化？　　　单位:%

		将会上升	差不多	将会下降	[不好说]
收入	主要劳动力市场	50.0	36.4	5.7	7.9
	次要劳动力市场	40.4	42.3	5.8	11.5
职位	主要劳动力市场	21.5	57.6	5.4	15.5
	次要劳动力市场	13.8	61.4	6.0	18.8
工作条件	主要劳动力市场	27.2	54.9	5.2	12.8
	次要劳动力市场	17.0	59.6	5.8	17.6
社会经济地位	主要劳动力市场	27.2	56.3	6.8	9.8
	次要劳动力市场	22.8	56.8	8.3	12.1

三　行业主、次劳动力市场的现职年资回报率

已有研究显示，年龄是影响个人收入重要因素。然而，年龄对收入的影响又具有一定的复杂性，即在不同年龄阶段以及在不同行业以及不同国有化程度的单位里，年龄的收入回报率都会有不同的特点。年龄对收入的影响主要在于人们往往把年龄视为资历的一种重要表现。在不同劳动力市场中，工作年限也被视为一种经验、技能和资历的积累，因此

对个人收入也产生一定的影响。二元劳动力市场理论对工作年资的研究指出，在内部劳动力市场表现出年资特别是现职工作年资①的经济回报随着在该组织工作时间越长，工资收入越高的特点。② 戴慧思（Davis-Friedmann）的"先到先得利"假设认为无论在再分配经济下还是在市场经济条件下，年资回报都是稳定劳动积极性的策略。③ 而我们知道，内部劳动力市场主要存在于主要劳动力市场，因此，我们提出假设，行业主要劳动力市场中劳动者现职年资的收入回报高于次要劳动力市场。为了检验这一假设，我们对行业主要劳动力市场和次要劳动力市场分别与现职年资的交互作用进行了回归分析。考虑到现职年资与所在行业密切相关，并且现职年资本身就是相对于目前所在职业的工作年限，因此它不会脱离职业或所在行业发挥作用，因此，这里仅对现职年资与行业不同部门的交互作用做回归分析。计算结果如表4-11所示。

表4-11 　　行业现职年资收入差异回归模型（OLS, N=1020）

常数项/变量	交互模型	
	b	Sig.
常数项	7.876	0.000
性别（男=1）	0.229	0.000
年龄	-0.003	0.239
户口（非农业=1）	0.232	0.000
党员身份（党员=1）	0.048	0.577
受教育年限	0.089	0.000
交互变量		
行业主要劳动力市场 * 现职年资	0.063	0.000
行业主要劳动力市场 * 现职年资的平方/100	-0.145	0.000
R^2	0.306	

---

① 工龄的平方除以100的目的是提高模型回归系数的易读性。参见王天夫、赖扬恩、李博柏《城市性别收入差异及其演变：1995—2003》，《社会学研究》2008年第2期。

② S. Spilerman, "Careers, Labor Market Structure, and Socioeconomic Achievement". *American Journal of Sociology*, Vol. 83, No. 3, 1997.

③ Deborah Davis-Friedmann, "Intergenerational Inequalities and the Chinese Revolution". *Modern China*, Vol. 11, No. 2, 1985.

续表

常数项/变量	交互模型	
	b	Sig.
Adjusted R^2	0.301	

从表 4-11 中统计结果可知，在控制了基本变量之后，我们发现，相对行业次要劳动力市场，行业主要劳动力市场与现职年资的交互作用对收入产生正向作用，二者的交互作用对收入的回报率为 6.3%，且统计结果具有显著性；而行业主要劳动力市场与现职年资的平方/100 的交互作用显示为负，而且统计结果也具有显著性，这说明现职年资的收入回报率呈向下开口的抛物线形状，即呈现先增后减的态势。这与以往研究发现年龄的收入回报呈向下开口的抛物线形状，个人收入会先随着年龄的增长而增加，当临近退休时开始下降的结论[1]相类似。由此可见，在行业主要劳动力市场，现职年资对工资收入具有正向的积极作用，我们的研究假设 6（行业主要劳动力市场中劳动者现职年资的收入回报高于次要劳动力市场）得到了数据支持。从而也佐证了二元劳动力市场提出的在内部劳动力市场经济回报随着现职年资的增长而增加的论断。

第三节 行业主、次劳动力市场人力资本回报率差异

人力资本回报率的讨论是市场转型理论争论的焦点之一，讨论的是市场转型对人力资本回报率的影响；而劳动力市场分割理论对人力资本回报的研究则认为在主、次劳动力市场具有不同的人力资本回报。本研究主要是在市场转型的背景下，讨论行业中主、次劳动力市场的人力资本回报差异。

一 人力资本与收入分配

人力资本是影响收入分配的重要因素，对于这一点已经得到反复证

---

[1] 王天夫、赖扬恩、李博柏：《城市性别收入差异及其演变：1995—2003》，《社会学研究》2008 年第 2 期。

明。然而，从以往的研究来看，人力资本对收入分配的影响机制颇为复杂。"人力资本理论"强调，个人所拥有的人力资本（受教育水平、技能和工作经验等）对其收入的决定作用[①]；而倪志伟等市场转型论学者也有着类似这样的个人主义解释取向的观点，认为，随着市场化的深入，劳动力人力资本的回报率将会上升。[②] 而与此不同的是，结构主义更加强调结构变量而不是个人因素对于个人收入的决定作用。劳动力市场分割理论对人力资本理论持批判态度，强调收入取决于不同的劳动力市场结构[③]，认为人力资本回报在不同劳动力市场之间存在差异。职位竞争模型（job competition model）理论认为，人们所处的社会地位决定了个人收入的高低，而个人的社会经济特征在求职过程中主要起到筛选的作用，并不直接决定个人的收入[④]，即我们通常所理解的教育、经验等个人特征为就业提供了敲门砖，但这些人力资本的回报还要受到所进入部门的影响和制约。因此有学者指出，人力资本的作用大小还取决于它们与资源配置之间的关联方式。[⑤] 当然，个人主义和结构主义对收入分配都具有各自的解释力，但每个解释工具都有自身的缺陷和不足。事实上，个人因素与结构因素往往并非截然分开的，很多时候二者是交织在一起产生交互作用。正如王甫勤 2010 年的研究所指出的那样，我们必须充分考虑人力资本因素和结构因素的作用，以及二者的交互作用[⑥]。

二 人力资本在行业主、次劳动力市场的收入回报

基于以往的研究经验，本部分主要考察的是人力资本在行业中主、

[①] Gary S. Becker, Human Capital: A Theoretical and Empirical Analysis, with Special Reference to Education. New York: Columbia University, 1964.

[②] Yang Cao and Victor Nee, "Comment: Controversies and Evidence in the Market Transition Debate". *American Journal of Sociology*, Vol. 105, No. 4, 2000.

[③] Arne L. Kalleberg, Michael Wallace and Robert P. Althauser. "Economic Segmentation, Worker Power, and Income Inequality". *American Journal of Sociology*, Vol. 87, No. 3, 1981.

[④] Arthur Sakamoto and Daniel A. Powers., "Education and the Dual Labor Market for Japanese Men". *American Sociological Review*, Vol. 60, No. 2, 1995.

[⑤] 张丽娟：《转轨阶段劳动力市场的所有制分割与收入分配》，载李路路、边燕杰主编《制度转型与社会分层：基于 2003 全国综合社会调查》，中国人民大学出版社 2008 年版，第 156 页。

[⑥] 王甫勤：《人力资本、劳动力市场分割与收入分配》，《社会》2010 年第 1 期。

次劳动力市场中对收入分配的不同影响。一般而言，教育和技术职称是测量人力资本较常使用的指标，因此，本研究主要采用这两个变量作为衡量不同行业中的人力资本含量。

（一）行业主、次劳动力市场的教育回报

直观地看，在行业的主要劳动力市场和次要劳动力市场上，教育的收入回报总体是随着教育水平的提高而提高的。其中唯一的例外在于，行业中主要劳动力市场中"没有受过任何教育"组别的收入高于其下一组别"扫盲班"的收入，由于这一组别个案很少（n=6），同时，行业主要劳动力市场中"扫盲班"组别的个案数也相当少（n=3），因此很容易受到奇异值的影响然而偏离正常范围。因此，在描述分析时，将这两个组别和"小学"合在一起作为"小学及以下"的个案。通过分析发现，虽然总体上收入随着受教育水平的提高而增加，但相同的受教育水平的收入回报在行业主要劳动力市场和行业次要劳动力市场却存在较大差距。例如，同样是"小学及以下"的受教育水平，主要劳动力市场劳动者的平均收入为11184.62元，而次要劳动力市场劳动者的平均收入为6402元，前者是后者的1.7倍；而这种差距随着受教育水平的提高呈现扩大趋势，即在相同的受教育水平的情况下，受教育水平越高，行业主要劳动力市场比行业次要劳动力市场的收入优势越明显。从行业主要劳动力市场和次要劳动力市场平均受教育年限的比较来看，行业的主要劳动力市场总体人均受教育年限高于次要劳动力市场，平均收入也高于次要劳动力市场，具体来看，正如划分行业主、次劳动力市场的数据显示，行业主要劳动力市场人均受教育年限约为13年，平均收入达到24685.19元，而次要劳动力市场的人均受教育年限仅为9年，平均收入为7818.68元（如表4-12所示）。

为了更具信服力的检验教育在行业中不同劳动力市场的作用，本研究对行业不同劳动力市场与教育对收入的影响做了交互作用的回归分析（如表4-13所示）。由于本研究的受教育程度变量（定序变量）包含9个等级，与行业不同劳动力市场做交互分析十分烦琐，因此，本研究将受教育程度转换为受教育年限。这样做的好处在于受教育年限是定距变量，一方面可以包含更多信息；另一方面，受教育年限只有一个自由度,更便于做交互作用分析。① 这一分析过程分为了两个层次,首先是在不考虑行业变量的情况下对受教育年限做独立模型分析,从而考察教育对收入回报的作用;其次是建立行业不同劳动力市场部门与教育的交互模型,以此考察教育在不同行业部门对收入的影响。

表4-12　按行业主、次劳动力市场中受教育水平类别分类的收入均值及标准差　　单位:元

行业主、次劳动力市场＊受教育水平	收入均值		标准差		标准差/均值	
	主	次	主	次	主	次
没有受过任何教育	10166.67	6356.79	11352.122	4905.620	1.12	0.77
扫盲班	5066.67	9720.00	4318.950	10795.555	0.85	1.11
小学	12623.53	6184.90	9870.634	4706.166	0.78	0.76
初中	15383.85	7855.59	23773.483	5779.368	1.55	0.74
普通高中	21043.08	8612.39	21480.464	6567.419	1.02	0.76
职业高中、中专及技校	32534.48	13411.11	89061.222	11677.984	2.74	0.87
大学专科	25753.57	14782.61	20053.191	7024.868	0.78	0.48
大学本科	38021.05	14000.00	28374.819	4082.483	0.75	0.29
研究生及以上	41666.67	-	13662.601	-	0.33	-

表4-13　行业教育-收入差异回归模型(OLS,N=1020)

常数项/变量	教育模型		交互模型	
	b	Sig.	b	Sig.
常数项	7.799	0.000	7.973	0.000
性别(男=1)	0.221	0.000	0.233	0.000
年龄	0.000	0.932	0.001	0.757
户口(非农业=1)	0.234	0.000	0.226	0.000
党员身份(党员=1)	0.025	0.765	0.025	0.766
受教育年限	0.076	0.000	0.054	0.000
行业主、次劳动力市场				

---

① 郝大海、李路路:《区域差异改革中的国家垄断与收入不平等——基于2003年全国综合社会调查资料》,《中国社会科学》2006年第2期。

续表

常数项/变量	教育模型		交互模型	
	b	Sig.	b	Sig.
（参照行业次要劳动力市场）				
行业主要劳动力市场	0.595	0.000	0.007	0.969
交互变量				
行业主要劳动力市场 * 受教育年限			0.054	0.000
R^2	0.332		0.340	
Adjusted R^2	0.328		0.336	

从表 4-13 的计算输出结果来看，教育模型反映了在控制其他变量的情况下，受教育年限对收入的影响是正向的，受教育年限对收入的回报率为 7.6%，且这一统计结果具有显著性。而从行业部门与受教育年限的交互模型来看，相比行业次要劳动力市场，行业主要劳动力市场与教育年限的交互作用对收入的影响也是正向的，其收入回报率为 5.4%，这一统计结果也具有显著性；而同时我们也发现了一个有趣的结果，即在交互模型中，行业主要劳动力市场的收入回报明显下降了（0.595 - 0.007 = 0.588），且统计结果变得不显著，由此可见，行业主要劳动力市场与受教育年限确实存在较强的交互作用。

因此，从以上分析，我们可以发现，一方面行业主要劳动力市场平均受教育水平更高，这决定了它的部分收入回报的优势；另一方面，就相同受教育水平而言，行业主要劳动力市场的收入也高于次要劳动力市场。从一定意义上而言，高人力资本提高了行业主要劳动力市场的行业收入，而反过来行业主要劳动力市场这一结构性资源也使人力资本的回报得以提升。这在某种程度上印证了人力资本与结构性因素（这里主要指的是行业的主次劳动力市场）存在交互作用。因而行业主要劳动力市场的人力资本回报高于行业次要劳动力市场的假设可以从不同受教育水平的收入回报上得到支持。这一结论与吴愈晓 2011 年的研究结论认为"在主要劳动力市场中人力资本是高回报的，而在次要劳动力市场，人力资本因素（教育和资历）与工资收入几乎无关"①的观点相吻合。

（二）行业中主、次劳动力市场不同技术职称的收入回报

技术职称通常也被认为是衡量人力资本的一个重要指标，一般而言，按照通常的社会观感判断，技术职称越高的劳动者收入越高。本研究考察了行业主、次劳动力市场中不同技术职称的劳动者的收入差异。按照等级的高低，将技术职称划分为无技术职称、低级技术职称、中级技术职称和高级技术职称四个等级。如表4-14的分析，我们容易得到这样一个基本的经验性认识：劳动者的收入与技术职称呈现出明显的正向关系，而这种关系不论是在行业的主要劳动力市场，还是次要劳动力市场都表现出相同的趋势，即随着技术职称的提升，收入也逐渐增加。而与教育的收入回报在主、次劳动力市场上的差异相类似，技术职称的收入回报也表现出主要劳动力市场优于次要劳动力市场的特点，即具有相同技术职称的劳动者，在主要劳动力市场获得高于次要劳动力市场的收益。

以上分析是基于调查数据的描述分析，还不足以充分反映行业中主、次劳动力市场技术职称作为人力资本回报的差异，接下来，我们将用回归模型来加以分析检验。由于教育和管理位置与技术职称具有较高的相关性，因此为避免多重共线性影响，在回归模型中并不把教育和管理位置纳入回归模型。关于模型的建立，同样也分为了两个层次，首先是在不考虑交互作用时不同技术职称对收入的影响；其次在考虑交互作用时这种影响的差异。

表4-14　　　　按行业主、次劳动力市场中技术职称类别
分类的收入均值及标准差　　　　单位：元

行业主、次劳动力 市场*技术职称	收入均值		标准差		标准差/均值	
	主	次	主	次	主	次
无技术职称	21879.32	7636.89	47078.150	5925.992	2.15	0.78
低级技术职称	21164.71	8796.48	12642.542	7326.363	0.60	0.83
中级技术职称	26313.04	10745.53	20737.646	9386.009	0.79	0.87

---

① 吴愈晓：《劳动力市场分割、职业流动与城市劳动者经济地位获得的二元路径模式》，《中国社会科学》2011年第1期。

续表

行业主、次劳动力市场＊技术职称	收入均值		标准差		标准差/均值	
	主	次	主	次	主	次
高级技术职称	41307.14	14707.14	44951.051	8344.548	1.09	0.57

统计结果如表4-15所示，从技术职称的独立模型来看，在控制了其他变量之后，相对于"无技术/无技术职称"的人员而言，"低级技术职称"对收入显示的是具有正向作用，但这种作用并不具有统计上的显著性；而"中级技术职称"和"高级技术职称"对收入的正向影响则具有显著性，它们对收入的回报率分别为33%和65%。然而，从技术职称和行业部门的交互模型来看，虽然决定系数显示具有正向作用，但这种交互作用都不具有统计上的显著性。因此，我们还不能简单地做出这样的论断，即认为技术职称在行业主要劳动力市场具有比行业次要劳动力市场更高的收入回报率，由此，我们的研究假设没有通过数据检验。我们只能认为，技术职称对行业收入具有影响作用，但这种作用在行业的主要劳动力市场和次要劳动力市场的区别并不显著。

表4-15 行业技术职称收入差异回归模型（OLS，N=1020）

常数项/变量	技术职称模型		交互模型	
	b	Sig.	b	Sig.
常数项	8.708	0.000	8.725	0.000
性别（男=1）	0.220	0.000	0.222	0.000
年龄	-0.009	0.000	-0.009	0.000
户口（非农业=1）	0.413	0.000	0.413	0.000
党员身份（党员=1）	0.078	0.359	0.078	0.359
行业主、次劳动力市场				
（参照行业次要劳动力市场）				
行业主要劳动力市场	0.725	0.000	0.686	0.000
技术职称				
（参照无技术/无技术职称）				
低级技术职称	0.131	0.109	0.076	0.442
中级技术职称	0.330	0.000	0.246	0.041

续表

常数项/变量	技术职称模型		交互模型	
	b	Sig.	b	Sig.
高级技术职称	0.650	0.000	0.646	0.003
交互变量				
行业主要劳动力市场 * 低级技术职称			0.170	0.332
行业主要劳动力市场 * 中级技术职称			0.160	0.320
行业主要劳动力市场 * 高级技术职称			0.028	0.916
R^2	0.310		0.311	
Adjusted R^2	0.305		0.304	

第四节　行业主、次劳动力市场政治资本回报差异

关于政治资本的收入回报的变化在市场转型理论中曾有过针锋相对的激烈讨论，也形成了多种观点。本研究主要探讨的是行业中主、次劳动力市场的政治资本回报差异。

一　政治身份与利益分割

在传统官本位思想的影响下，人们往往容易将政治身份与利益分割联系起来，政治身份与权力、资源的结合意味着收益。然而，政治资本与收益的关系，目前仍是一个难以十分明确的问题。关于政治资本回报的讨论在学术界一直延续着。倪志伟在其市场转型论中提出了"权力贬值的假说"，即认为政治资本的回报随着市场化进程会降低或削弱。[1] 而倪志伟这一观点的提出引发了学者们对政治资本回报的论战，许多学者都提出了异议。其中以罗纳—塔斯（Akos Rona-Tas）的"权力变形假说"、边燕杰和罗根的"权力维继论"、白威廉和麦谊生（Parish and Michelson）"政治市场"理论以及周雪光（Zhou）的"市场—政治共生

---

[1] Victor Nee, "A Theory of Market Transition: From Redistribution to Market in State Socialism". *American Sociological Review*, Vol. 54, No. 5, 1989.

模型"（a market-politics coevolution model）为典型代表,他们的观点无一例外对倪志伟的"权力贬值的假说"提出批判和质疑,他们的共同观点在于,政治资本的收益回报不会随着市场化进程而受到削弱,拥有政治资本的人在市场体制中仍具有获益的优势。从以往的这些研究来看,他们对政治资本对收入回报的分析大多是从个人层次提出的,他们的论证的基本逻辑在于：政治资本之所以能获得收益,主要是因为它与职位权力相结合。①

当前也有一些学者从结构化的角度来考察政治资本在这些结构性因素的交互作用下对收入回报的影响。王天夫、崔晓雄将党员身份置于行业中进行考察,分析党员身份在行业间收入回报的差异,分析发现,党员身份在行业间的收入回报并没有差异。② 而刘精明考察了党员身份与职业阶层的交互作用对收入的影响,结果表明,政治资本与权力的关联是一种非常确定的反向联系,政治资本与权力的结合并没有导致更高的收益,而是相反。③

由此可见,大多数学者认为政治资本在个人层面具有正向的收入回报效应。然而,从结构层面上来分析政治资本对收入分配的影响却不那么简单。尽管当前的一些相关经验研究并不完全支持拥有政治资本具有收入优势的观点,但我们还是可以依循传统理论给出分析假设。本研究希望考察的是政治资本在行业中,尤其是在行业主、次劳动力市场这一结构层面上的收入回报的特点,根据主要劳动力市场内部雇佣模式,我们可以相信在这样的雇佣模式下,主要劳动力市场比次要劳动力市场更加注重等级资历对收入回报的作用,而政治资本无疑也是个人身份等级的一种象征,因此我们提出的研究假设是：党员身份在行业主要劳动力市场中比在行业次要劳动力市场中具有收入优势。下面我们将对这一假设进行分析检验。

---

① 刘精明：《劳动力市场结构变迁与人力资本收益》,《社会学研究》2006年第6期。
② 王天夫、崔晓雄：《行业是如何影响收入的——基于多层线性模型的分析》,《中国社会科学》2010年第5期。
③ 刘精明：《劳动力市场结构变迁与人力资本收益》,《社会学研究》2006年第6期。

二 行业主、次劳动力市场与政治资本收入回报的交互分析

纵观以往的经验研究,党员身份往往被用作测量政治资本的关键指标。在中国,共产党员的身份被认为是政治资本的象征。党员身份如同教育文凭一样,是作为政治资本获取某些职位机会或资源的一种资格[①],因此,大部分学者在研究政治资本时将党员身份作为测量政治资本的关键指标,甚至是唯一指标。当然也有学者提出对以政治身份为政治资本指标的有效性的质疑,即政治身份是否仍然是影响个人地位升迁特别是收入分配的重要因素。他们还认为市场化改革和当前党员发展策略的变化直接影响了政治身份指标的有效性,一方面市场化改革已经使国家对社会的全面政治控制状态有了很大的改变,政治身份在评判个人业绩中的作用趋于淡化;另一方面,党员发展策略相较以前更倾向于吸纳具有较高受教育水平的人。[②] 因此,党员身份的收入回报随着时代的变迁也发生着改变。

尽管如此,正如市场转型理论的论战中提到的一样,中国的市场转型是在原有的制度框架内进行的,因此,原有的制度约束并没有就此消失,而是继续在社会经济生活中起到制度约束的作用。而这种制度约束作用的变化正是在市场机制和原有制度的相互牵制和抗衡中发生的。由此,在当前市场转型时期,我们还难以否认党员身份作为政治资本在社会经济生活中的作用,我们更需要做的是明确党员身份的作用发生了怎样的变化以及是如何变化的。因此本研究仍将党员身份作为衡量政治资本的核心指标,以研究政治指标在行业不同劳动力市场中的作用。

表 4-16 对比分析了行业中主要劳动力市场和次要劳动力市场中具有不同政治资本的劳动者的收入,表中的数据显示,具有党员身份的劳动者的收入并没有明显表现出高于非党员身份的劳动者。具体而言,在主要劳动力市场,具有党员身份的劳动者的收入低于非党员身份的劳动者;而在次要劳动力市场却是相反的情形,具有党员身份的劳动者人均

---

① B. Li and A. Walder, "Career Advancement as Party Patronage: Sponsored Mobility into the Chinese Administrative Elite, 1949-1996". *American Journal of Sociology*, Vol. 106, No. 5, 2001.

② 郝大海、李路路:《区域差异改革中的国家垄断与收入不平等——基于 2003 年全国综合社会调查资料》,《中国社会科学》2006 年第 2 期。

收入高于非党员身份的劳动者。由此表明，政治资本并未像我们的研究假设所说的那样，政治资本将会带来高收入回报，至少在行业中主劳动力市场和次要劳动力市场的情形并非如此简单。

表 4-16　　　按行业主、次劳动力市场中政治资本类别
分类的收入均值及标准差　　　　　单位：元

政治资本	收入均值		标准差		标准差/均值	
	主	次	主	次	主	次
党员	20395.52	11128.85	16610.936	7115.968	0.81	0.64
非党员	24820.19	7879.55	44268.189	6451.557	1.78	0.82

为了进一步检验这一观点，本研究还对政治资本与行业不同劳动力市场的交互作用进行了回归分析。这一过程也分为两个层次，首先是在不考虑行业分化的情况下，建立党员身份的独立模型，以检验党员身份对收入回报的影响；其次，将行业分化的因素放入模型中，通过党员身份与行业部门的交互作用分析，进一步考察党员身份在行业不同部门中的收入回报的差异。

统计分析结果如表 4-17 所示，从政治资本的独立模型可以看出，在控制其他变量的情况下，党员身份对收入回报具有正向作用，其收入回报率为 33.6%，且这一统计结果具有显著性。然而，在交互模型中，计算结果显示，相对于次要劳动力市场，党员与行业主要劳动力市场的交互作用对收入的影响为负向作用，然而，这一统计结果不具有显著性。从两个模型对比来看，政治资本的独立模型说明党员身份仍然对个人的收入产生一定的正向影响，但这种影响在行业的不同部门中却不是简单的正向关系，甚至出现了负向联系，因此表现出更高的复杂性。因而我们提出的"党员身份在行业主要劳动力市场中比在行业次要劳动力市场中具有收入优势"研究假设并没有获得数据的支持。这一结论与刘精明研究党员身份与职业阶层的交互作用为反向联系[①]的观点相似。因此，这一结论并不支持市场转型论关于政治资本的推论，有关政治资本的收益回报问题，仍需要进一步研究和分析。

---

① 刘精明：《劳动力市场结构变迁与人力资本收益》，《社会学研究》2006 年第 6 期。

表 4-17　行业政治资本收入差异回归模型（OLS，N=1020）

常数项/变量	政治资本模型		交互模型	
	b	Sig.	b	Sig.
常数项	9.116	0.000	8.703	0.000
性别（男=1）	0.324	0.000	0.239	0.000
年龄	-0.017	0.000	-0.009	0.000
户口（非农业=1）	0.636	0.000	0.448	0.000
党员身份（党员=1）	0.336	0.000	0.310	0.009
行业主、次劳动力市场				
（参照行业次要劳动力市场）				
行业主要劳动力市场			0.817	0.000
交互变量				
行业主要劳动力市场 * 党员			-0.282	0.082
R^2	0.140		0.286	
Adjusted R^2	0.137		0.282	

本章小结

本章首先通过引入邓肯指数（社会经济地位指数），对行业主、次劳动力市场进行了划分，在此基础上对行业主、次劳动力市场中收入分配状况进行了分析，通过对行业主、次劳动力市场中的收入结构，福利待遇，工资与奖金的稳定性以及行业主、次劳动力市场中的职业阶层收入差异，行业中主、次劳动市场中的人力资本回报和政治资本回报的考察，对二元劳动力市场力量进行检验，研究发现：

行业主、次劳动力市场的劳动者收入的主要来源来自工作内收入，或者说是行业内收入；行业主要劳动力市场的工资性收入远远高于次要劳动力市场，而且行业主要劳动力市场有着明显优于行业次要劳动力市场的奖励激励机制（行业主要劳动力市场的奖金收入要远远高于行业次要劳动力市场）；与此不同的是，行业次要劳动力市场则依靠更多的工作外收入来提高自己的收入水平。行业主要劳动力市场福利待遇优于行业次要劳动力市场。行业主要劳动力市场的工资稳定性要高于次要劳动力市场，相应的，行业次要劳动力市场的工资收入的波动性较大。在工资晋升、职位晋升以及工作条件改善和社会经济地位提升方面，行业主要劳动力市场都优于行业次要劳动力市场。在行业主要劳动力市场，现职年资对工资收入具有正向的积极作用。从管理位置测量的行业劳动力市场中的职业阶层来看，不同管理位置对收入的影响并不是像通常预想的那样，管理位置越高，收入越高，而是表现出一定的"中间位置"优势，或者说处于"中间位置"对收入的影响更稳定，而处于低层管理位置或无管理位置的一般人员以及高层管理人员对收入的影响作用尚不明确，还需要更多的研究和分析。综上所述，本研究的假设2、假设3、假设5、假设6得到了数据的支持，因此，从总体上验证了二元劳动力市场理论。但需要注意的是，本研究的假设4没有得到数据支持，由于二元劳动力市场理论是在西方发达市场经济条件下提出的，由此表明我国行业主、次劳动力市场仍有不同于西方发达国家劳动力市场的独特性，还需进一步研究。

对行业主、次劳动市场的人力资本回报的分析发现，高人力资本提高了行业主要劳动力市场的行业收入，而反过来行业主要劳动力市场这一结构性资源也使人力资本的回报得以提升。这在某种程度上印证了人力资本与结构性因素（这里主要指的是行业的主次劳动力市场）存在交互作用。因而假设7"行业主要劳动力市场的人力资本回报高于行业次要劳动力市场"可以从受教育水平的收入回报上得到支持。但研究并未发现，技术职称在行业主要劳动力市场具有比行业次要劳动力市场更高的收入回报率，由此可见，作为人力资本的衡量，受教育水平比技术职称有着更高的收入回报效应。

对行业主、次劳动市场的政治资本回报的分析发现，党员身份仍然对个人的收入产生一定的正向影响，但这种影响在行业的不同部门中却不是简单的正向关系，反而出现了负向联系，因此表现出更高的复杂性。因而我们提出的研究假设8"党员身份在行业主要劳动力市场中比在行业次要劳动力市场中具有收入优势"并没有获得数据的支持。

第五章

行业收入不平等的合法性

正如前文所述,平等(抑或不平等)描述的是社会有价资源分配的客观状态,强调的是"谁获得了什么、为什么获得";而公平则是人们对社会有价资源的分配方式或结果的正当性的价值判断,即强调的是"谁应该获得什么"。当分配的不平等超出人们对其分配公平性的价值判断时,这种分配被认为是不合理的,或是不公平的,而分配不公则很可能成为社会矛盾冲突的导火索。因此,在不平等普遍存在的情况下,换句话说,任何社会都难以实现绝对的平等的情况下,这时人们更关心的是怎么样的不平等是合理的,能够接受的,这就是不平等的合法性问题。当前,行业收入不平等持续扩大,并日益成为导致社会分化越来越重要的结构性因素之一。由此,我们很有必要明确人们对行业收入不平等的社会认知,即人们对行业收入不平等的价值判断或合理性判断的问题,这对缓解社会不公、促进社会稳定无疑具有重要意义。

第一节 行业收入不平等的社会认知

人们对分配公平感的价值判断是测量人们对收入不平等的社会认知及合法性的重要指标。关于收入不平等的社会认知或合法性的研究,比较理想的做法应当是将宏观与微观比较的结合,即比较个人层次的公平感和社会层次的公平感,但由于社会层次的主观认知的数据比较匮乏,而专门针对行业收入不平等的社会认知的数据更是少之又少,因此本研究根据数据的可获得性采取了以下研究策略,即根据 CGSS 2006 的相关数据,从两个方面来分析人们对行业收入不平等的社会认知。一是不同行业从业者对自我分配公平感的价值判断，具体操作化指标为不同行业从业者对自身收入合理性判断；二是人们对收入不平等的归因的认知，我们将这种归因区分为内因（受教育程度、个人工作绩效、个人努力程度等）和外因（机会、政策等），如果倾向于将分配不平等内部归因，那么可以认为人们对当前的分配不平等的判断是公平的、合理的，相反则认为是不公平、不合理的。

一　不同行业从业者自我分配公平感

在CGSS 2006的调查项目中，按照4段利克特量表将人们对自身收入合理性的判断分为"非常合理""合理""不合理"以及"非常不合理"四个层次，这样的设计可以有效避免中国人倾向于中庸式回答的作答定势。从统计分析结果来看（如表5-1所示），认为自身收入"非常合理"或"非常不合理"的占少数，分别占比为1.2%和8.9%，但后者明显高于前者；而认为自身收入"合理"或"不合理"的居多数，分别占到50.8%和39.1%。

表5-1　　　　　　　　　　收入合理性判断的描述统计

	Frequency	Percent	Valid Percent	Cumulative Percent
非常合理	59	1.2	1.2	1.2
合理	2559	50.8	50.8	51.9
不合理	1972	39.1	39.1	91.1
非常不合理	451	8.9	8.9	100.0
Total	5041	100.0	100.0	

根据4段利克特量表的特点，我们可以很容易将人们对收入合理性的判断由四个层次合并为两个正反不同的层次，即可以将"非常合理"和"合理"合并为"合理"，或认为是"公平"的；而将"不合理"和"非常不合理"合并为"不合理"，或认为是"不公平"的。经过这样的处理，我们可以更清晰地判断人们对自我分配公平感的价值判断。从总体情况来看，认为收入"合理"的判断占总体的52%，而认为收入"不合理"的判断占总体的48%，可见，虽然认为"合理"的比例相对较高，但二者所占比例十分接近，相差不大。由此我们可以初步发

现，总体上在对收入合理与否的价值判断上存在"两极分裂"的状况。

在这样的分配公平观的总体"分裂意识"中，各行业从业者对自身收入公平合理与否的判断又存在自身的特点。表5-2中的统计数据反映的是认为收入"合理"占比前10位和后10位的行业。从收入"合理"判断占比最高和最低的行业来看，认为收入"合理"占比最高的行业为信息、咨询业，达到74.3%的比例，较总体平均水平高出22.4个百分点；而认为收入"合理"比例最低的行业为仓储业，比例仅为30.4%，低于总体平均水平21.5个百分点。从收入"合理"判断占比前10位的行业来看，这10个行业认为收入"合理"的比例平均为67.7%，高出总体平均水平的15.8个百分点；而从收入"合理"判断占比最低的10个行业来看，他们认为收入"合理"的平均比例为38.9%，低于总体平均水平13个百分点。结合行业收入来看，对收入"合理"性判断最高的10个行业的平均收入为20564.31元，收入的平均位次为第11位；而对收入"合理"性判断最低的10个行业的平均收入为9570.07元，收入的平均位次为第45位。

从行业收入与收入合理性判断排序的趋势图来看（如图5-1所示），高收入的行业更倾向于做出收入"合理"的判断，但我们依然不能做出高收入必然带来高收入合理性的评价，因为很显然，有些收入排序靠后的行业仍有较高的收入合理性评价（如石油和天然气开采业和农副食品加工业，二者的平均收入排序分别为第36位和第56位，但其评价收入合理的比例分别为58.3%和53.8%），而有些收入排序靠前的行业的收入合理性评价却很低（如其他批发业的平均收入位列第10，但其评价收入合理的比率仅为48.5%，位列第37）。

对收入合理性判断与行业收入的关系进行了逻辑斯蒂回归分析。在回归模型中，收入合理性判断做了如前文一样的二元化处理，即将收入合理性判断化约为"合理"与"不合理"两个层次，由此进行以收入合理性判断为因变量的二分类变量的逻辑斯蒂回归分析，其中，以行业及行业平均收入的对数为核心自变量，以性别、年龄、年龄的平方/100、户口以及党员身份为基本的控制变量。通过这样的逻辑斯蒂回归分析可以帮助我们更好地厘清行业收入对收入合理性判断的影响。具体主要通过以下三个模型来考察：一是行业模型，即在不考虑收入的情况下，单独考察行业对收入合理性判断的影响；二是收入模型，这一模型主要考察收入水平对收入合理性判断的影响；三是行业与收入的交互模型，即考察行业与收入的共同作用对收入合理性判断的影响。

表 5-2　　　各行业（大类）对收入合理性的判断
（排名前 10 位与后 10 位）

排序：合理占比		行业	平均收入（元）	收入排序	合理	不合理	N	合理占比
前10位	1	信息、咨询业	31054.29	3	26	9	35	0.743
	2	邮电通信业	14824.14	20	21	8	29	0.724
	3	家具制造业	15343.75	17	23	9	32	0.719
	4	银行业	19571.79	9	27	12	39	0.692
	5	电力、蒸汽、热水的生产和供应业	17039.70	14	45	22	67	0.672
	6	装修装饰业	14518.18	22	29	15	44	0.659
	7	房地产开发与经营业	31275.86	1	19	10	29	0.655
	8	文化艺术业	23795.65	6	15	8	23	0.652
	9	科学研究业	20412.00	7	16	9	25	0.640
	10	保险业	17807.69	12	16	10	26	0.615
后10位	49	纺织业	8684.21	51	65	87	152	0.428
	50	木材加工及木、竹、藤、棕、草制品业	6696.77	57	13	18	31	0.419
	51	电气机械及器材制造业	11717.38	34	35	49	84	0.417
	52	餐饮业	9396.12	46	27	40	67	0.403
	53	化学原料及化学制品制造业	12196.06	31	37	57	94	0.394
	54	其他交通运输业	7771.43	54	11	17	28	0.393
	55	饮料制造业	11044.76	38	8	13	21	0.381
	56	金属制品业	10940.71	40	21	35	56	0.375
	57	印刷业和记录媒介的复制	8685.00	50	15	25	40	0.375
	58	仓储业	8568.26	52	7	16	23	0.304

说明：由于行业较多（本研究样本中包含 58 个行业大类），无法在正文将所有行业的排序都显示出来，表中显示的是认为收入"合理"占比前 10 位和后 10 位的行业。

为了对行业收入与对收入合理性判断的关系做出更有说服力的检验，本书表 5-3 是收入合理性判断的逻辑斯蒂回归分析结果。从行业模型来看，在控制其他变量的情况下，行业对收入合理性判断有着正向的作用，这种作用具有统计上的显著性，但是从决定系数来看，行业对收入合理性判断的影响并不是很大；而从收入模型来看，统计结果显示，收入的对数与收入合理性判断有着显著的正向关系，而这时行业对收入

第五章 行业收入不平等的合法性

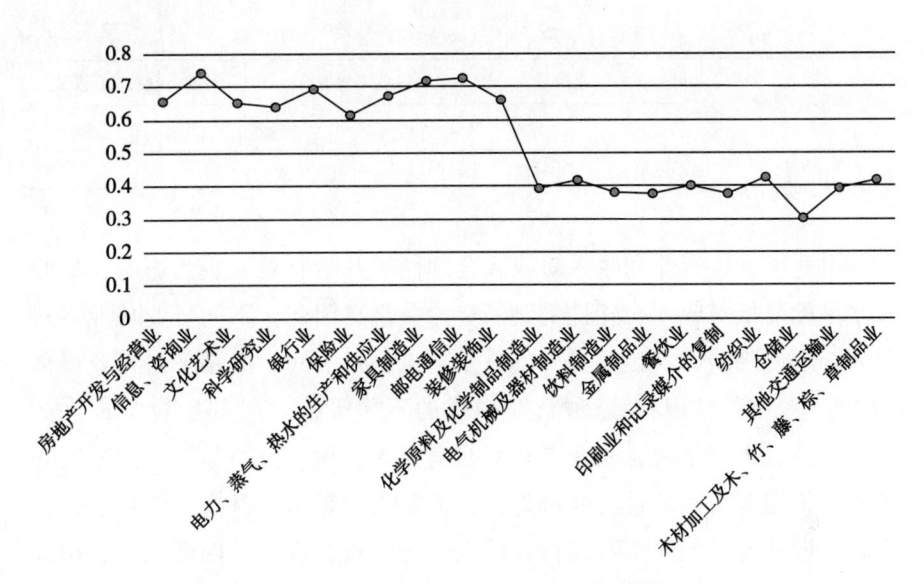

图 5-1　排名前 10 位与后 10 位行业收入合理性判断占比

合理性判断的影响变得不显著；再从行业与收入的交互模型来看，行业与收入的交互作用对收入合理性也有着正向的作用，但这一作用与行业对收入合理性判断的作用类似，虽具有统计上的显著性，但决定系数很小。

表 5-3　收入合理性判断行业——收入影响的逻辑斯蒂回归分析

常数/变量	行业模型		收入模型		行业—收入交互模型	
	B	Sig.	B	Sig.	B	Sig.
常数	1.579	0.000	-4.748	0.000	1.423	0.000
性别（男=1）	0.143	0.014	-0.067	0.271	0.145	0.013
年龄	-0.073	0.000	-0.067	0.000	-0.072	0.000
年龄的平方/100	0.072	0.000	0.076	0.000	0.073	0.000
户口（非农业户口=1）	-0.173	0.007	-0.662	0.000	-0.207	0.001
党员身份（党员=1）	0.034	0.709	-0.091	0.338	-0.024	0.794
行业	0.0002	0.001	0.000	0.324		
收入的对数			0.724	0.000		
行业*收入的对数					0.00005	0.000
Cox & Snell R Square	0.016	0.086	0.021			
Nagelkerke R Square	0.021	0.114	0.028			

续表

常数/变量	行业模型		收入模型		行业—收入交互模型	
	B	Sig.	B	Sig.	B	Sig.
N	5041	5041	5041			

由此可见，行业和收入对收入合理性的判断有着一定的影响，但收入水平的高低对收入合理性的判断更为关键，因此，不同行业从业者对收入合理性判断的真正差异并不是主要来自行业间，而是来自行业内部的收入不平等，以及对这种行业内部的不平等的"局部比较"产生的不公平感。也就是说，从业者在对自身收入合理、公平与否的判断，并不主要依据其实际的社会经济地位，而更多的是与自身相关的群体进行比较，即从业者倾向于与同行业的人进行比较，或行业内部比较，由此便可以解释为什么一些高收入行业从业者对收入合理性和公平性评价很低，而一些低收入行业的从业者却对收入合理性和公平性的评价高，也可以解释行业收入合理性判断中的"分裂意识"的产生。

二 行业收入不平等的归因认知

人们对分配不平等的归因认知也是对不平等的分配状况公平与否的价值判断。通常人们对分配不平等的归因存在两种，即内部归因和外部归因。一般认为，内部归因即认为分配的不平等源自个人的自身条件，如能力、学识、个人工作绩效、个人努力程度等。内部归因更符合市场化运作下的竞争逻辑，因此，在市场化进程中，持内部归因的个人更倾向于认为当前的分配是公平的、合理的。外部归因则认为分配的不平等源自外在的社会结构、环境和条件，如机遇、政策、歧视性条件等，因此持外部归因的个人更倾向于认为当前的分配是不公平、不合理的。本研究着重探讨的是行业从业者对收入不平等归因的认知，以考察其对收入分配不平等的公平性的价值判断。

（一）行业工资、奖金的决定因素

收入不平等首先源自工资、奖金的差异，因此，我们首先考察的是行业工资、奖金的决定因素，从行业工资、奖金是否取决于个人业绩来判断行业收入的公平性。下面主要是从行业月工资和月奖金的决定因素开始进行分析。

CGSS 2006 从三个方面对月工资和月奖金的决定因素进行了调查，集中反映的是个人业绩在月工资和月奖金中的决定作用。表 5-4 呈现了不同行业从业者对个人业绩在月工资和月奖金中的决定作用的判断。从表中数据来看，认为月工资完全由工作量或个人业绩决定的比例，行业次要劳动力市场相对较高，为 50%，而行业主要劳动力市场为 42%，比行业次要劳动力市场低 8 个百分点，而本研究中数据样本所涉及的 58 个行业大类的总体平均比例为 43%，因此，行业次要劳动力市场的这一比例高于平均水平，而行业主要劳动力市场则低于平均水平。认为月工资部分参考工作量或个人业绩的比例相对于认为完全由工作量或个人业绩决定的比例要低很多，在行业主要劳动力市场中这一比例为 15%，行业次要劳动力市场为 16%，58 个行业的总体平均水平为 17%，因此三者的这一认知比例很接近。然而，认为月工资与工作量和个人业绩基本无关的比例却与认为完全由工作量或个人业绩决定的比例相当，但不同劳动力市场的情况却发生逆转，行业主要劳动力市场这一比例最高，为 43%，次要劳动力市场为 34%，前者比后者高 9 个百分点，而 58 个行业的总体平均水平为 40%。这一情况基本与对"完全由工作量或个人业绩决定"的情形相反，即认为月工资完全由工作量或个人业绩决定的比例，行业主要劳动力市场相对行业次要劳动力市场较低，而认为月工资与工作量或个人业绩基本无关的比例，行业主要劳动力市场相对行业次要劳动力市场较高。个人业绩对行业从业者月奖金的影响存在同样的趋势。

表 5-4　　月工资和月奖金的决定因素判断

		工资		奖金	
		Frequency	Valid Percent	Frequency	Valid Percent
完全由工作量或个人业绩决定	行业主要劳动力市场	128	0.42	104	0.42
	行业次要劳动力市场	207	0.50	123	0.45
	58 行业（大类）	1420	0.43	959	0.40

续表

		工资		奖金	
		Frequency	Valid Percent	Frequency	Valid Percent
部分参考工作量或个人业绩	行业主要劳动力市场	46	0.15	77	0.31
	行业次要劳动力市场	65	0.16	88	0.32
	58 行业（大类）	551	0.17	766	0.32
与工作量或个人业绩基本无关	行业主要劳动力市场	130	0.43	67	0.27
	行业次要劳动力市场	139	0.34	64	0.23
	58 行业（大类）	1334	0.40	653	0.27
Total	N	3305	1	2378	1

从行业主要劳动力市场和行业次要劳动力市场的特性来看，主要劳动力市场主要是那些高收入、高人力资本从业者集中的行业，主要是正规、核心的行业部门，其中也不乏像银行业、水上运输业等这样的垄断行业；而次要劳动力市场则是低收入、低人力资本从业者更为集中的行业，以竞争性行业为主，且主要为边缘行业部门。由此可见，行业主要劳动力市场，尤其是其中的国家垄断行业更容易获得非竞争因素（如行政垄断）的庇护，分配机制也容易受到国家再分配系统的规制而远离市场竞争的分配原则，进而形成论资排辈、按等级资历进行收入分配的机制；而次要劳动力市场则主要是脱离国家行政保护的竞争性行业，竞争机制在收入分配中发挥着主导作用，因此个人工作量或个人业绩在这些行业收入分配中的作用则显得更为重要。这样看来我们就可以比较容易解释收入分配中工作量或个人业绩在行业次要劳动力市场比在行业主要劳动力市场的影响更为突出的现象。遗憾的是，在 CGSS 2006 的调查项目中，关于收入决定因素的认知除了调查了工作量或个人业绩对收入的影响外，并没有涉及其他更多的外在因素，因此无法明确地分析"与工作量或个人业绩基本无关"的那部分工资收入究竟受什么因素的影响。但从作为内部归因的"工作量或个人业绩"的收入的决定性认知的分析中，我们也可以看出，个人能力和工作绩效并未在劳动力市场的分配中占据绝对的主导地位，仍有许多其他个人以外的因素影响着收入分配，而这些因素，尤其是行业垄断因素等正是导致当前收入分配不公的

重要来源。

(二) 贫富差距的归因认知

如果说对个人工资、奖金决定因素的归因认知是基于微观层次的探讨，那么对当前社会贫富差距的归因认知则是相对宏观层次的分析。CGSS 2006 的调查项目中设计了三个对贫富差距归因的判断，即调查了教育、个人努力程度（不愿意工作）和政策因素对贫富差距影响的认知，虽然涉及的因子并不多，但已经涵括当前影响个人收入的主要的个人因素（教育和努力程度）以及外部因素（政策影响）。下面将从这三个方面分析不同行业从业者对社会贫富差距的归因认知。

表 5-5 是不同行业劳动力市场对贫富归因认知的描述统计。在具体的测量中，是从"穷人之所以穷"的角度进行的，但显然，导致贫困的原因同时也是贫富差距的根源所在。我们从教育、努力程度和政策三个层面来分别考察。

表 5-5　　　　　　　　贫穷归因的判断

			非常不同意	不同意	同意	非常同意	Total
穷人之所以会穷，一个重要原因是接受的教育太少	行业主要劳动力市场	Frequency	28	112	164	56	360
		Valid Percent	0.08	0.31	0.46	0.16	1
	行业次要劳动力市场	Frequency	38	196	288	114	636
		Valid Percent	0.06	0.31	0.45	0.18	1
	58 行业（大类）	Frequency	349	1419	2311	852	4931
		Valid Percent	0.07	0.29	0.47	0.17	1
穷人之所以会穷，是因为他们不愿意工作	行业主要劳动力市场	Frequency	71	180	85	29	365
		Valid Percent	0.19	0.49	0.23	0.08	1
	行业次要劳动力市场	Frequency	141	275	169	54	639
		Valid Percent	0.22	0.43	0.26	0.08	1
	58 行业（大类）	Frequency	1121	2263	1137	421	4942
		Valid Percent	0.23	0.46	0.23	0.09	1
政府某些政策不妥当，是造成贫穷的重要原因	行业主要劳动力市场	Frequency	10	62	215	63	350
		Valid Percent	0.03	0.18	0.61	0.18	1
	行业次要劳动力市场	Frequency	12	105	351	147	615
		Valid Percent	0.02	0.17	0.57	0.24	1
	58 行业（大类）	Frequency	132	935	2749	975	4791
		Valid Percent	0.03	0.20	0.57	0.20	1

从教育层面来看,不同行业从业者多数都同意"穷人之所以会穷,一个重要原因是接受的教育太少"的看法。如果将人们的看法从"非常不同意""不同意"和"同意""非常同意"四个层次合并为"不同意"和"同意"两个层次来看,行业主要劳动力市场有62%的从业者认同这一看法,行业次要劳动力市场则有63%的劳动者也认同这一看法,而从58个行业的总体情况来看,64%的从业者认同这一看法,其余的劳动者则持不认同的态度。由此可见,对于教育对收入不平等的影响存在较为趋同的看法,即更多的人认同受教育水平的差异是导致收入不平等的重要原因。从个人努力程度来看,则更多从业者不同意"穷人之所以穷,是因为他们不愿工作"的看法。我们可以把"不愿工作"视为个人的懒惰和不够努力、不够勤奋。对于将贫穷归因于不愿工作或不够勤奋和努力的看法,68%的行业主要劳动力市场从业者不同意这一看法,持相同态度的行业次要劳动力市场的劳动者达到65%,而58个行业的总体情况来看,不同意这一看法的比例达到69%。可见,对这一观点的态度也很鲜明,多数劳动者并不认同将贫穷归因于个人努力不够的观点。从政策层面来看,较为出乎意料的是,有相当比重的劳动者认同"政府某些政策不妥当,是造成贫穷的重要原因"这一看法。从行业主要劳动力市场来看,79%的劳动者认同这一看法,而行业次要劳动力市场则有81%的劳动者持相同态度,而从58个行业的总体情况来看,支持这一看法的劳动者比例也达到了77%。

比较不同行业从业者对以上三种观点的态度可以发现,人们对教育、个人努力程度以及政策对收入不平等的影响有着较为趋同的认知,即无论是行业主要劳动力市场的劳动者,抑或行业次要劳动力市场的劳动者,他们都普遍比较认同教育在收入分配中的重要作用,而比较不认同个人不愿工作或不够努力、勤奋是导致贫困主要原因的观点,同时,对于某些政策不当是导致贫困的重要原因的观点获得了普遍的认同。如果我们将教育和个人努力程度视为导致不平等的个人内在因素,而政策视为导致不平等外在因素,那么可以发现,行业从业者对收入不平等的认知表现出市场转型期的"双重特征",一方面,由于受到市场逻辑下的分配机制的影响和渗透,人们越来越认同以教育等为核心的人力资本因素在收入分配中的重要作用;另一方面,由于市场化在不同行业不同部门发展的非均衡性，同时由于市场化机制本身建立的条件——市场化机制是在原有的体制之内、在国家政策的倡导下建立的，这就决定了政策等非市场竞争机制仍在一些行业和部门中对收入分配发挥着重要作用，因此，当出现社会矛盾和社会不公时，国家政策也容易成为矛头指向的焦点，正如国家垄断行业由于行政保护而获得高额利润而备受诟病一样。从调查数据中显示的人们对某些政策不当导致贫困的高度认同上，足以引起我们对政策引致的不公平的高度重视。

第二节 行业从业者的社会经济地位认知

收入是人们获得基本物质保障的基础，收入不平等显然对人们社会经济地位的提升产生重要影响，而一个无法提升人们社会经济地位的分配体制无疑将逐渐失去其合法性基础。因此，对个人社会经济地位的认知的考察有助于我们明确当前收入分配体制是否公平合理。本研究将以行业从业者的社会经济地位的认知来作为反映当前行业收入不平等的合法性的重要方面。

一 不同行业个人社会经济地位的判断

在 CGSS 2006 的调查项目中，将个人的社会经济地位分为上层、中上层、中层、中下层和下层 6 个层次，表 5-6 反映的是不同行业从业者对个人社会经济地位的认知判断。

表 5-6　　　　　　　　个人社会经济地位判断

行业		上层	中上层	中层	中下层	下层	Total
行业主要劳动力市场	Frequency	0	20	131	125	75	351
	Valid Percent	0.0	5.7	37.3	35.6	21.4	100.0
行业次要劳动力市场	Frequency	1	7	146	193	285	632
	Valid Percent	0.2	1.1	23.1	30.5	45.1	100.0
58 行业（大类）	Frequency	10	143	1479	1600	1820	5052
	Valid Percent	0.2	2.8	29.3	31.7	36.0	100.0

从行业主要劳动力市场的情况来看，认为个人社会经济地位处于中层及以上（包括上层、中上层和中层）的从业者比例为43%，而认为个人社会经济地位处于中下层及以下（包括中下层和下层）的从业者比例为57%，显然，后者的比例高于前者。其中，将个人社会经济地位定位在中层的比例最高，为37.3%；定位在中下层的比例为其次，为35.6%；需要注意的是，将个人社会经济地位定位在下层的比例也不低，达到21.4%的水平；而定位在中上层及以上的个体比例则很低，仅为5.7%。从行业次要劳动力市场的情况来看，认为社会经济地位处于中层及以上的从业者比例为24.4%，这一比例远低于行业主要劳动力市场，其比例相差18.6个百分点；而认为社会经济地位处于中下层以下的从业者比例为75.6%，这一比例反过来又以同样的百分比大大超出行业主要劳动力市场。其中，我们发现，在行业次要劳动力市场，将个人社会经济地位定位在底层的比例最高，达到了45.1%的水平；中下层的其次，为30.5%；而中层和中上层及以上的比例都远低于行业主要劳动力市场，中层为23.1%，比主要劳动力市场低14.2个百分点，而中上层及以上的比例仅为1.3%。从58个行业的总体情况来看，认为个人社会经济地位处于中层及以上的从业者比例为32.3%，而认为个人社会经济地位处于中下层及以下的从业者比例为67.7%。由此我们可以直观地发现，多数从业者将自身的社会经济地位定位在较低的层次，在行业主要劳动力市场以中层和中下层为主导，而行业次要劳动力市场则以下层和中下层为主导。

二 不同行业个人社会经济地位影响因素的判断

从按行业分的社会经济地位影响因素的判断来看（如表5-7所示），行业主要劳动力市场和行业次要劳动力市场对各影响因素的重要性判断都十分接近，认为排第一位的因素仍以"收入高还是低""是否受过良好的教育"以及"国家干部还是普通老百姓"为主；排第二位的因素则以"有产业还是没产业""是否受过良好教育"以及"收入高还是低"占主导；而排第三位的因素则主要以"自己当老板还是替别人打工""收入高还是低""有产业还是没产业"比例较高。

如果将各因素的重要性综合起来看，行业主要劳动力市场和次要劳动力市场对各因素的重要性判断表现出高度的一致性（如表5-8和图5-2所示），即各因素重要性的综合比重排序先后是一致的，其中，"收入高还是低""是否接受良好教育""有产业还是没有产业""国家干部还是普通老百姓""自己当老板还是替别人打工"是排前5位的因素，而"有技术还是没有技术""管理别人还是被别人管理""受人尊敬还是被人看不起""城里人还是乡下人""群众还是党员"是排后5位的因素。

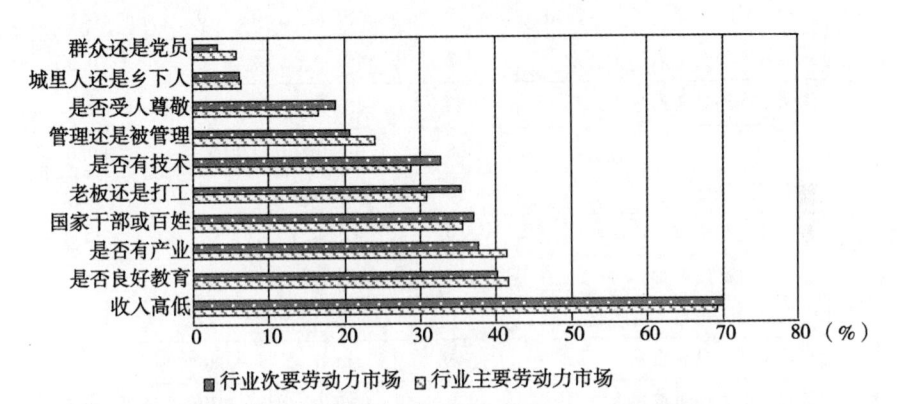

图 5-2 行业主、次劳动力市场社会经济地位影响因素判断

些微的不同在于各因素在影响社会经济地位中被行业主要劳动力市场和次要劳动力市场赋予的"权重"略有差异，具体而言，"收入高还是低""国家干部还是老百姓""自己当老板还是替别人打工""有技术还是没技术""受人尊敬还是被人看不起"在行业次要劳动力市场有着比行业主要劳动力市场更高的比重，相反，"是否接受良好的教育""有产业还是没产业""管理别人还是被别人管理""城里人还是乡下人""群众还是党员"等因素在行业主要劳动力市场比重更大。

表 5-7　　　　　　按行业分社会经济地位影响因素判断

位次	社会经济地位影响因素	行业主要劳动力市场		行业次要劳动力市场	
		Count	% within	Count	% within
第一位	收入高还是低	153	41.6	281	43.0
	有产业还是没有产业	36	9.8	75	11.5
	是否受过良好教育	55	14.9	84	12.9

续表

位次	社会经济地位影响因素	行业主要劳动力市场		行业次要劳动力市场	
		Count	% within	Count	% within
第一位	受人尊敬还是被人看不起	19	5.2	23	3.5
	有技术还是没有技术	21	5.7	41	6.3
	是管理别人还是被别人管	19	5.2	21	3.2
	自己当老板还是替别人打工	23	6.3	43	6.6
	群众还是党员	2	0.5	0	0.0
	城里人还是乡下人	2	0.5	6	0.9
	国家干部还是普通老百姓	38	10.3	79	12.1
	合计	368	100.0	653	100.0
第二位	收入高还是低	54	14.7	94	14.4
	有产业还是没有产业	69	18.8	92	14.1
	是否受过良好教育	64	17.4	109	16.7
	受人尊敬还是被人看不起	20	5.4	53	8.1
	有技术还是没有技术	43	11.7	86	13.2
	是管理别人还是被别人管	29	7.9	39	6.0
	自己当老板还是替别人打工	30	8.2	81	12.4
	群众还是党员	4	1.1	5	0.8
	城里人还是乡下人	6	1.6	19	2.9
	国家干部还是普通老百姓	49	13.3	75	11.5
	合计	368	100.0	653	100.0
第三位	收入高还是低	47	12.8	82	12.6
	有产业还是没有产业	47	12.8	79	12.1
	是否受过良好教育	35	9.5	70	10.7
	受人尊敬还是被人看不起	22	6.0	47	7.2
	有技术还是没有技术	42	11.4	86	13.2
	是管理别人还是被别人管	40	10.9	62	9.5
	自己当老板还是替别人打工	60	16.3	107	16.4
	群众还是党员	15	4.1	16	2.5
	城里人还是乡下人	16	4.3	15	2.3
	国家干部还是普通老百姓	44	12.0	89	13.6
	合计	368	100	653	100

表 5-8　　　　　　　　总体社会经济地位影响因素判断

排序	第一位			第二位			第三位		
	影响因素	频率	百分比	影响因素	频率	百分比	影响因素	频率	百分比
1	收入高还是低	2087	39.9	收入高还是低	869	16.6	自己当老板还是替别人打工	758	14.5
2	国家干部还是普通老百姓	671	12.8	有产业还是没有产业	850	16.2	国家干部还是普通老百姓	723	13.8
3	是否受过良好教育	647	12.4	是否受过良好教育	812	15.5	收入高还是低	671	12.8
4	有产业还是没有产业	571	10.9	有技术还是没有技术	633	12.1	有技术还是没有技术	648	12.4
5	有技术还是没有技术	382	7.3	国家干部还是普通老百姓	553	10.6	有产业还是没有产业	622	11.9
6	自己当老板还是替别人打工	373	7.1	自己当老板还是替别人打工	542	10.4	是否受过良好教育	610	11.7
7	受人尊敬还是被人看不起	258	4.9	是管理别人还是被别人管	442	8.4	是管理别人还是被别人管	520	9.9
8	是管理别人还是被别人管	195	3.7	受人尊敬还是被人看不起	388	7.4	受人尊敬还是被人看不起	334	6.4
9	城里人还是乡下人	32	0.6	城里人还是乡下人	102	1.9	城里人还是乡下人	216	4.1
10	群众还是党员	20	0.4	群众还是党员	45	0.9	群众还是党员	134	2.6
	合计	2087	100.0	合计	5236	100.0	合计	5236	100.0

第三节　分配公平与行业从业者的生活幸福感

幸福是人类追求的永恒目标，在市场转型迈向纵深的今天，幸福与收入的关系也是人们广泛关注的话题。日益突出的行业收入不平等是否会带来不同行业从业者不同的幸福感体验是本研究关注的视角，并希望借此作为考察行业收入不平等的合法性的重要维度之一。古语有云"不患寡而患不均"，可见分配公平与否对人们的主观体验产生着重要影响，而分配公平与否直接涉及分配的合法性基础，因此，从这一意义上而言，通过研究收入不平等对人们生活幸福感的影响能从一定程度上反映出当前收入不平等的合法性问题。从已有研究来看，无论在发达国家还是发展中国家，都发现富人比穷人有更高的幸福感，且发展中国家或转型国家的收入效应要大于发达国家。① 同时也有研究表明，收入与人的幸福感并不是线性相关关系，当人们最基本的生活需要还没有得到满足的时候，收入水平与幸福指数是正向相关关系，即收入越高，幸福指数越高；而当收入水平超过一定临界值时，收入在幸福感中的作用将减弱。而就当前我国的情况而言，"高收入群体的幸福感明显高于低收入群体"② 仍是我们不容忽视的现实，当前我国收入水平的高低对人们的幸福感仍然起着十分重要的作用。

行业主、次劳动力市场是代表行业中心与边陲部门的两个劳动力市场，前者是以高收入、高福利、高人力资本等为特征的行业部门，而后者是以低收入、低福利、低人力资本等为特征的行业部门，因此对比分析行业主、次劳动力市场从业者的幸福感差异能较好地凸显行业收入不平等对幸福感的影响。表5-9是行业主、次劳动力市场幸福感的比较数据，从分析数据结果显示，行业主要劳动力市场从业者的幸福感较强，其中，52.4%的从业者认为自己目前的生活状态是幸福的（包括幸福和非常幸福），而认为自己生活不幸福或非常不幸福的比例为4.8%，另外还有相当一部分（42.7%）的从业者认为自己的生活一般，既不感觉不幸福，也不感觉很幸福；从行业次要劳动力市场的情况来看，认为自己生活幸福（包括幸福和非常幸福）的比例为42.1%，比行业主要劳动力市场低10.3个百分点；而认为自己生活不幸福或非常不幸福的比例为7.2%，这一比例高于行业主要劳动力市场2.4个百分点，其余50.7%的从业者认为自己的生活一般。从58个行业的总体情况来看，48.3%的从业者认为自己的生活是幸福的，而有6.3%的从业者认为自己的生活是不幸福的，其余45.4%的从业者认为自己的生活一般。

表 5-9   行业主、次劳动力市场幸福感

行业		非常不幸福	不幸福	一般	幸福	非常幸福	合计
行业主要劳动力市场	Frequency	2	16	157	176	17	368
	Percent	0.5	4.3	42.7	47.8	4.6	100.0

---

① 鲁元平、王韬：《主观幸福感影响因素研究评述》，《经济学动态》2010年第5期。
② 邢占军：《我国居民收入与幸福感关系的研究》，《社会学研究》2011年第1期。

续表

行业		非常不幸福	不幸福	一般	幸福	非常幸福	合计
行业次要劳动力市场	Frequency	4	43	331	238	37	653
	Percent	0.6	6.6	50.7	36.4	5.7	100.0
58行业（大类）	Frequency	38	292	2377	2219	310	5236
	Percent	0.7	5.6	45.4	42.4	5.9	100.0

与总体水平比较来看，行业主要劳动力市场的幸福感高于总体平均水平，行业次要劳动力市场的幸福感低于总体平均水平。从以上的比较分析可知，行业主要劳动力市场的幸福感高于次要劳动力市场，换句话说，以高收入、高福利为特征的行业的幸福感高于以低收入、低福利为特征的行业。但结合行业主、次劳动力市场从业者幸福感的平均水平来看（如图5-3所示），行业主要劳动力市场的平均幸福感指数为3.55，而行业次要劳动力市场的平均幸福感指数为3.38，总体平均幸福感指数为3.47，三者皆处于"一般"和"幸福"之间。因此，在总体幸福感评价偏低的情况下，行业主要劳动力市场从业者的幸福感虽高于次要劳动力市场，但差距并不十分明显。

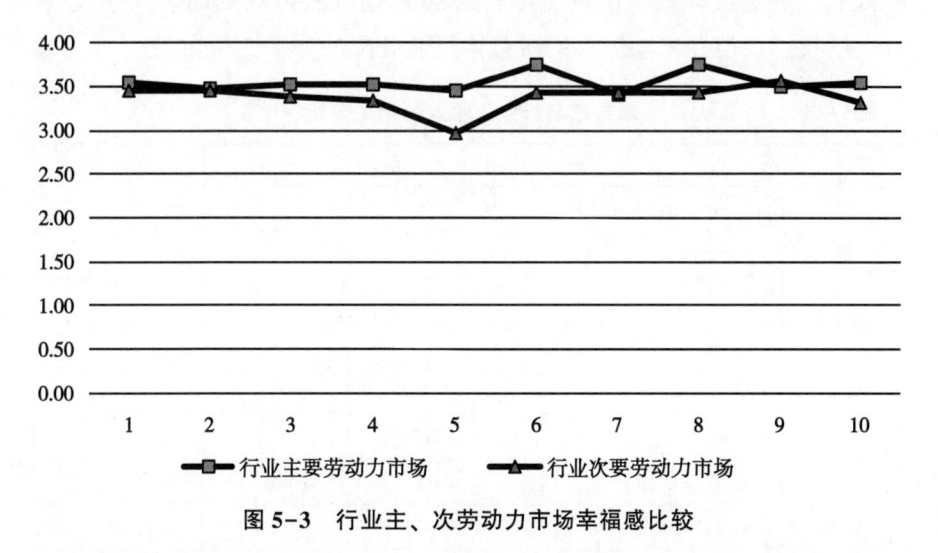

图5-3 行业主、次劳动力市场幸福感比较

为了进一步明确幸福感与行业和收入的关系，本研究对幸福感和行

业及收入做了相关分析。表 5-10 是相关分析的输出结果,从数据中相关系数可知,幸福感与行业和收入的相关系数均达到了显著性水平。其中,幸福感与收入的相关系数为 0.073,由此表明,收入与幸福感存在一定的正相关关系,但这种影响并不是很显著,这与国外的相关研究结论相类似;幸福感与行业的相关系数为 0.079,可见,从事不同的行业对幸福感体验也有着一定的影响,但这种影响也是比较微弱的。因此,除了行业、收入以外还有很多因素对个人幸福感产生影响,对于这一点仍然需要以后更多的研究。

结合不同行业从业者对个人社会经济地位的认知及影响因素的判断和对个人生活幸福感的体验来看,不同行业从业者都倾向于认为个人的社会经济地位处于中下层,其中行业主要劳动力市场以中层和中下层为主,而行业次要劳动力市场则以中下层和下层为主,与此同时,不同行业从业者都普遍认为收入水平高低是影响个人社会经济地位的至关重要的因素之一。因此,不同行业从业者对自身社会经济地位的判断偏低也从一定程度上反映了人们对当前收入水平并不十分满意。然而,从当前不同从业者的幸福感体验来看,行业和收入并未对从业者的幸福感产生重大影响,因此,我们可以推论,总体而言,当前的行业收入不平等仍在人们"容忍度"的范围内,尽管当前一些垄断行业的高收入引起了社会的反感,但并未动摇人们对总体行业分配的公平性认知。

表 5-10　　　　　　　　幸福感与行业、收入的相关分析

		幸福感	行业	收入
幸福感	Pearson Correlation	1		
	Sig. (2-tailed)			
	N	5236		
行业	Pearson Correlation	0.079**	1	
	Sig. (2-tailed)	0.000		
	N	5236	5236	
收入	Pearson Correlation	0.073**	0.095**	1
	Sig. (2-tailed)	0.000	0.000	
	N	5236	5236	5236

注:**. Correlation is significant at the 0.01 level (2-tailed).

本章小结

本章从不同场域下的行业分割与收入不平等状况的探讨，延伸至对行业收入不平等的合法性问题的分析。研究中主要从人们对行业收入不平等的社会认知和行业从业者的社会经济地位认知两个层面进行研究，研究显示：

行业和收入对收入合理性的判断有着一定的影响，但收入水平的高低对收入合理性的判断更为关键，因此，不同行业从业者对收入合理性判断的真正差异并不是主要来自行业间，而是来自行业内部的收入不平等，以及对这种行业内部的不平等的"局部比较"产生的不公平感。行业从业者对收入不平等的认知表现出市场转型期的"双重特征"，一方面，由于受到市场逻辑下的分配机制的影响和渗透，人们越来越认同以教育等为核心的人力资本因素在收入分配中的重要作用；另一方面，由于市场化在不同行业不同部门发展的非均衡性，这就决定了政策等非市场竞争机制仍在一些行业和部门中对收入分配发挥着重要作用，因此，当出现社会矛盾和社会不公时，国家政策也容易成为矛头指向的焦点，正如国家垄断行业由于行政保护而获得高额利润而备受诟病一样。

不同行业从业者对自身社会经济地位判断偏低从一定程度上反映了人们对当前收入水平并不十分满意。然而，从当前不同从业者的幸福感体验来看，行业和收入并未对从业者的幸福感产生重大影响，因此，我们可以推论，总体而言，当前的行业收入不平等仍在人们"容忍度"的范围内，尽管当前一些垄断行业的高收入引起了社会的反感，但并未动摇人们对总体行业分配的公平性认知。

第六章

结论与讨论

综观全书，可归纳总结出以下主要结论，并在此基础上总结研究中可能的创新和贡献，反思整个研究过程中存在的不足，为未来更进一步的研究奠定基础。

第一节 主要结论

一 研究发现

市场转型是当前中国不容忽视的最为重要的社会经济背景之一，由此导致的结果就是社会分化的迅速形成。毫无疑问，当前我国收入不平等状况的迅速扩大便是这种社会分化的集中体现。而"地域、行业、所有制类型和工作单位"等结构性因素在解释社会收入分化的增长和结构中扮演着重要角色。[①] 本研究则以行业分割为社会分化的基本指标，利用"中国综合社会调查2006"的数据和《中国统计年鉴》（2003—2018）公布的行业数据，深入探讨和分析了在市场转型背景下行业分割与收入不平等状况及其形成机制。

通过对以上研究结果进行归纳总结，主要有以下研究发现。

第一，从行业收入不平等的总体特征和趋势来看，行业收入差距迅速扩大，而行业间的区域差异显著。基尼系数是被广泛使用的衡量收入

[①] 王天夫、王丰：《中国城市收入分配中的集团因素：1986—1995》，《社会学研究》2005年第3期。

差距的国际指标。从行业收入基尼系数来看,近 15 年经历了先升后降的缓慢波动变化,这意味着行业间收入差距扩大速度有所减缓,这也在一定程度上表明我国政府大力推进收入分配改革取得了一定成效,这和我国近年来的居民收入基尼系数连续下降的态势趋同。然而尽管如此,从总体情况来看,行业之间收入差距仍然十分显著,这一基本事实没有得到实质转变。从行业的收入分布来看,最高收入行业主要是一些人力资本拥有量高的行业(如信息传输、计算机服务和软件业、科学研究、技术服务和地质勘查业等)和垄断程度高的行业(如金融业等);而最低收入行业则是那些人力资本拥有量相对较低和具有充分竞争性的行业(如农林牧渔业、批发和零售业以及住宿和餐饮业等)。从对行业的区域分割的研究发现,行业职工平均工资东部最高、西部其次、中部最低,增速则正好相反;行业收入基尼系数东部地区最高、中部其次、西部最低,东、中、西部地区各行业间的收入差距都趋于不断拉大,东部扩大的速度最快,西部的扩大速度次之,而中部地区的扩大速度则相对较慢。

第二,行业中国有部门与非国有部门收入差距已不再显著,但垄断行业与非垄断行业收入不平等现象十分突出,行业收入两极分化严重。从对行业的体制性分割的研究中发现,由于制度性的路径依赖,行业中的国有部门相对于非国有部门仍具有收入上的优势,但这种在计划经济时期遗留下来的优势在市场经济发展的浪潮中逐渐削弱,国有与非国有部门之间的差距已经不像过去那般显著了。在对行业体制性分割的研究过程中,考虑到我国垄断行业具有浓厚的行政垄断色彩,垄断行业通常也属于体制内劳动力市场,因此也将垄断行业作为行业体制性分割的重要方面来加以考察。研究表明,我国垄断行业与竞争行业之间的收入差距异常突出,垄断行业收入远远高于全国平均水平,而最高收入垄断行业与最低收入行业的工资差距最大达 15 倍以上,可见行业之间收入的两极分化十分严重,而国家行政垄断是造成这种差异的重要根源。

第三,行业主、次劳动力市场分化明显,行业主要劳动力市场相对于行业次要劳动力市场具有高工资、高奖金、高福利、高工作稳定性特点。基于劳动力市场分割理论,本书对行业主、次劳动力市场分割也进行了深入的探讨和分析。由于以往的研究中并没有对行业主、次劳动力市场进行过明确划分，研究中首先通过引入邓肯指数（社会经济地位指数）划分了行业主、次劳动力市场，进而通过行业主、次劳动力市场中的收入构成、福利待遇、工资稳定性等方面的差异考察了行业主、次劳动力市场中的收入机制。研究发现，在收入结构上，行业主、次劳动力市场中劳动者收入主要源于工作内工资性收入，这与当前劳动者普遍的主要收入来源是一致的。但是二者在收入上存在巨大差异，一方面，在工资性收入方面，行业主要劳动力市场远远高于次要劳动市场；另一方面，在奖金收入上，前者也远高于后者。如果把奖金作为激励机制的存在形式，那么这说明主要劳动力市场在奖励机制上也优于次要劳动力市场。另外，研究中还发现，行业次要劳动力市场依靠更多的工作以外的收入（包括投资利息、房租、退休金，或父母/小孩给予的生活费等）来提高自己的收入水平。在福利待遇方面，作为收入上的重要补充，行业主、次劳动力市场在福利待遇上也存在明显差异。研究表明，在公费医疗、基本医疗保险、补充医疗保险、基本养老保险、补充养老保险、失业保险和住房或住房补贴这 7 项保险福利上行业主要劳动力市场明显高于次要劳动力市场，在这一点上也昭示了福利待遇的"体制性"分割和行业的差异。而就工资稳定性而言，行业主要劳动力市场要高于次要劳动力市场。由此可见，不同行业间存在显著的分割效应，我国行业间确实存在主、次劳动力市场的区隔。

第四，就行业主、次劳动力市场中的职业阶层收入差异来看，并未表现出职业阶层越高收入越高的状况，这一点与劳动力市场分割理论中的内部雇佣模式并不完全一致。研究中以管理位置作为衡量职业阶层的重要指标，结果显示，行业和管理位置对收入都具有一定的正向关系，但并未显示出管理位置越高收入越高，而是表现出一定的"中间优势"，即处于中间的管理位置收入更稳定，而低层管理位置或不担任管理职务以及高层管理位置对收入的影响尚不明确，还需要更多的研究。而从行业主、次劳动力市场与管理位置的交互作用对收入的影响来看，不同管理位置在行业不同劳动力市场中对收入的影响并没有显著差别。另外，从统计数据显示，相对于行业次要劳动力市场，行业主要劳动力市场对收入具有显著的正向作用，由此进一步说明不同行业间确实存在主、次劳动力市场分割。

第五，行业主、次劳动力市场的工资晋升机制、工作环境差异以及现职年资对工资收入的回报差异与劳动力市场分割理论相吻合。研究表明，行业主要劳动力市场在工资晋升、职位晋升以及工作条件改善和社会经济地位提升方面都优于次要劳动力市场。由此可见，行业中主要劳动力市场的职业阶梯更为清晰，职位晋升机会和工资晋升机会更稳定，而次要劳动力市场中行业的职位晋升机会和工资晋升机会相对不稳定。这一发现是支持劳动力市场分割理论的。另外，研究还表明，职位与工资晋升机会呈"橄榄形"分布，即少部分人获得向上晋升的机会，同时也有少部分人会向下流动，而大部分仍处于中间状态，既没有明显改善也没有明显恶化。而就现职年资的收入回报而言，相对于行业次要劳动力市场，行业主要劳动力市场中现职年资对工资收入具有正向的积极作用。从而也佐证了二元劳动力市场提出的在内部劳动力市场经济回报随着现职年资的增长而增加的论断。

第六，行业主要劳动力市场具有高于次要劳动力市场的人力资本（教育、技术职称）回报，但政治资本回报（党员身份的收入回报）在行业主、次劳动力市场却并没有表现出明显差异。具体而言，行业主要劳动力市场高人力资本更为集中，这为其高人力资本回报奠定了基础，同时，就相同人力资本的劳动者而言，在行业主要劳动力市场能够获得更高的收入回报。因此，人力资本与行业主要劳动力市场存在结构上的交互作用，即高人力资本提高了行业主要劳动力市场的行业收益，同时，行业主要劳动力市场作为一种结构性资源也使人力资本的回报得以提升。与人力资本回报在行业主、次劳动力市场的明显差异不同，研究虽然表明，党员身份对收入回报具有正向作用，但党员身份作为政治资本在行业主要劳动力市场中具有高于次要劳动力市场的收入优势的假设却并没有获得数据的支持，因此，党员身份对收入回报的影响机制颇为复杂，仍需要进一步的研究和分析。

第七，不同行业在收入合理性判断上具有"两极分裂"的特点，即在不同行业中认为收入"合理"的比例与认为收入"不合理"的比例相当，前者略高于后者。这一特性无论在高收入行业还是低收入行业都普遍存在。分析表明，行业和收入对收入合理性的判断都具有一定的影响，但收入水平的高低对收入合理性的判断的影响更为显著。研究结果揭示出，不同行业劳动者对收入合理性判断的差异并非来自行业间的比较，而是来自行业内的"局部比较"，换句话说，劳动者对自身收入合理性、公平性的判断来自与己相关的群体的局部比较产生的相对剥夺感，因此，不同行业劳动者对自身收入合理性判断也是来自与同行的收入比较产生的，与同行比较收入高的劳动者倾向于认为自己的收入是合理的、公平的，而相反则认为是不合理、不公平的。这就是为什么行业收入合理性判断中会产生"分裂意识"以及为什么一些高收入行业从业者对收入合理性和公平性评价很低，而一些低收入行业的从业者却对收入合理性和公平性的评价高的原因。

第八，行业从业者对收入不平等的认知表现出市场转型期的"双重特性"，即在市场机制与非市场机制的交织作用下，人们对收入不平等的归因认知也表现出内部归因和外部归因交互并存的特点。一方面，在市场化分配逻辑的影响和渗透下，人们越来越接受和认同以教育为核心的人力资本因素在收入分配中的重要作用；另一方面，人们也普遍认同政策等制度结构性因素对收入分配的重要影响。由于市场化在不同行业不同部门发展的非均衡性，以及中国市场化机制孕育的特殊环境——中国市场化机制脱胎于原有体制没有发生根本转变的制度环境之中，因此，市场机制与政策制度在收入分配中共同发挥着作用，这种共同作用投射到人们的社会认知之中，形成了人们对当前收入不平等认知的"双重特性"。

第九，当前的行业收入不平等仍在人们"容忍度"的范围内，尽管当前一些垄断行业的高收入引起了社会的反感，但并未动摇人们对总体行业分配的公平性认知。尽管不同行业从业者对个人社会经济地位的判断偏低（行业主要劳动力市场多数劳动者认为自己的社会经济地位处于中层或中下层，而次要劳动力市场中多数劳动者认为自己的社会经济地位处于中下层或下层），并普遍认为收入水平高低是影响个人社会经济地位的至关重要的因素之一，但从当前不同行业从业者的幸福感体验来看，行业和收入并未对从业者的幸福感产生重大影响，因此，我们可以推论，总体而言，人们对当前的行业收入不平等的"容忍度"较高，尽管当前一些垄断行业的过高收入引起了社会的反感，但并未动摇人们对总体行业分配的公平性认知。

二 政策意涵

本研究表明，在市场转型时期，不同分割场域下的行业收入不平等是多种因素和机制交互作用的结果，其复杂性决定了寻求应对行业收入不平等的方案和策略并非易事。行业收入不平等的客观事实以及行业收入不平等可能导致的人们对这种不平等的认同的合法性危机，预示着社会分化的不断加剧、收入差距的不断扩大所可能导致的社会紧张和社会冲突。由此，我们必须采取措施缩小行业收入差距，促进社会公平。那么，如何缩小行业收入差距，使行业收入分配保持在一个合理的范围，如何使行业收入水平更加趋近于人们对社会公平正义的判断，即如何使行业收入分配的方式和结果的正当性与社会公平正义原则相一致，这是本研究最终的价值诉求，也是本研究的根本政策意涵所在。总体而言，主要可以从以下几方面采取措施，促进行业收入分配的公平。

（一）打破劳动力市场进入壁垒，推进垄断行业改革治理

劳动力市场分割的一个重要特征就是劳动力市场之间存在进入壁垒，劳动者不能在不同劳动力市场间自由流动，这是造成不同劳动力市场收入不平等的重要原因。不同行业间的进入壁垒首先表现在行业间的体制性分割，即行业中的国有部门相对于其他部门存在一定的进入壁垒（尽管与计划经济时代相比，国有部门的进入壁垒已经有所弱化），而垄断行业相对于其他行业也存在较高的行政壁垒而阻碍了劳动力的自由流动，从而不利于公平竞争的市场环境的建立，也难以形成合理的分配体制。因此，打破劳动力市场的进入壁垒，深化垄断行业的改革治理对于缩小行业收入差距、建立公平合理的分配体制具有重要意义。对于垄断行业的改革与治理，一方面在于引入竞争机制，实施分类改革，对于不需要垄断的行业放开市场竞争；另一方面，对于那些关系国家安全或国民经济命脉的必须垄断的行业，则需要建立完善、科学的监管机制和治理结构。

（二）消除制度障碍，缩小区域差异

在我国，区域不仅仅是单纯的地理概念，而且具有明显的政治经济意涵。我国在不同的地区采取的是差异性的发展政策，由此在一定程度上造成了地区发展的不平衡。因此，区域差异不仅是经济发展的差异，

而且是制度转型的差异①。在一定程度上行业的区域差异与收入不平等是区域差异改革的结果。因此，消除不以利用区域平衡发展的制度障碍，有助于提高区域社会经济发展水平，缩小区域差异，包括区域行业的收入差距。

(三) 实现教育机会均等化，提高从业者人力资本回报

关于人力资本的回报，多数学者也认为，在市场化进程中，人力资本回报是不断提升的。阿玛蒂亚·森强调指出，造成个人陷入贫困的原因在于他们缺乏获取收入的能力，而要消除贫困、提高个人收入，必须提升人力资本，而根本途径是教育。研究也不断表明，随着我国劳动力市场化程度的不断提高，教育与收入水平越来越呈现出高度相关性。研究表明，随着受教育程度的提高，年均教育收益率呈现出明显的递进规律。② 本研究的结果也显示，教育与行业的交互作用对收入有正向的影响，因此，受教育程度的提升也有助于行业收入水平的提升。因而要缩小行业收入差距，促进分配公平，必须缩小教育差距，实现教育机会均等化，提升人力资本，提高劳动者素质和能力，进而使其在劳动力市场获得更高的收入回报。

(四) 完善社会保障体系，缩小行业收入差距

行业主、次劳动力市场分割的重要表现之一就是二者在福利保障水平方面存在较大差异，其中社会保障水平的差异是显性的。社会保障作为收入再分配的一种重要手段，能够保障低收入者的基本生活，有效缩小收入差距，发挥着社会"安全阀"和"稳定器"的作用。因此，完善劳动力市场的社会保障体系有助于保障和提高不同行业从业者的基本生活水平，缩小行业收入差距。具体而言，应当围绕与广大劳动者最关心、最直接、最现实的利益问题，着重完善医疗、住房、就业、养老等方面的社会保障体系，从基本生活上给予劳动者充足的保障。

---

① 郝大海、李路路：《区域差异改革中的国家垄断与收入不平等——基于2003年全国综合社会调查资料》，《中国社会科学》2006年第2期。

② 参见青连斌等《公平分配的实现机制》，中国工人出版社2010年版，第71页。

第二节　研究创新、研究不足及未来研究展望

一　研究创新

(一) 研究理论创新

二元劳动力市场分割理论认为劳动力市场上的非竞争因素把劳动力市场分割成主要劳动力市场和次要劳动力市场两个不同的部分。二元劳动力市场是一个被简化的理想模型，在现实中，劳动力市场是一个远比二元分割更为复杂的多元关系。劳动力市场分割理论强调制度结构性因素对劳动力市场的区隔作用，因此，在不同的制度结构条件下，劳动力市场分割会表现出不同的形式。当前，行业分割是我国劳动力市场分割的重要形式。然而，综观当前研究，关于行业分割的研究大多置于劳动力市场分割的大框架中进行研究，而专门针对行业分割的系统研究还比较少见，更没有对行业分割作出过明确的界定及分类。因此，本研究在劳动力市场分割理论的基础之上，对行业分割进行了界定，并且根据行业分割的作用场域和机制的不同，将行业分割分为三类，即行业的体制性分割，行业的区域分割和行业的主、次劳动力市场分割。对行业分割的分类反映了行业分割的超越二元的多重分割特性，本研究也是在对行业分割的基本界定和分类的基础上进行的，研究中对行业分割的不同分类分别进行了深入探讨，其中还在对行业的主、次劳动力市场的研究中检验了劳动力市场的二元分割理论，因此，对行业劳动力市场多重分割的研究是对劳动力市场二元分割理论的延续和拓展，并在这一理论框架下丰富了劳动力市场分割研究的中国经验。

(二) 操作设计创新

就以往的研究来看，一般将劳动力市场分割研究的焦点集中在城乡分割、体制分割（所有制分割）、职业分割上，对行业分割的研究较少，而且很少将各个市场再按照主、次劳动力市场的划分进行研究，所涉及的研究中也存在对主、次劳动力市场概念的使用过于泛化和简单化的问题。本研究通过引入邓肯指数（社会经济地位指数）专门针对行

业的主、次劳动力市场进行了划分，这样既明确了行业主、次劳动力市场的操作维度，同时也避免了对主、次劳动力市场的简单应用。

(三) 研究内容创新

首先，突破以往对行业收入不平等的单维研究，而是从行业分割的多重维度进行探讨，不仅对行业收入不平等的总体状况进行了分析，而且对行业的不同分割维度进行了深入探讨，尤其是将行业主、次劳动力市场的分割纳入研究框架中，拓宽了行业收入不平等的研究路径。

其次，将行业收入不平等研究延伸至对行业收入不平等的合法性问题的研究。行业收入不平等作为一个不争的事实，过往的研究更多关注的是这种不平等的客观状态，即不平等达到何种程度，有哪些影响机制等，但对行业收入不平等的合法性问题则关注较少。本研究从行业收入不平等的社会认知以及行业从业者的社会经济地位认知和幸福感体验的视角探讨了行业收入不平等的合法性问题。这不仅是社会学研究应该投注的人性关怀，同时对社会政策的制定也有更为积极的现实意义。

二 研究不足

本研究从行业的体制性分割，区域分割和主、次劳动力市场分割三个维度分别探讨了行业分割与收入不平等的关系及其影响机制。研究检验了二元劳动力市场分割理论和所提出的研究假设，但在研究中由于各种原因的限制难免会存在一些不足，而对这些不足的反思有助于更好地完善未来的研究。本研究存在的限制和不足在于以下两方面。

首先，受到行业数据的限制。就当前的统计调查数据而言，以行业为基本单位的大规模调查数据还十分少见，就连涉及行业特征题器的大面积调查也并不多。由于行业本身的复杂性和多样性，这也给大规模的行业数据的收集带来了困难。目前，关于行业数据的统计主要来自国家统计局的普查数据以及一些科研机构或研究项目的综合调查数据，本研究主要采用的是由国家统计局主持调查并汇总出版的《中国统计年鉴》中各年的行业数据和由中国人民大学社会学系与香港科技大学社会科学部执行的2006年的中国综合社会调查（简称 CGSS 2006）中有关行业特征的相关数据。但在这两套数据中对行业分类层次并不完全一致，研究中采用的《中国统计年鉴》中的行业数据主要是行业门类的数据，而《中国综合社会调查 2006》中的行业数据则是行业大类的数据,因此二者在对接上存在一定的问题。幸而在研究中两套数据分析的是行业分割中不同层次的问题,因此对总体研究结论并不会造成太大影响。另外,虽然两套调查数据能满足本研究的总体需要,但是对于行业从业者的主观态度和行动的数据还是相对匮乏,因此对行业收入不平等的社会认知的研究造成一定限制。

其次,由于行业门类繁多复杂,按照当前的《国民经济行业分类》的标准,行业分类包括 20 个门类、95 个大类、396 个中类和 913 个小类,对所有行业进行一一研究变成了一项难以完成的任务。因此在研究中主要采用的行业门类和行业大类的数据,并按体制、区域、主次劳动力市场等维度进行条块划分,这样虽然使研究的操作化更为便捷,但带来的不足是必然会损失部分样本数据。因此,在行业分析中如何使行业分类更为合理是本研究以及当前同类研究中共同面临的难题。

三 未来研究展望

针对以上研究不足,在未来的研究中希望能在以下方面进行完善和更进一步的探究。

首先,引入个案研究来部分弥补当前研究数据中的不足。正如一再强调的一样,由于行业的复杂性和多样性,对于行业数据的收集是相当困难的。而从人力、物力、财力等研究条件的限制来看,个案研究是比较适合小型研究的有效方法,并且个案研究在深入挖掘个人的认知、态度与行为方面有着强大的优势,可以弥补问卷调查的不足。

其次,由于数据的限制,本研究对行业内部的收入不平等的研究明显不够。在以往研究中,都过多强调同一行业的同质性,而忽视了在相同行业自身内部也存在显著的异质性问题,即行业内部处于不同位置的群体他们的收入也存在较大差异,如企业高管与普通员工的收入差距是十分显著的。由此可见,行业内部也是存在收入分层的,这样的收入分层现象,或被过分引人关注或渲染的行业间收入差距而淹没,或被一些研究者因研究需要而过滤,或因资料收集的困难而难以深入。种种因素造成当前学术界对行业内部的收入分层现象研究十分欠缺。那么,行业内部不同群体的收入差距究竟有多大?他们的收入差异呈现怎样的分化特征？是哪些因素导致了这些分化？本书在研究设计之初是希望通过个案研究来对行业内部的收入不平等问题进行探讨，但终因研究精力和条件所限，未能实现对这一问题的探讨，这将是笔者未来研究重点关注的领域。另外，关于行业收入不平等的合法性问题的探讨，本书虽在总体态度上进行了分析，并得出人们对总体行业分配持公平性认知的论断，但对于人们能接受多大程度的不平等、什么性质的不平等被认为是恰当的等问题并没有得到深入研究，因此，以上方面都需要更多的经验研究加以分析和检验。

附　录

一　《国民经济行业分类》（GB/T4754—2002）中的行业门类及包含的行业大类（细行业）情况

序号	国民经济行业门类	所含行业大类数	具体行业大类
A	农林牧渔业	5	农业，林业，畜牧业，渔业，农、林、牧、渔服务业
B	采矿业	6	煤炭开采和洗选业，石油和天然气开采业，黑色金属矿采选业，有色金属矿采选业，非金属矿采选业，其他采矿业
C	制造业	30	农副食品加工业，食品制造业，饮料制造业，烟草制品业，纺织业，纺织服装、鞋、帽制造业，皮革、毛皮、羽毛（绒）及其制品业，木材加工及木、竹、藤、棕、草制品业，家具制造业，造纸及纸制品业，印刷业和记录媒介的复制，文教体育用品制造业，石油加工、炼焦及核燃料加工业，化学原料及化学制品制造业，医药制造业，化学纤维制造业，橡胶制品业，塑料制品业，非金属矿物制品业，黑色金属冶炼及压延加工业，有色金属冶炼及压延加工业，金属制品业，通用设备制造业，专用设备制造业，交通运输设备制造业，电气机械及器材制造业，通信设备、计算机及其他电子设备制造业，仪器仪表及文化、办公用机械制造业，工艺品及其他制造业，废弃资源和废旧材料回收加工业
D	电力燃气及水的生产和供应业	3	电力、热力的生产和供应业，燃气生产和供应业，水的生产和供应业
E	建筑业	4	房屋和土木工程建筑业，建筑安装业，建筑装饰业，其他建筑业
F	交通运输、仓储和邮政业	9	铁路运输业，道路运输业，城市公共交通业，水上运输业，航空运输业，管道运输业，装卸搬运和其他运输服务业，仓储业，邮政业

续表

序号	国民经济行业门类	所含行业大类数	具体行业大类
G	信息传输、计算机服务和软件业	3	电信和其他信息传输服务业，计算机服务业，软件业
H	批发和零售业	2	批发业，零售业
I	住宿和餐饮业	2	住宿业，餐饮业
J	金融业	4	银行业，证券业，保险业，其他金融活动
K	房地产业	3	房地产开放经营，物业管理，房地产中介服务
L	租赁和商务服务业	2	租赁业，商务服务业
M	科学研究、技术服务和地质勘查业	4	研究与试验发展，专业技术服务业，科技交流和推广服务业，地质勘查业
N	水利、环境和公共设施管理业	3	水利管理业，环境管理业，公共设施管理业
O	居民服务和其他服务业	2	居民服务业，其他服务业
P	教育	3	初等教育，中等教育，高等教育
Q	卫生、社会保障和社会福利业	3	卫生，社会保障业，社会福利业
R	文化、体育和娱乐业	5	新闻出版业，广播、电视、电影和音像业，文化艺术业，体育，娱乐业
S	公共管理和社会组织	5	中国共产党机关，国家机构，人民政协和民主党派，群众团体、社会团体和宗教组织，基层群众自治组织
T	国际组织		

说明：《中国统计年鉴》中只统计了19个行业门类的相关收入数据，而没有第20个门类——国际组织的相关收入数据。

二 "中国综合社会调查"（CGSS 2006）相关问卷设计

全文摘录了"中国综合社会调查"（CGSS 2006）中与行业收入分配相关的变量，包括基本控制变量（性别、年龄、户口、党员身份等）以及核心变量（行业、收入、受教育程度、工作年限、管理位置及福利待遇、收入合理性判断等一系列主观认知指标）。

A1. 性别（访问员记录）（单选）

男……………1　　（210）

女……………2

A2. 您的出生年月？[记录公历年/月。如果被访者以农历、生肖或其他方式报告自己的出生年月，请换算成公历后再编码记录；月份要高位补零]

A3a. 您的户口状况是：（单选） （220）

农业户口 ……1 →跳问 A4 题

非农户口（蓝印户口）……2

非农户口（城镇户口）……3

A5a. 您目前的最高受教育程度是（包括目前在读的）：（单选） （231—232）

没有受过任何教育 ……01 →跳问 A6 题

扫盲班……02 →跳问 A6 题

小学……03

初中……04

职业高中……05

普通高中……06

中专……07

技校……08

大学专科（成人高等教育）……09

大学专科（正规高等教育）……10

大学本科（成人高等教育）……11

大学本科（正规高等教育）……12

研究生及以上……13

其他（请注明：_____）……14

A8. 您目前的政治面貌是：（单选） （254）

共产党员，入党时间是：[___ | ___ | ___ | ___] 年（256—259）……1

民主党派……2 → 跳问 A11 题

共青团员 ……3 → 跳问 A11 题

群众……4 → 跳问 A11 题

B8f. 您单位或公司所属行业（写出行业名或主要产品）。

C5. 您从事这份工作有多少年了？（请将具体数字填写在横线上，

并高位补零)

记录：[＿＿＿|＿＿＿] 年（642—643）

C27. 您单位/公司是否为您提供下列保险和补贴呢？（每行单选）

	提供	不提供	[不清楚]	
a. 公费医疗	1	2	3	（744）
b. 基本医疗保险	1	2	3	（745）
c. 补充医疗保险	1	2	3	（746）
d. 基本养老保险	1	2	3	（747）
e. 补充养老保险	1	2	3	（748）
f. 失业保险	1	2	3	（749）
g. 住房或住房补贴	1	2	3	（750）

C29. 在过去的三年内，您是否获得过工资等级上的晋升？（单选）

是……1　（754）

否……2

C32. 下列关于各种收入的描述，是否符合您的情况？（每行单选）

	很符合	有些符合	不符合	
1. 我的收入完全来自单位的工资和奖金	1	2	3	（760）
2. 我的月收入是基本稳定的，波动很小	1	2	3	（761）
3. 我的月收入主要包括基本工资和奖金两块	1	2	3	（762）
4. 每年年终，我有一笔较大的年终奖金或分红（超过2个月工资）	1	2	3	（763）
5. 年终奖金或分红的多少，在我们单位主要是根据职位等级来决定的	1	2	3	（764）
6. 年终奖金或分红的多少，在我们单位每个人都有些差别，是由工作量或个人业绩决定的	1	2	3	（765）

C33. 您这份工作的月工资与月奖金是怎么决定的？是否稳定？

	工资	奖金
	（770）	（773）

续表

		工资	奖金
		(770)	(773)
如何决定的	完全由工作量或个人业绩决定	1	1
	部分参考工作量或个人业绩	2	2
	与工作量或个人业绩基本无关	3	3
	[不适用]	4	4
		(772)	(775)
是否稳定	基本稳定	1	1
	有小幅度变动	2	2
	波动比较大	3	3
	[不适用]	4	4

D22a. 2005年，您个人的全年总收入是多少元？（个人总收入指：个人全年的全部所得，包括工资、各种奖金、补贴、分红、股息、保险金、退休金、经营性纯收入、租金、利息、馈赠等）_____（请在横线上填写具体数字，并高位补零）

D22b. 在您2005年的总收入中，下列各项收入的比重是多少？（注意：各项收入比重之和不必为100%）

项目	比重（%）	
a. 工资性收入占全年总收入比重	[ ]%	(3338-3340)
b. 奖金收入（包括年终奖金/年终分红/节假日奖金）占全年总收入比重	[ ]%	(3342-3344)
c. 工作外收入（包括投资利息、房租、退休金、或父母/小孩给予的生活费等收入）占全年总收入比重	[ ]%	(3346-3348)

E2. 考虑到您的能力和工作状况，您认为您目前的收入是否合理呢？（单选）

非常合理……1　　　　（3525）

合理……2

不合理……3

非常不合理……4

[不适用] ……5

E7. 就判定一个人的社会经济地位的高低来说，下列各因素哪些更重要？请选三项并排序（每列单选）

因素	第一位	第二位	第三位
	(3940)	(3941)	(3942)
1. 收入高还是低	1	1	1
2. 有产业还是没有产业	2	2	2
3. 是否受过良好教育	3	3	3
4. 受人尊敬还是被人看不起	4	4	4
5. 有技术还是没有技术	5	5	5
6. 是管理别人还是被别人管理	6	6	6
7. 自己当老板还是替别人打工	7	7	7
8. 群众还是党员	8	8	8
9. 城里人还是乡下人	9	9	9
10. 国家干部还是普通老百姓	0	0	0

E9a. 在您看来，您本人的社会经济地位、家庭的社会经济地位属于上层、中上层、中层、中下层还是下层？（每列单选）

	本人的社会经济地位	家庭的社会经济地位
	(3948)	(3949)
上层	1	1
中上层	2	2
中层	3	3
中下层	4	4
下层	5	5
[仍不作选择]	6	6

E10. 与三年前相比，您本人在下列各方面有什么变化？（每行单选）

	上升了	差不多	下降了	[不好说]	
1. 收入状况	1	2	3	4	(3951)
2. 资产	1	2	3	4	(3952)
3. 职位	1	2	3	4	(3953)
4. 工作条件	1	2	3	4	(3954)
5. 社会经济地位	1	2	3	4	(3955)

E11. 在您看来，三年后您本人下列各方面的状况将会发生什么变化？（每行单选）

	将会上升了	差不多	将会下降了	[不好说]	
1. 收入状况	1	2	3	4	(3957)
2. 资产	1	2	3	4	(3958)
3. 职位	1	2	3	4	(3959)
4. 工作条件	1	2	3	4	(3960)
5. 社会经济地位	1	2	3	4	(3961)

E47. 您是否同意下列说法？（每行单选）

	非常不同意	不同意	同意	非常同意	[不回答]	
5. 穷人之所以会穷，一个重要原因是接受的教育太少了	1	2	3	4	5	(4346)
6. 穷人之所以会穷，是因为他们不愿意工作	1	2	3	4	5	(4347)
8. 政府某些政策不妥当，是造成贫穷的重要原因	1	2	3	4	5	(4349)

E49. 总体而言，您对自己所过的生活的感觉是怎么样的呢？您感觉您的生活是：（单选）

非常不幸福……1　　　（4420）

不幸福 ……2

一般……3

幸福……4

非常幸福……5

参考文献

白威廉、麦宜生:《政治与市场:双重转型》,载边燕杰等主编《市场转型与社会分层:美国社会学者分析中国》,三联书店2002年版。

白雪梅:《教育与收入不平等:中国的经验研究》,《管理世界》2004年第6期。

白重恩、钱震杰:《谁在挤占居民的收入——中国国民收入分配格局分析》,《中国社会科学》2009年第5期。

边燕杰、李路路、蔡禾:《社会调查方法与技术:中国实践》,社会科学文献出版社2006年版。

边燕杰、李路路、李煜、郝大海:《结构壁垒、体制转型与地位资源含量》,《中国社会科学》2006年第5期。

边燕杰、罗根:《市场转型与权力的维续:中国城市分层体系之分析》,载边燕杰等主编《市场转型与社会分层:美国社会学者分析中国》,三联书店2002年版。

边燕杰、吴晓刚、李路路:《社会分层与流动:国外学者对中国研究的新进展》,中国人民大学出版社2008年版。

边燕杰、张展新:《市场化与收入分配——对1988和1995城市住户收入调查的分析》,《中国社会科学》2002年第5期。

边燕杰等:《市场转型与社会分层:美国社会学者分析中国》,三联书店2002年版。

[美]布坎南:《自由、市场和国家——20世纪80年代的政治经济学》,北京经济出版社1989年版。

蔡昉:《劳动力迁移的两个过程及其制度障碍》,《社会学研究》

2001 年第 4 期。

蔡昉、都阳、王美艳：《中国劳动力市场转型与发育》，商务印书馆 2005 年版。

蔡昉、杨涛：《城乡收入差距的政治经济学》，《中国社会科学》2000 年第 4 期。

陈工、陈伟明、陈习定：《收入不平等、人力资本积累和经济增长——来自中国的证据》，《财贸经济》2011 年第 2 期。

陈光金：《市场抑或非市场：中国收入不平等成因实证分析》，《社会学研究》2010 年第 6 期。

陈光金：《中国收入不平等：U 型变化与不确定的未来》，《江苏社会科学》2010 年第 5 期。

陈钊、万广华、陆铭：《行业间不平等：日益重要的城镇收入差距成因——基于回归方程的分解》，《中国社会科学》2010 年第 3 期。

陈宗胜：《关于收入差别倒 U 曲线及两极分化研究中的几个方法问题》，《中国社会科学》2002 年第 5 期。

程永宏：《改革以来全国总体基尼系数的演变及其城乡分解》，《中国社会科学》2007 年第 4 期。

慈勤英、田雨杰、许闹：《收入性别差异的表现形式与特点》，《人口学刊》2003 年第 3 期。

戴洁、李华燊：《我国收入分配影响因素、问题与对策分析》，《中国行政管理》2011 年第 9 期。

［美］道格拉斯·诺斯：《制度、制度变迁与经济绩效》，杭行译，格致出版社 2008 年版。

邓军：《制造业的生产分割与工资收入差距：16 个行业证据》，《改革》2011 年第 1 期。

杜鑫：《中国垄断性行业与竞争性行业的收入差距：基于北京市微观数据的研究》，《南开经济研究》2010 年第 5 期。

冯仕政：《重返阶级分析？——论中国社会不平等的范式转换》，《社会学研究》2008 年第 5 期。

傅娟：《中国垄断行业的高收入及其原因：基于整个收入分布的经验研究》，《世界经济》2008 年第 7 期。

葛苏勤：《劳动力市场分割理论的最新进展》，《经济学动态》2000年第12期。

龚刚、杨光：《从功能性收入看中国收入分配的不平等》，《中国社会科学》2010年第2期。

管晓明、李云娥：《行业垄断的收入分配效应——对城镇垄断部门的实证分析》，《中央财经大学学报》2007年第3期。

郭丛斌：《二元制劳动力市场分割理论在中国的验证》，《清华大学教育研究》2004年第4期。

郭娜、祁怀锦：《中国行业收入差距的度量及其对经济增长的效应分析》，《中央财经大学学报》2010年第3期。

郝大海、李路路：《区域差异改革中的国家垄断与收入不平等——基于2003年全国综合社会调查资料》，《中国社会科学》2006年第2期。

侯风云、伊淑彪：《行政垄断与行业收入差距的传导机制》，《贵州财经学院学报》2008年第1期。

胡静波、李立：《我国垄断行业收入分配存在的问题与对策》，《经济纵横》2002年第1期。

怀默霆（Martin K. Whyte）：《中国民众如何看待当前的社会不平等》，《社会学研究》2009年第1期。

霍夫曼：《劳动力市场经济学》，崔伟等译，上海三联书店1989年版。

江西省社会科学院收入分配研究课题组：《我国行业收入差距扩大的实证分析与规范路径》，《南昌大学学报》（人文社会科学版）2010年第5期。

焦斌龙：《人力资本对居民收入差距影响的存量效应》，《中国人口科学》2011年第5期。

金玉国：《我国行业工资水平与垄断程度关系的定量测度》，《江苏统计》2001年第3期。

晋利珍：《改革开放以来中国劳动力市场分割的制度变迁研究》，《经济与管理研究》2008年第8期。

晋利珍：《劳动力市场行业分割在中国的验证》，《人口与经济》

2009年第5期。

［英］卡尔·波兰尼：《大转型：我们时代的政治与经济起源》，冯钢、刘阳译，浙江人民出版社2007年版。

赖德胜：《教育扩展与收入不平等》，《经济研究》1997年第10期。

［美］劳伦斯·纽曼：《社会研究方法：定性和定量的取向》，郝大海译，中国人民大学出版社2007年版。

李春玲：《当代中国社会的声望分层——职业声望与社会经济地位指数测量》，《社会学研究》2005年第2期。

李春玲：《各阶层的社会不公平感比较分析》，《湖南社会科学》2006年第1期。

李春玲：《社会政治变迁与教育机会不平等——家庭背景及制度因素对教育获得的影响》，《中国社会科学》2003年第3期。

李春玲：《文化水平如何影响人们的经济收入——对目前教育的经济收益率的考察》，《社会学研究》2003年第3期。

李春玲、李实：《市场竞争还是性别歧视——收入性别差异扩大趋势及其原因解释》，《社会学研究》2008年第2期。

李春玲、吕鹏：《社会分层理论》，中国社会科学出版社2008年版，第1页。

李建民：《中国劳动力市场多重分隔及其对劳动力供求的影响》，《中国人口科学》2002年第2期。

李骏、顾燕峰：《中国城市劳动力市场中的户籍分层》，《社会学研究》2011年第2期。

李路路：《再生产的延续：制度转型与城市社会分层结构》，中国人民大学出版社2003年版。

李路路：《制度转型与分层结构的变迁——阶层相对关系模式的"双重再生产"》，《中国社会科学》2002年第6期。

李路路、边燕杰主编：《制度转型与社会分层：基于2003全国综合社会调查》，中国人民大学出版社2008年版。

李路路、孙志祥：《透视不平等——国外社会阶层理论》，社会科学文献出版社2002年版。

李明、潘春阳、苏晓馨：《市场演进、职业分层与居民政治态度——一项基于劳动力市场分割的实证研究》,《管理世界》2010 年第 2 期。

李楠:《中国所有制结构演变对收入分配的影响》,《经济与管理研究》2007 年第 9 期。

李培林、李强、孙立平等:《中国社会分层》, 社会科学文献出版社 2004 年版。

李强:《当代中国社会分层: 测量与分析》, 北京师范大学出版社 2010 年版。

李实:《对基尼系数估算与分解的进一步说明》,《经济研究》2002 年第 5 期。

李实、丁赛:《中国城镇教育收益率的长期变动趋势》,《中国社会科学》2003 年第 6 期。

李实、罗楚亮:《中国城乡居民收入差距的重新估计》,《北京大学学报》(哲学社会科学版) 2007 年第 2 期。

李闻:《行政性垄断与行业群体收入》,《青海社会科学》2001 年第 6 期。

李晓宁:《国有垄断与所有者缺位: 垄断行业高收入的成因与改革思路》,《经济体制改革》2008 年第 1 期。

李友梅、孙立平、沈原:《转型社会的研究立场和方法》, 社会科学文献出版社 2009 年版。

[瑞] 理查德·斯威德伯格:《经济社会学原理》, 周长城等译, 中国人民大学出版社 2005 年版。

林宗弘、吴晓刚:《中国的制度变迁、阶级结构转型和收入不平等: 1978—2005》,《社会》2010 年第 6 期。

刘帆:《劳动力市场分割: 收入分配差距扩大的一个新解》,《中国青年政治学院学报》2007 年第 6 期。

刘精明:《劳动力市场结构变迁与人力资本收益》,《社会学研究》2006 年第 6 期。

刘精明:《市场化与国家规制——转型期城镇劳动力市场中的收入分配》,《中国社会科学》2006 年第 5 期。

刘平、王汉生、张笑会:《变动的单位制与体制内的分化——以限制介入性大型国有企业为例》,《社会学研究》2008 年第 3 期。

刘欣:《当前中国社会阶层分化的多元动力基础——一种权力衍生论的解释》,《中国社会科学》2005 年第 4 期。

刘欣:《市场转型与社会分层:理论争辩的焦点和有待研究的问题》,《中国社会科学》2003 年第 5 期。

刘怡、聂海峰:《间接税负担对收入分配的影响分析》,《经济研究》2004 年第 5 期。

鲁元平、王韬:《主观幸福感影响因素研究评述》,《经济学动态》2010 年第 5 期。

陆益龙:《转型社会研究中的定性与定量方法》,《教学与研究》2008 年第 4 期。

[美] 罗伯特·诺齐克 (Robert Nozick):《无政府、国家与乌托邦》,中国社会科学出版社 1991 年版。

罗楚亮:《绝对收入、相对收入与主观幸福感——来自中国城乡住户调查数据的经验分析》,《财经研究》2009 年第 11 期。

罗楚亮:《垄断行业内部的工资收入分配》,《中国人口科学》2006 年第 1 期。

罗楚亮、李实:《人力资本、行业特征与收入差距——基于第一次全国经济普查资料的经验研究》,《管理世界》2007 年第 10 期。

罗纳-塔斯:《昔日风云人物还是今日弄潮儿吗?》,凌然译,《国外社会学》1996 年第 5—6 期。

[德] 马克斯·韦伯:《经济与社会》,林荣远译,商务印书馆 2004 年版。

[美] 马丁·布朗芬布伦纳:《收入分配理论》,方敏译,华夏出版社 2009 年版。

马磊、刘欣:《中国城市居民的分配公平感研究》,《社会学研究》2010 年第 5 期。

[美] 尼尔·弗雷格斯坦:《市场的结构:21 世纪资本主义社会的经济社会学》,甄志宏译,上海人民出版社 2008 年版。

倪志伟:《市场转型理论:国家社会主义由再分配到市场》,载边燕杰主编《市场转型与社会分层——美国社会学者分析中国》,三联书店 2008 年版。

倪志伟：《一个市场社会的崛起：中国社会分层机制的变化》，载边燕杰主编《市场转型与社会分层——美国社会学者分析中国》，三联书店 2008 年版。

聂盛：《我国经济转型期间的劳动力市场分割：从所有制分割到行业分割》，《当代经济科学》2004 年第 6 期。

潘建伟：《中国区域收入不均等动态分析与路径选择——基于广义墒视角的分析》，《经济与管理研究》2010 年第 7 期。

潘胜文：《规制垄断行业收入分配行为的对策》，《经济纵横》2009 年第 7 期。

潘胜文：《垄断行业收入分配状况分析及规制改革研究》，中国社会科学出版社 2009 年版。

[美] 乔纳森·H. 特纳：《社会学理论的结构》（影印本），北京大学出版社 2004 年版。

青连斌等：《公平分配的实现机制》，中国工人出版社 2010 年版。

任重、周云波：《垄断对我国行业收入差距的影响到底有多大?》，《经济理论与经济管理》2009 年第 4 期。

沈原：《社会转型与工人阶级的再形成》，《社会学研究》2006 年第 2 期。

沈原：《市场、阶级与社会：转型社会学的关键议题》，社会科学文献出版社 2007 年版。

[美] 斯梅尔瑟、[瑞] 斯威德伯格：《经济社会学手册》（第二版），罗教讲、张永宏译，华夏出版社 2009 年版。

宋晶、丁璐颖、王蕊：《垄断行业收入畸高的形成机理与规制对策》，《东北财经大学学报》2007 年第 5 期。

宋晓梧等编：《我国收入分配体制研究》，中国劳动社会保障出版社 2005 年版。

孙百才：《经济增长、教育扩展与收入分配——两个"倒 U"假说的检验》，《北京师范大学学报》（社会科学版）2009 年第 2 期。

孙立平：《实践社会学与市场转型过程分析》，《中国社会科学》2002 年第 5 期。

孙立平:《现代化与社会转型》,北京大学出版社 2005 年版。

孙明:《市场转型与民众的分配公平观》,《社会学研究》2009 年第 3 期。

孙志军:《中国教育个人收益率研究:一个文献综述及其政策含义》,《中国人口科学》2004 年第 5 期。

Sylvie Démurger、Martin Fournier、李实、魏众:《中国经济改革与城镇劳动力市场分割——不同地区职工工资收入差距的分析》,《中国人口科学》2008 年第 2 期。

谭志雄、姚斯杰:《中国地区收入差距问题研究——基于八大经济区视角》,《东北大学学报》(社会科学版) 2010 年第 5 期。

万广华:《经济发展与收入不均等:方法与证据》,上海人民出版社 2006 年版。

万广华、陆铭、陈钊:《全球化与地区间收入差距:来自中国的证据》,《中国社会科学》2005 年第 3 期。

汪和建:《通向市场的社会实践理论:一种再转向》,《社会》2009 年第 5 期。

王甫勤:《当代中国大城市居民的分配公平感:一项基于上海的实证研究》,《社会》2011 年第 3 期。

王甫勤:《人力资本、劳动力市场分割与收入分配》,《社会》2010 年第 1 期。

王洪亮:《区域居民收入不平等及其对经济增长影响的研究》,博士学位论文,南京农业大学,2006 年。

王美艳:《城市劳动力市场上的就业机会与工资差异——外来劳动力就业与报酬研究》,《中国社会科学》2005 年第 5 期。

王鹏:《收入差距对中国居民主观幸福感的影响分析——基于中国综合社会调查数据的实证研究》,《中国人口科学》2011 年第 3 期。

王锐:《垄断对我国行业收入分配的影响及对策研究》,《经济问题》2007 年第 2 期。

王天夫、崔晓雄:《行业是如何影响收入的——基于多层线性模型的分析》,《中国社会科学》2010 年第 5 期。

王天夫、赖扬恩、李博柏:《城市性别收入差异及其演变:1995—

2003》,《社会学研究》2008 年第 2 期。

王天夫、王丰:《中国城市收入分配中的集团因素:1986—1995》,《社会学研究》2005 年第 3 期。

王祖祥:《中部六省基尼系数的估算研究》,《中国社会科学》2006 年第 4 期。

魏昂德:《经济转轨中的市场与不平等:走向可检验的理论》,载边燕杰等主编《市场转型与社会分层:美国社会学者分析中国》,三联书店 2002 年版。

魏昂德:《再分配经济中的产权与社会分层》《经济转轨中的市场与不平等:走向可检验的理论》,载边燕杰主编《市场转型与社会分层:美国社会学者分析中国》,三联书店 2002 年版。

魏昂德:《职位流动与政治秩序》,载边燕杰等主编《市场转型与社会分层:美国社会学者分析中国》,三联书店 2002 年版。

温家宝:《关于发展社会事业和改善民生的几个问题》,《求是》2010 年第 7 期。

翁定军:《阶级或阶层意识中的心理因素:公平感和态度倾向》,《社会学研究》2010 年第 1 期。

吴晓刚、谢宇:《市场真的有回报吗?——对中国城市社会中教育与收入关系的研究》,载边燕杰、吴晓刚、李路路主编《社会分层与流动:国外学者对中国研究的新进展》,中国人民大学出版社 2008 年版。

吴愈晓:《劳动力市场分割、职业流动与城市劳动者经济地位获得的二元路径模式》,《中国社会科学》2011 年第 1 期。

吴愈晓、吴晓刚:《1982—2000:我国非农职业的性别隔离研究》,《社会》2008 年第 5 期。

吴愈晓、吴晓刚:《城镇的职业性别隔离与收入分层》,《社会学研究》2009 年第 4 期。

吴忠民:《立足于社会公正,优化社会结构》,《社会学研究》2007 年第 2 期。

武鹏:《中国行业收入差距研究述评》,《上海经济研究》2010 年第 8 期。

武鹏、周云波:《行业收入差距细分与演进轨迹:1990—2008》,

《改革》2011年第1期。

　　武中哲:《双重二元分割:单位制变革中的城市劳动力市场》,《社会科学》2007年第4期。

　　谢宇、韩怡梅:《改革时期中国城市居民收入不平等与地区差异》,载边燕杰等主编《市场转型与社会分层:美国社会学者分析中国》,三联书店2008年版。

　　谢周亮:《户籍歧视对劳动报酬差异的影响》,《开放导报》2008年第6期。

　　谢周亮:《家庭背影、人力资本与个人收入差异》,《财经科学》2010年第5期。

　　新华社:《中共中央关于制定国民经济和社会发展第十二个五年规划的建议》,2010年10月27日。

　　信卫平:《当前我国行业收入差距的现状与特征》,《工会理论与实践》2004年第3期。

　　邢占军:《我国居民收入与幸福感关系的研究》,《社会学研究》2011年第1期。

　　许经勇、曾芬钰:《竞争性的劳动力市场与劳动力市场分割》,《当代财经》2000年第8期。

　　许英康:《歧视:劳动力市场分割的一种解释途径——贝克尔歧视性雇主目标效用函数再扩展》,《中央社会主义学院学报》2009年第2期。

　　薛继亮、李录堂:《基于MLD指数的转型期中国行业收入差距及其影响因素研究》,《中国人口科学》2010年第4期。

　　薛进军:《中国的不平等:收入分配差距研究》,社会科学文献出版社2008年版。

　　杨灿明、胡洪曙、俞杰:《收入分配研究述评》,《中南财经政法大学学报》2008年第1期。

　　杨宏炳:《缩小城乡收入差距的关键在于消除城乡分割的劳动力市场》,《社会主义研究》2005年第6期。

　　杨俊、黄潇、李晓羽:《教育不平等与收入分配差距:中国的实证分析》,《管理世界》2008年第1期。

杨宜勇、顾严、李宏梅:《我国收入分配问题及"十一五"时期的对策》,《宏观经济研究》2005年第11期。

[美]约翰·罗尔斯:《正义论》,中国社会科学出版社1988年版。

岳昌君、刘燕萍:《教育对不同群体收入的影响》,《北京大学教育评论》2006年第2期。

岳希明、李实、史泰丽:《垄断行业高收入问题探讨》,《中国社会科学》2010年第3期。

臧小伟:《大学文凭和中共党龄在政治精英选拔中的作用》,载边燕杰、吴晓刚、李路路主编《社会分层与流动:国外学者对中国研究的新进展》,中国人民大学出版社2008年版。

曾伏秋:《国有垄断企业职工对收入分配问题的评价》,《湖南商学院学报》2002年第1期。

张丹丹:《市场化与性别工资差异研究》,《中国人口科学》2004年第1期。

张静:《基层政权:乡村制度诸问题》,浙江人民出版社2000年版。

张静主编:《转型中国:社会公正观研究》,中国人民大学出版社2008年版。

张丽娟:《转轨阶段劳动力市场的所有制分割与收入分配》,载李路路、边燕杰主编《制度转型与社会分层:基于2003全国综合社会调查》,中国人民大学出版社2008年版。

张世银、龙莹:《我国收入差距扩大的影响因素及其实证分析——以行业收入变动为视角》,《经济经纬》2010年第4期。

张宛丽:《中国社会阶级阶层研究二十年》,《社会学研究》2000年第1期。

张余文:《中国行业收入差距的实证分析》,《经济理论与经济管理》2010年第8期。

张展新:《从城乡分割到区域分割——城市外来人口研究新视角》,《人口研究》2007年第6期。

张展新:《劳动力市场的产业分割与劳动人口流动》,《中国人口科学》2004年第2期。

赵农、刘小鲁:《进入与退出的壁垒:理论及其应用》,中国市场出版社 2007 年版。

周长城:《经济社会学》（第二版），中国人民大学出版社 2011 年版。

Aage B. Sorensen, Arne L. Kalleberg, "An Outline of a Theory of the Matching of Persons to Jobs". in David B. Grusky (ed.), *Social Stratification: Class, Race, and Gender in Sociological Perspective*, Colorado: Westview Press, 2008.

Andrew G. Walder, "Local Governments as Industrial Firms: An Organizational Analysis of China's Transitional Economy". *American Journal of Sociology*, Vol. 101, No. 2, 1995.

Andrew G. Walder, "Markets and Inequality in Transitional Economies: Toward Testable Theories". *American Journal of Sociology*, Vol. 101, No. 4, 1996.

Andrew G. Walder, "Property Rights and Stratification in Socialist Redistributive Economies". *American Sociological Review*, Vol. 57, No. 4, 1992.

Arne Kalleberg, Aage Sorensen, "The Sociology of Labor Markets". *Annual Review of Sociology*, Vol. 5, 1979.

Arne L. Kalleberg, Michael Wallace, Robert P. Althauser, "Economic Segmentation, Worker Power, and Income Inequality". *American Journal of Sociology*, Vol. 87, No. 3, 1981.

Arthur Sakamoto, Daniel A. Powers, "Education and the Dual Labor Market for Japanese Men." *American Sociological Review*, Vol. 60, No. 2, 1995.

A. Rona – Tas, "The First Shall Be Last? Entrepreneurship and Communist Cadres in the Transition from Socialism". *American Journal of Sociology*, Vol. 100, No. 1, 1994.

B. Li, A. Walder, "Career Advancement as Party Patronage: Sponsored Mobility into the Chinese Administrative Elite, 1949–1996". *American Journal of Sociology*, Vol. 106, No. 5, 2001.

C. K. W. De Dreu, J. C. Lualhati, C. Mccusker, "Effects of Gain–Loss Frames on Satisfaction with Self – Other Outcome Difference". *European*

Journal of Social Psychology, Vol. 24, No. 4, 1994.

David Bray, *Social Space and Governance in Urban China: The Danwei System from Origins to Reform.* Stanford, Calif.: Stanford University Press, 2005.

David Granick, *Chinese State Enterprises: A Regional Property Rights Analysis.* Chicago: The University of Chicago Press, 1990.

Deborah Davis-Friedmann, "Intergenerational Inequalities and the Chinese Revolution". *Modern China*, Vol. 11, No. 2, 1985.

Della Fave, L. Richard, "Toward an Explication of the Legitimation Process". *Social Forces*, Vol. 65, 1986.

Dingxin Zhao, *The Power of Tiananmen.* Chicago: The University of Chicago Press, 2001.

Doeringer, Piore, "Internal Labor Market Theories to Orthodox Theory". *The Journal of Economic Literature*, Vol. 12, 1971.

Ed Diener, R. B - Diener, "Will Money Increase Subjective Well-being?" *Social Indicators Research*, Vol. 57, 2002.

Erik Olin Wright, "Working-Class Power, Capitalist-Class Interests, and Class Compromise." *American Journal of Sociology*, Vol. 105, No. 4, 2000.

E. Walster, G. W. Walster, "Equity and Social Justice". *Journal of Social Issues*, Vol. 313, 1975.

Francois Nielsen, Arthur S. Alderson, "The Kuznets Curve and the Great U - Turn: Income Inequality in U. S. Counties, 1970 to 1990". *American Sociological Review*, Vol. 62, No. 1, 1997.

Gary S. Becker, *Human Capital, A Theoretical and Empirical Analysis, with Special Reference to Education.* Chicago, IL: University of Chicago Press, 1993.

Glen G. Cain, "The Challenge of Segmented Labor Market Theories to Orthodox Theory: A Survey". *Journal of Economic Literature*, Vol. 14, No. 4, 1976.

Hicks, Fligstein, Morgan, "Toward a Theory of Income Determination", *Sociology of Work and Occupations*, Vol. 10, 1983.

H. M. Wachtel, "Class Consciousness and Stratification in the Labor Process", Review of Radical Political Economics, Vol. 6, No. 1, 1974.

I. Szelenyi, E. Kostello, "The Market Transition Debate: Toward a Synthesis?" American Journal of Sociology, Vol. 101, No. 4, 1996.

James R. Kluegel, David S. Mason, Bernd Wgener, "The Legitimation of Capitalism in the Postcommunist Transition: Public Opinion about Market Justice, 1991-1996". European Sociological Review, Vol. 15, 1999.

Jennifer L. Hochschild, *What's Fair? American Beliefs about Distributive Justice*. Cambridge, MA: Harvard University Press, 1981.

John Hall, D. Caradog Jones, "Social Grading of Occupations". *British Journal of Sociology*, Vol. 1, No. 1, 1959.

J. Knight, L. Song, "Increasing Urban Wage Inequality inChina: Extent, Elements and Evaluation". *Economics of Transition*, Vol. 11, No. 4, 2003.

Karol Edward Soltan, "Empirical Studies of Distributive Justice". Ethics vol. 92, 1982.

K. J. Forbes, "A Reassessment of the Relationship between Inequality and Growth". *American Economic Review*, Vol. 90, No. 4, 2000.

K. Polanyi, C. M. Arensberg, H. W. Pearson (eds.), *Trade and Market in the Early Empires: Economies in the History and Theory*. Chicago: Henry Regnery, 1971.

Li, Haizheng, "Economic Transition and Returns to Education in China". *Economics of Education Review*, Vol. 22, 2003.

L. A. King, C. K. Napa, "What Makes a Life Good?" *Journal of Personality and Social Psychology*, Vol. 751, 1998.

Marii Paškov, *The process of Social Transformation: Perceived Social Inequality in Estonia*. in RC28 Spring Meeting. Brno, Czech Republic, 2007.

Max Weber, "Class, Status and Party". in Beinhard Bendix, Seymour Lipset (eds.), *Class, Status and Power: Social Stratification in Comparative Perspective*. New York: The Free Press, 1966.

Morton Deutsch, "Equality and Need: What Determines Which Value

Will Be Used as the Basis of Distributive Justice?" *Journal of Social Issues*, Vol. 31, 1975.

M. Burawoy, "For A Sociological Marxism: The Complementary Convergence of Antonio Gramsci and Karl Polanyi". *Politics and Society*, Vol. 31, 2003.

M. Burawoy, "The Sociology for the Second Great Transformation." *Annual Review of Sociology*, Vol. 26, 2000.

M. Granovetter, "Economic Action and Social Structure: The Problem of Embeddedness". *American Journal of Sociology*, Vol. 91, No. 3, 1985.

M. J. Piore, "Notes for a Theory of Labor Market Stratification". in R. C. Edwards, M. Reich, D. M. Gordon(eds.), *Labor Market Segmentation*. Lexington, MA: Heath, 1975.

M. J. Piore, "The Dual Labor Market: Theory and Implications". in David B. Grusky, (ed.), *Social Stratification: Class, Race, and Gender in Sociological Perspective*, Westview Press, 2008.

Nan Lin, *Social Capital*, Cambridge University Press, 2001.

Nan Lin, Wen Xie, "Occupational Prestige in Urban China". *American Journal of Sociology*, Vol. 93, 1988.

Nan Lin, Yanjie Bian, "Getting Ahead in Urban China". American *Journal of Sociology*, Vol. 97, No. 3, 1991.

Nelson A. Pichardo, "New Social Movements: A Critical Review". *Annual Review of Sociology*, Vol. 23, 1997.

Otis Dudley Duncan, "A Socioeconomic Index for All Occupations". in A. J. Reiss (ed.), *Occupations and Social Status*. New York: Wiley, 1961.

P. Chen, P. Edin, "Efficiency Wages and Industry Wage Differentials: A Comparison across Methods of Pay". *The Review of Economics and Statistics*, Vol. 84, No. 4, 2002.

P. England, *Comparable Worth: Theories and Evidence*, N. Y. : Aldine, 1992.

P. England, G. Farkas, B. S. Kilbourne, T. Dou, "Explaining Occupational Sex Segregation and Wages: Findings from a Model with Fixed Effects". *American Sociological Review*, Vol. 53, 1988

Richard G. Wilkinson, Kate E. Pickett, "Income Inequality and Social Dysfunction". *Annual Review of Sociology*, Vol. 35, 2009.

Robert Bibb, William H. Form, "The Effects of Industrial, Occupational and Sex Stratification on Wages in Blue Collar Markets". *Social Forces*, Vol. 55, 1977.

Robert J. Barro, "Inequality and Growth in a Panel of Countries". *Journal of Economic Growth*, Vol. 5, 2000.

Robert M. Hauser, John Robert Warren, "Socioeconomic Indexes of Occupational Status: A Review, Update, and Critique". in Adrian Raftery (ed.), *Sociological Methodology*. Cambridge: Blackwell, 1997.

R. Swedberg, "Economic Sociology: Past and Present, A Special Issue of Current Sociology." *Current Sociology*, Vol. 35, No. 1, 1987.

S. Spilerman, "Careers, Labor Market Structure, and Socioeconomic Achievement". American Journal of Sociology, Vol. 83, No. 3, 1977.

Terry N. Clark, Seymour M. Lipset, "Are Social Classes Dying?" *International Sociology*, Vol. 6, 1991.

The World Bank, *Sharing Rising Incomes: Disparities in China*. Washington D. C: World Bank, 1997.

T. Persson, G. Tabellini, "Is Inequality Harmful for Growth? Theory and Evidence". *American Economic Review*, Vol. 84, No. 3, 1994.

Victor Nee, Yang Cao, "Post-socialist Inequality: The Causes of Continuity and Discontinuity". *Research on Social Stratification and Mobility*, Vol. 19, 2002.

Victor Nee, "A Theory of Market Transition: From Redistribution to Market in State Socialism". American Sociological Review, Vol. 54, No. 5, 1989.

Victor Nee, "Social Inequalities in Reforming State Socialism: Between Redistribution and Markets in China". *American Sociological Review*, Vol. 56, No. 3, 1991.

Victor Nee, "The Emergence of a Market Society: Changing Mechanisms of Stratification in China". American Journal of Sociology, Vol. 101,

No. 4, 1996.

W.Parish, E.Michelson, "Politics and Markets: Dual Transformations. "American Journal of Sociology, Vol.101, 1996.

Wim Jansen, Xiaogang Wu, "Income Inequality in Urban China, 1978-2005". Population Studies Center Research Report, April, 2011.

Xiaogang Wu, "Inequality and Equality under Chinese Socialism: The Hukou System and Intergenerational Occupational Mobility". American Journal of Sociology, Vol. 113, 2007.

Xiaogang Wu, "Work Units and Income Inequality: The Effect of Market Transition in Urban China". Social Forces, Vol. 80, 2002.

Xiaowei Zang, "Labor Market Segmentation and Income Inequality in Urban China". Sociological Quarterly, Vol. 43, No. 1, 2002.

Xie, Emily Hannum, "Regional Variation in Earnings Inequality in Reform Era Urban China". American Journal of Sociology, Vol. 101, No. 4, 1996.

Xueguang Zhou, "Economic Transformation and Income Inequality in Urban China: Evidence from Panel Data". American Journal of Sociology, Vol. 105, No. 4, 2000.

X. Meng, R. Gregory, Y. Wang, "Poverty, Inequality, and Growth in Urban China, 1986 - 2000". Journal of Comparative Economics, Vol. 33, No. 4, 2005.

X. Shu, Y. Bian, "Market Transition and Gender Gap in Earnings in Urban China". Social Forces, Vol. 81, No. 4, 2003.

Yang Cao, Victor Nee, "Comment: Controversies and Evidence in the Market Transition Debate". American Journal of Sociology, Vol. 105, No. 4, 2000.

Yanjie Bian, John R. Logan, "Market Transition and the Persistence of Power: The Changing Stratification System in Urban China". American Sociological Review, Vol. 61, No. 5, 1996.

Yanjie Bian, Work and Inequality in Urban China. Albany: State University of New York Press, 1994.

Yanjie Bian, "Chinese Social Stratification and Social Mobility." *Annual Review of Sociology*, Vol. 28, 2002.

Yunyan Yang, "Urban Labour Market Segmentation: Some Observations Based on Wuhan Census Data". *The China Review*, Vol. 3, 2003.

后　记

毕业多年，现在重新拿起博士毕业论文准备出版，心中充满期待，同时也闪过无数迟疑，期待的是多年的研究成果终于有机会得以出版，迟疑的是因为对学术心存敬畏，担心书稿不尽如人意。学术研究似乎就是在坚持—否定—再坚持的不断往复中前行，一边煎熬着一边享受着其中的快乐。学术研究是永无止境的，这让我重新鼓起勇气，对原来的博士论文进行修改完善。几经打磨现得以初步完成。本书不仅仅是自身研究积累的呈现，更凝聚了众多师友、同窗、同事与家人的帮扶、鼓励与支持。

首先最值得感谢的是我在武汉大学求学期间的博士生导师周长城教授。10年前有幸投入周老师门下，从此结下一生难忘的师生情缘。周老师学识渊博，为人宽厚，关爱学生。读博三年期间，无论在学术上还是生活上，周老师都给予了诸多关怀。在我的论文撰写过程中，从选题立意，到论文结构，抑或从研究方法，到论文规范，无不倾注了周老师的大量心血。毕业多年，周老师仍与我们这些毕业的学生保持联系，让我们感受到家人般的温暖，同时以他那乐观豁达的人生态度潜移默化地影响着我们，让我们终身受益。

求知的路上还离不开所有老师们的教导与帮助，感谢武汉大学社会学系朱炳祥教授、桂胜教授、罗教讲教授、慈勤英教授等各位老师，他们在我求学过程中给予很多学术上教诲和熏陶。各位老师以严谨的治学态度、饱满的探索精神感染着我，坚定了我不断追求学术研究的信念。

读博三年期间，我还有幸交识了各位同学好友。和晓莉朝夕相处，生活中一起度过了很多快乐的日子，博三期间她虽远赴大洋彼岸的美国求学，却将自己的宿舍留作我的"工作室"，让我拥有了一个安静独立的学习空间，而我的论文大部分也正是在这里完成的。与同门程慧栋、叶萍、陈志宇、曾易等同学亦相处十分融洽，平日里相互关怀和帮助，为博士期间的生活平添了许多乐趣；论文写作期间，在相互的交流和探讨中获得很多有益启发。同窗情谊是我读博期间收获的宝贵财富。感谢中国人民大学的杨江澜，他在统计方法上给予了我很多帮助，正是在他的耐心指点下，我在研究过程中遇到的统计上的瓶颈才得以突破，十分感激。

博士毕业三年后，我有幸来到中华女子学院，成为这里的一名教师，感谢所有领导和同事们的关心、支持和帮助，让我得以在教学和学术的路上继续前行。

最后，我要把最诚挚的谢意献给我的家人，他们给予我最无私的关怀，他们是我人生最坚实的后盾。感谢我的丈夫，他身体力行，以他的学术热情和治学态度深深影响着我，敦促我不断努力向前，在我遇到挫折时给予我鼓励，并与我反复讨论推敲，与我并肩克服难题。感谢我的公公、婆婆，他们像对待自己女儿一样给予了我特别多的关怀与温暖。我的父母在多年前离世，没有他们的辛勤养育也不可能有现在的我，但在我学有所成时却不能与他们共同分享，这是"子欲养而亲不在"的深切悲痛，希望我的努力能让他们的在天之灵得以告慰。我将继续奋力前行，以更好的成果回报他们。

何芸

2019 年春 于北京